Dynamiques politico-économiques dans l'histoire du Nigeria

Collection « Études africaines »

dirigée par Denis Pryen et son équipe

Forte de plus de mille titres publiés à ce jour, la collection « Études africaines » fait peau neuve. Elle présentera toujours les essais généraux qui ont fait son succès, mais se déclinera désormais également par séries thématiques : droit, économie, politique, sociologie, etc.

Dernières parutions

Paul LANDO, *Territoires du vodoun en milieu urbain, Le cas de Ouidah en République du Bénin*, 2016.

Josué GUÉBO, *Dictionnaire des mots et expressions du français ivoirien*, 2016.

Christine THÉODORE, *Objets d'initiation. Rencontre avec un chasseur dozo. Échanges d'objets et modifications des interactions*, 2016.

Pierre Kamé BOUOPDA, *Histoire politique du Cameroun au XXe siècle*, 2016.

Théophane AYIGBÉDÉ, *Déchets solides ménagers et risques environnementaux au Bénin*, 2016.

Tidiani SIDIBE, *L'essentiel du management d'une banque commerciale. Du front office au back-office*, 2016.

Justelle MATSITSA KIANGATA, *Conscience historique et devenir des États africains*, 2016.

Alhousseini MOULOUL, *Les Touaregs du Niger. Chroniques des années de braises*, 2016.

Emmanuel KAMDEM, *Innovation entrepreneuriale et développement durable en Afrique : défis et opportunités*, 2016.

Albert B. KALONGA LUSE-LUA-NZAMBI, *Désarmement, démobilisation et réintégration des enfants-soldats. Échec au Sud-Kivu ?*, 2016.

Zakaria FADOUL KHIDIR, *Anthropologie des populations tchadiennes. Les Béri du Tchad*, 2016.

Célestin HITIMANA, *Rwanda : deux siècles de crimes contre l'humanité*, 2016.

Maximin Lucien DA, *La noix de cajou, levier de développement local au nord-est de la Côte d'Ivoire, Contribution au développement socialement durable, Cas du district du Zanzan : Gontougo et Bounkani*, 2016.

Ousmane KOUANGBE HOUZIBE, *L'impasse démocratique en Afrique francophone : le cas du Tchad. Les dimensions juridiques, politiques et institutionnelles de la démocratisation en Afrique subsaharienne*, 2016.

Titi PALE, *Les femmes victimes de la guerre civile ivoirienne. Récits d'atrocités et (auto) reconstruction*, 2016.

Hervé LADO

Dynamiques politico-économiques dans l'histoire du Nigeria

Évolution historique des rapports de forces entre élites et non-élites

Préface de Gaël Giraud,
Économiste en chef de l'Agence française de développement

L'Harmattan

5-7, rue de l'Ecole-Polytechnique, 75005 Paris

http://www.harmattan.fr
diffusion.harmattan@wanadoo.fr

ISBN : 978-2-343-10576-5
EAN : 9782343105765

A mon épouse, Rosine Laure.

A mon fils, Matéo.

Sommaire

Résumé

Nous nous proposons, dans cet ouvrage, de procéder à une analyse historique du Nigeria depuis les premières sociétés humaines jusqu'à nos jours, en montrant la dynamique des rapports de force entre élites et non-élites qui a dessiné la trajectoire institutionnelle de ce pays sur les plans politique et économique.

Pour ce faire, nous nous appuyons sur le cadre conceptuel de Wallis, Weingast et le Nobel d'économie North élaboré en 2009 et celui d'Acemoglu et Robinson de 2006 relatifs aux processus institutionnels de développement politico-économique. Le premier cadre nous permet d'analyser les dynamiques politico-économiques menées par les coalitions dominantes autour des rentes et privilèges à l'œuvre au sein des pays en développement. Nous prenons toutefois nos distances avec ces auteurs quand ils soutiennent que les élites sont toujours prépondérantes dans les processus de transition institutionnelle et qu'elles « ne perdent jamais au change ». Le second cadre conceptuel est un précieux outil d'analyse du processus de transition institutionnelle vers l'ouverture à tous des accès politiques et économiques car il met en exergue la dynamique des rapports de force entre élites et non-élites en montrant que les élites ouvrent malgré elles les accès aux non-élites par crainte d'une révolution ou pour éviter de perdre involontairement des rentes. La thèse de Mitchell sur les propriétés non démocratiques du pétrole propose un cadre d'analyse complémentaire à celui d'Acemoglu et Robinson pour comprendre, dans le cas du Nigeria, le rôle qu'a joué l'exploitation du pétrole dans le recul du pouvoir des non-élites après l'indépendance.

Comme ailleurs, le pouvoir a été conquis au Nigeria par les élites à partir de l'émergence des fonctions sociales non productives (intellectuelles, militaires, bureaucratiques) qui a suivi la découverte de l'agriculture et l'accumulation des surplus de production. Ce travail est une exploration historique de l'évolution institutionnelle du Nigeria pour démontrer qu'à partir de là, le développement politico-économique, c'est-à-dire l'ouverture à tous des accès aux rentes économiques et politiques, n'advient que si les non-élites se donnent les moyens d'entretenir en permanence chez les élites la crainte d'une révolution ou d'une perte involontaire de rentes.

Avant d'être un essai sur le Nigeria, cet ouvrage est le résultat d'un travail de recherche académique plus large qui a fait l'objet de notre thèse de doctorat sur le processus institutionnel de développement, soutenue en 2014 à l'Université Paris 1 Panthéon-Sorbonne.

Résumé

[illegible]

Préface

Ce livre est important.

Tout d'abord parce qu'il aborde l'histoire politique, institutionnelle d'un pays qui pèse déjà de manière considérable dans l'économie africaine et qui est appelé à jouer un rôle plus considérable encore au cours des décennies qui viennent : le Nigéria.

Géant démographique dont la population (186 millions d'habitants environ aujourd'hui) pourrait croître jusqu'à 440 millions en 2050 selon les Nations Unies, plaçant ce pays au rang de troisième nation la plus peuplée du monde, derrière l'Inde et la Chine. Géant pétrolier aussi, que la production (peut-être 2,3 millions de barils par jour) actuelle place en tête des pays producteurs africains, en dépit des pertes infligées par les actes de sabotage et les coupeurs de route. Mais géant aux pieds d'argile car la spécialisation mono-sectorielle autour de l'or noir (au détriment d'une industrie qui était naissante dans les années cinquante, et surtout d'une partie de son agriculture) le rend extrêmement vulnérable aux aléas des manipulations du prix du baril, notamment. Géant fragile traversé par la violence : un professeur d'université de Port-Harcourt dont la mère est restée au village m'expliquait il y a peu qu'il demande à sa mère de ne pas révéler aux voisins que son fils a réussi, de peur qu'elle ne soit prise en otage dans le but d'obtenir de lui une rançon. Autant dire que les relations coutumières de solidarité et de bon voisinage en brousse sont en passe de disparaître dans le Delta du Niger. Un géant, enfin, menacé par le dérèglement climatique, à travers l'envahissement de la mangrove par la montée des eaux au sud, l'invasion du désert au nord, l'érosion des sols partout.

Mais ce livre est tout aussi important parce qu'il fait le récit de la vitalité politique des populations nigérianes, de leur combat pour la démocratie, pour la reconnaissance de leurs droits. L'avenir du Nigéria, ce ne sont pas ses réserves d'huile, c'est sa jeunesse. La moitié de sa population, aujourd'hui, a moins de vingt ans. De sorte que l'ouvrage d'Hervé Lado pose une question décisive : quels sont les ressorts d'un cheminement possible du Nigéria vers la démocratie ? Quels en sont les obstacles ? Quel rôle les entreprises multinationales jouent-elles sur ce chemin ? Les élites nigérianes ? Les puissances occidentales ?

C'est là qu'Hervé Lado rencontre les théories institutionnalistes de Douglas C. North, John Joseph Wallis et Barry R. Weingast. Et c'est la troisième raison pour laquelle son livre est important. En effet, en examinant à la lumière du Nigéria la vaste fresque inextricablement politique et économique de ces trois auteurs, Hervé Lado est amené à déconstruire la logique sous-jacente à leur reconstitution historique du parcours qui mène d'un pays régi par le droit coutumier et enclavé à une démocratie parlementaire insérée dans la “communauté internationale”. Ce que montre Lado, c'est que cette transition-là ne correspond pas au parcours normatif imaginé par nos trois auteurs. Lado va même plus loin : prolongeant la réflexion de Mehrdad Vahabi, il montre que la construction théorique de nos trois auteurs n'est pas grand chose d'autre que la projection dans le champ des institutions politiques de la partition, typique de l'économie néo-classique, entre la concurrence parfaite (confondue avec l'achèvement de l'histoire dans la démocratie libérale occidentale) et la concurrence imparfaite (assimilée à tout ce qui retarde la fin de l'histoire).

C'est ici que la leçon que nous donne Hervé Lado dépasse finalement le cadre du Nigéria : elle révèle le travail d'endoctrinement analytique sophistiqué qui préside aux catégories de l'économie néo-institutionnaliste : une forme d'invasion des champs des sciences humaines extérieurs à l'économie par la méthodologie de l'économie néo-classique, par où l'on prétend fournir aux immenses questions de la science politique contemporaine des réponses qui se réduisent à des analogies avec la micro-économie de manuels. Un peu plus de concurrence entre les différentes factions qui composent l'élite économique d'un pays… et la magie de la main invisible aura tôt fait d'apporter la prospérité à tous.

Las, cette micro-économie politique ne résiste pas à l'analyse de terrain d'Hervé Lado. Son travail, nourri des remarquables recherches effectuées depuis une dizaine d'années par Cécile Renouard dans le cadre du programme CODEV de l'ESSEC, montre que c'est du côté de la société civile nigériane que se trouve l'espoir d'une démocratie digne de ce nom. Mais que l'exploitation pétrolière, loin d'être le gage de prospérité que beaucoup voudraient y voir, pourrait devenir l'obstacle majeur à la maturation politique de cette société civile.

Reste une tâche immense à accomplir : reconstruire une science des institutions politiques affranchie de l'imaginaire de la main invisible. Pour cela, seul le retour au réel, le retour aux faits pourra fournir un point de départ solide. Le livre d'Hervé Lado y contribue magnifiquement à travers le cas exemplaire du Nigéria.

Puisse cette étude en susciter d'autres. Pour que d'authentiques voies vers la démocratie puissent être pensées, en dépit de la "malédiction" des ressources naturelles.

Gaël GIRAUD
Economiste en chef de l'Agence Française de Développement
Directeur de la Chaire Energie et Prospérité
Directeur de recherche au CNRS
Professeur à l'Ecole Nationale des Ponts et Chaussées

Avant-propos

Ce travail est un des résultats d'une aventure passionnante qui a démarré fin 2010 quand Cécile Renouard m'a fait l'honneur de m'inviter à rejoindre ce qui était alors le projet de programme de recherche « Entreprises et Développement des Pays Emergents » en cours de création à l'ESSEC Business School. Le programme, devenu plus tard « *Companies and Development* » ou CODEV a trouvé un ancrage naturel au sein de l'Institut IRENE (Institut pour la Recherche et l'Enseignement de la Négociation) dont je salue la très sympathique équipe, dirigée par Prof. Aurélien Colson qui n'aura ménagé aucun effort pour faciliter mon intégration. C'est l'occasion ici d'adresser mes sincères remerciements à Cécile pour l'initiation patiente à la recherche scientifique, qu'il s'agisse de la rédaction d'articles scientifiques, de la participation à des manifestations scientifiques ou encore de la conduite des recherches de terrain en particulier dans le contexte difficile du Delta du Niger, un terrain qu'elle connaissait déjà pour y avoir réalisé de premières enquêtes, notamment en 2008, avec l'appui de Gaël Giraud, mon très stimulant directeur de thèse.

Parmi les moments sensationnels de cette recherche de terrain, je me rappelle des tensions et risques qui ont émaillé mes différents séjours dans le Delta Niger : par exemple fin 2010 dans des communautés Egbema dans le *Local Government* d'Onelga (Etat de Rivers) où on a découvert plusieurs fois des scènes insoutenables de gorges tranchées suite à des affrontements de groupes concurrents de jeunes cultistes ; en 2011 où mon équipe d'enquêteurs et moi étions sous la menace de patrouilles de surveillance des pipelines alors que nous étions en train de prendre des photos de fuites de gaz à ciel ouvert sur les installations d'Agip dans l'Etat d'Imo ; en 2012 lorsque nous traversions par bateau une zone réputée dangereuse parce que colonisée par des raffineries clandestines et un chantier naval clandestin dans le *Local Government* d'Eastern Obolo dans l'Etat d'Akwa Ibom ; ou encore en 2013 lorsque notre équipe d'enquêteurs a été prise à partie par des habitants de la communauté Egita en proie à des conflits au sujet de l'accès aux compensations après que la perforation accidentelle d'un gazoduc de Total ait engendré des fuites et résurgences sur leurs terrains. Dans ce dernier cas, on ne saura jamais si c'est l'intervention quelque peu musclée des agents de police et de sécurité qui nous assistaient en nous suivant dans cette enquête délicate qui nous a protégés ou si leur présence finalement peu discrète a au contraire contribué à échauffer les esprits. En tout état de cause, nous avons mené à bien l'ensemble de nos opérations de terrain, avec la prudence et la neutralité nécessaires, grâce à des appuis multiformes.

Je salue ici Prof. Denis Ekpo d'UniPort (Université de Port-Harcourt) avec qui nous avons, Cécile et moi, eu des discussions épiques sur le terrain, lui, défendant la nécessité de dépasser le principe du respect des cultures locales avancé par les compagnies pétrolières pour justifier une certaine désinvolture face à des comportements corruptifs ou laxistes dans la gestion des budgets sociétaux au sein des communautés et sur lequel les populations s'appuieraient pour « refuser le développement ». Je remercie l'anthropologue Togolais Yves Mouvy qui a fait preuve d'un grand dévouement dans la conduite des opérations de collecte et de traitement des données. Je n'oublie pas les enquêteurs Nigérians dont Dandy Bathuel qui m'a accompagné à moto lors des premières enquêtes qualitatives en 2010-2011 dans deux Etats (Rivers et Imo), ou encore, le plus ancien, Chief Jacob, de la communauté Obité, qui m'a aidé lors de longues conversations, à comprendre intimement l'organisation sociopolitique et culturelle du clan Egi (*Local Government* d'Onelga, Etat de Rivers) où se trouvent les principaux puits *onshore* de Total. L'appui logistique de Total, et les échanges avec ses représentants -dont Jean-Marc Fontaine, Hervé Chauvier, Pierre Scherrer, Jeremy Roeygens, Olivier Darneau, Christine Hamot, Armand Leblois, Izu Uduoku- ont également contribué à réussir les opérations de terrain et, plus largement à faire avancer nos recherches.

Fort de toutes ces expériences humaines enrichissantes et de toutes les données historiques et actuelles collectées sur le Nigeria, il était naturel pour moi de commettre cet ouvrage, pour attirer l'attention de ceux qui s'intéressent à ce pays sur ce qu'a été sa trajectoire institutionnelle, et plus précisément sur les rapports de forces entre élites et non-élites qui ont dessiné cette trajectoire sur plusieurs siècles. Convaincu qu'une telle profondeur historique est particulièrement pertinente pour comprendre et mettre en perspective l'expérience actuelle de ce pays, je me suis donc autorisé, en partant des premières formes étatiques sur ce territoire, de restituer les dynamiques politiques et économiques de ce pays, dans lesquelles le pétrole joue un rôle central.

Enfin, j'adresse un remerciement particulier à François Yoboh pour la relecture attentive. Il va de soi que je demeure le seul responsable des coquilles résiduelles.

L'image de couverture illustre une manifestation de femmes de plusieurs communautés Egbema (gouvernement local d'Onelga, Etat de Rivers) le 16 décembre 2010 pour réclamer des droits fonciers auprès de la compagnie pétrolière NAOC (Agip/ENI).

Abréviations et sigles

Abréviations et Sigles
ACSTWU : African Civil Service Technical Workers Union
AD : Alliance for Democracy
ADF : Akassa Development Foundation
AENR : AGIP Energy and Natural Resources Ltd
AFD : Agence Française de Développement
AG : Action Group
ALC : Abeokuta Ladies Club
ANPP : All Nigerian Peoples Party
APC : All Progressive Congress
APP : All People's Party
ASUP : Abeokuta Society of Union and Progress
AWU : Abeokuta Women's Union
BAD : Banque Africaine de Développement
BBWA : Bank of British West Africa
BCGA : British Cotton Growing Association
BP : British Petroleum
BRICS: Brazil, Russia, India, China, South Africa
CAN : Christian Association of Nigeria
CDC : Community Development Committee
CEDEAO : Communauté Economique des Etats de l'Afrique de l'Ouest
CFAO : Compagnie Française d'Afrique Occidentale
CMS : Church Mission Service
CODEV : Companies and Development of Emerging Countries
CSR : Corporate Social Responsibility
DD : Développement Durable
DPR : Department of Petroleum Resources
DSM : Directorate of Social Mobilization
EEPNL : Esso Exploration and Production Nigeria Limited
EGASPIN : Environmental Guidelines and Standards for the Petroleum Industries in Nigeria
EGP : Escravos Gas Plan
EGTL: Escravos Gas-to-Liquids
EITI : Extractive Industries Transparence Initiative
EOCDF : Eastern Obolo Community Development Foundation
ESSEC : Ecole Supérieure des Sciences Economiques et Commerciales
EWWA: Egi Women Welfare Association
FEDECO : Federal Electoral Commission
FMI : Fonds Monétaire International
FNWS : Federation of Nigerian Women Society
FTUN : Federated Trade Unions of Nigeria
IDE : Investissements Directs Etrangers
IGC : Interim Governing Council
IRENE : Institut pour la Recherche et l'Enseignement de la Négociation
ISO : International Standard Organization
ITIE : Initiative pour la Transparence dans les Industries Extractives

JOA : Joint Operating Agreement
JV : Joint-Venture
JNI : Jama'atu Nasril Islam
LGA : Local Government Area
MAMSER : Mass mobilization for self-reliance, for economic recovery, and for social justice
MEND : Movement for the Emancipation of the Niger Delta
MORETO : Movement for Reparation to Ogbia
MOSIEND : Movement for the Survival of the Izon (Ijaw) Ethnic Nationality in the Niger Delta
MOSOP : Movement for the Survival of the Ogoni People
MoU : Memorandum of Understanding
MPN : Mobil Producing Nigeria Unlimited
MUSD : Millions of US Dollars
NACCIMA: Nigerian Association of Chamber of Commerce, Industry, Mines and Agriculture
NADECO : National Democratic Coalition
NAE : Nigeria Agip Exploration Ltd
NAOC : Nigerian Agip Oil Company
NAPIMS : National Petroleum Investment Management Services
NCNC : National Council of Nigeria and Cameroons
NDDC : Niger Delta Development Commission
NECA : Nigeria Employers' Consultative Association
NEPU : Northern Elements Progressive Union
NESREA : National Environmental Standards and Regulations Enforcement Agency
NLC : Nigeria Labour Congress
NLNG : Nigerian Liquified Natural Gas
NNOC : Nigerian National Oil Company
NNPC : Nigerian National Petroleum Corporation
NOSCP : National Oil Spill Contingency Plan
NOSDRA : National Oil Spill Detection and Response Agency
NPC : Northern People Congress
NPDC : Nigerian Petroleum Development Corporation
NPN : National Party of Nigeria
NPP : Nigerian People's Party
NRC : National Republican Convention
NUPENG : Nigeria Union of Petroleum and Natural Gas Workers
NUT : Nigerian Union of Teachers
NWU : Nigerian Women Union
NWW : Douglass North, John Wallis et Barry Weingast
NYM : Nigerian Youth Movement
OMC : Organisation Mondiale du Commerce
OML : Oil Mining Lease
OMPADEC : Oil Mineral Producing Areas Development Commission
OMPI : Organisation Mondiale de la Propriété Intellectuelle
ONELGA : Ogba-Ndoni-Egbema Local Government Area
ONG : Organisation Non Gouvernementale
ONU: Organisation des Nations Unies
OTAN: Organisation du Traité de l'Atlantique Nord
OPEP: Organisation des Pays Exportateurs de Pétrole
OPL : Oil Prospecting License
OUA : Organisation de l'Unité Africaine
PAS : Programme d'Ajustement Structurel
PDP : People's Democratic Party

PENGASSAN : Petroleum and Natural Gas Senior Staff Association
PIB: Produit Intérieur Brut
PNI : Pro Natura International
PNUD : Programme des Nations Unies pour le Développement
PNUE : Programme des Nations Unies pour l'Environnement
PPA : People's Progressive Alliance
PPT : Petroleum Proft Tax
PSC : Production Sharing Contract
PTF : Petroleum Trust Fund
RDC: République Démocratique du Congo
RENA : Remediation by Enhanced Natural Attenuation
RNB : Revenu National Brut
RNC : Royal Niger Company
RSE : Responsabilité Sociétale des Entreprises
SCIA : Supreme Council for Islamic Affairs
SDP : Social Democratic Party
SNEPCO : Shell Nigeria Exploration and Production Company
SPDC : Shell Petroleum Development Corporation
TEPNG :Total Exploration & Production Nigeria Limited
TOPCON : Texaco Overseas Petroleum Company of Nigeria Unlimited
TUC : Trade Union Congress
TUPNI : Total Upstream Nigeria Limited
UAC : United Africa Company
UE : Union Européenne
UK: United Kingdom
UPGA : United Progressive Grand Alliance
UPN : United Party of Nigeria
UTC : Union Trading Company
WAFF : West African Frontier Force
WAI: War Against Indisciplin
WAPC : West Africa Produce Committee
WAPCB : West African Produce Control Board

Introduction générale

Le progrès c'est l'élimination des rentes. Cette théorie sous-tend divers modèles économiques depuis Adam Smith et Ricardo. En pourfendant les monopoles, considérés comme l'exploitation de situations de rentes, la théorie économique néoclassique recherche l'élimination de la rente, que Ricardo avait définie comme un rendement sur actif plus élevé que le rendement de la meilleure opportunité sur cet actif. C'est cette définition que retiennent John Wallis, Barry Weingast et le Prix Nobel d'économie Douglass North, (2010)[1] dans le cadre conceptuel qu'ils ont élaboré en 2009 pour décrire le processus institutionnel de développement à la fois économique et politique dans l'histoire de l'humanité.

Ils considèrent ainsi la rente, dans son sens classique[2], comme constitutive de la stabilité institutionnelle des pays en développement ou émergents. North, Wallis et Weingast (que nous nommerons NWW dans la suite de cet ouvrage) se démarquent de l'école de recherche de rentes qui envisage les rentes comme mauvaises et directement improductives dans un environnement de concurrence imparfaite entretenu par l'intervention de l'Etat, et bonnes dans un environnement de libre concurrence où la tendance à l'érosion des rentes favorise le dynamisme économique. Pour NWW, le processus de développement s'inscrit dans une démarche historique d'élimination des rentes que cherchent à se constituer les acteurs dans leurs interactions économiques et politiques.

Partant de l'approche de l'économie néo-institutionnelle, NWW soulignent que le développement économique et politique dépend en premier lieu du degré de maturation des institutions et des organisations. L'originalité de NWW réside dans l'inscription de la violence au cœur des dynamiques institutionnelles et dans l'analyse économique. Ils soutiennent en effet que la maîtrise de la violence est le défi premier et permanent pour toute société, et que les sociétés peuvent être classées selon leur mode de contrôle de la violence qui dépend du niveau de sophistication institutionnelle. Pour NWW, dans la plupart des pays en développement (qu'ils catégorisent en 'ordres

---

[1] North D., Wallis J. et Weingast B., 2010, *Violence et Ordres Sociaux*, Gallimard (Traduction de Myriam Dennehy de *Violence and Social Orders. A conceptual framework for interpreting recorded human history*. Cambridge University Press, 2009). Cette réference est abondamment citée dans cet ouvrage. Chaque fois que nous en produirons un extrait pour illustrer notre démonstration, nous indiquerons simplement entre parenthèses la page correspondante à la suite de la citation.

[2] Cette conception de la rente est encore plus explicite dans l'ouvrage d'application de ce cadre conceptuel : North D. et al., 2013, *In the Shadow of Violence: Politics, Economics and the Problem of Violence*. Cambridge University Press.

sociaux d'accès limité' ou 'Etats naturels'), les individus et les organisations utilisent activement -ou menacent d'utiliser- la violence pour acquérir richesses et ressources, et l'avènement du développement dépend de la capacité de la coalition dominante à brider cette violence. Dans les pays développés (ou 'ordres sociaux d'accès ouvert'), la violence est plus maîtrisée, les institutions ayant connu un processus de maturation qui les a rendues plus sophistiquées, plus complexes, et capables d'anticiper et résoudre les conflits.

Le développement politico-économique, ce lent processus historique de maturation institutionnelle, tire ses origines des premières sociétés humaines qui ont représenté l'ordre de prédation (celui des chasseurs-cueilleurs). Il passe par l'ordre social d'accès limité, qui est celui de l'ensemble des pays en développement, que NWW qualifient d'Etats naturels en ce qu'ils représentent l'ordre contemporain qui a connu la plus grande longévité de plus de cinq millénaires. Dans une évolution non téléologique, ce processus peut mener à l'ordre social d'accès ouvert qui est celui d'institutions complexes et sophistiquées, plus résistantes à la violence interne et aux chocs externes, et plus favorables au développement politique et économique.

Au sein de l'Etat naturel, une coalition dominante faite d'élites puissantes émerge et assure la stabilité de l'ordre social en manipulant rentes et privilèges afin d'obtenir la coopération des élites. Au-delà de la terminologie spécifique à NWW, l'idée d'une coalition d'élites instrumentalisant des rentes politiques et économiques pour assurer la stabilité du régime et de la société n'est pas nouvelle en soi[3]. La nouveauté avec NWW réside dans la formulation de cette théorie, à l'échelle mondiale, et dans une perspective historique longue qui fait ressortir trois catégories d'ordres sociaux historiques selon leur degré de maturation institutionnelle, c'est-à-dire leur capacité à brider la violence.

NWW s'inscrivent dans le champ de l'économie politique du développement qui entend restaurer dans l'analyse économique l'imbrication entre les dynamiques économiques et les dynamiques politiques des sociétés humaines. C'est cette approche qui traverse les travaux de Fukuyama (1995), La Porta et al. (1999), Landes (2000), Spiller et Tommasi (2007) ou encore Tilly (1990) qui analysent les contrastes entre les trajectoires institutionnelles de différents pays. Elle est aussi présente dans des travaux plus économétriques d'Acemoglu et Johnson (2005), Acemoglu et Robinson (2006) ou encore Engerman et Sokoloff (2008) ; ainsi que dans des modèles d'interactions politiques qui fournissent des explications aux dysfonctionnements des pays en développement, à savoir Buchanan et al. (1980) avec l'école de recherche de rentes, Bueno de Mesquita et al. (2003), North (1981), Olson (1993) ou encore Przeworski et al. (2000). L'approche de NWW place le problème du contrôle de la violence entre organisations élitaires au cœur de l'émergence des institutions et du processus de développement. Ils soutiennent toutefois

---

[3] Cf. les travaux entre autres de Jean François Bayart, Béatrice Hibou, Bertrand Badie, Achille Mbembe ou encore Richard Banégas sur la formation de l'Etat en Afrique.

comme Collier (2009) ou encore Rodrik (2007) que la relation entre le développement institutionnel et le développement économique est complexe et non linéaire.

Problématique

NWW considèrent la recherche de rentes comme motivation principale des acteurs dans leurs interactions économiques et politiques, s'appuyant ainsi sur une thèse fondamentale de l'école de recherche de rentes. Cette recherche est présente aussi bien dans l'ordre social d'accès limité que dans l'ordre social d'accès ouvert et génère de la violence. Cependant, dans le premier, la violence est permanente et les rentes persistent ; tandis que dans le second, la violence est endiguée, et les rentes s'érodent grâce à la libre compétition[4] politique et économique, jusqu'à ce que les prix reflètent les coûts marginaux. Le processus de développement est alors un lent processus de transition vers l'ouverture des accès politico-économiques dans lequel les élites dominent le jeu en jouissant d'un accès privilégié à la création d'organisations. Pour NWW, au cours de la transition, les élites ne perdent jamais au change, et n'ouvrent les accès qu'après avoir sécurisé leurs rentes et privilèges en les transformant en droits garantis par les institutions.

A la suite de la parution de l'ouvrage de NWW en 2009, des travaux complémentaires ont entrepris de tester le cadre conceptuel sur divers pays en développement. C'est dans cette logique que s'inscrit l'ouvrage de North et al. publié en 2013 qui a eu pour ambition d'appliquer le cadre conceptuel de NWW à neuf pays dont trois africains (RDC, Zambie, Mozambique) : « L'objectif de ce volume est de développer et appliquer un modèle alternatif pour appréhender l'interaction dynamique des forces politiques, économiques et sociales dans les pays en développement, modèle qui a été au préalable défini par North, Wallis et Weingast (2009)[5] ». Koussoube et al. (2014) ont publié un document de travail[6] dans lequel ils appliquent ce même cadre conceptuel au cas du Burkina Faso. Dans ces travaux, le cadre conceptuel n'est pas modifié, les auteurs ont cherché à confirmer les thèses de NWW selon lesquelles la dynamique institutionnelle des Etats naturels n'est pas spontanément orientée vers le développement économique, mais vers le

[4] Le terme 'compétition' vient de la terminologie anglaise et aurait dû être traduit en français par 'concurrence'. La traduction retenue dans la version française de l'ouvrage de NWW est plutôt 'compétition'. Nous avons choisi d'utiliser dans cet ouvrage ce terme tel quel, afin de garder une certaine cohérence avec de nombreuses citations en Français de NWW qui reviendront cet ouvrage. Toutefois, apparaîtra, par endroits, le terme 'concurrence', en particulier chaque fois que nous traiterons du modèle néoclassique de concurrence parfaite ou imparfaite.

[5] North D. et al., 2013, Op. cit. p.13.

[6] Koussoube et al., 2014, Political Economy of growth and poverty in Burkina Faso: Power, Institutions and Rents. *Document de Travail DT/2014-01 de l'UMR DIAL (Paris Dauphine).*

contrôle de la violence et la recherche de la stabilité, à travers le contrôle de la production et de la distribution des rentes et privilèges.

Le présent ouvrage ne vise pas à appliquer, comme les travaux évoqués plus haut, le cadre conceptuel de NWW à un ou plusieurs pays. Il n'est pas non plus une tentative de modéliser le comportement des élites et des non-élites et leurs relations, comme ont pu le faire les travaux sur la théorie des élites[7]. Nous nous proposons de mener une analyse critique d'une des thèses du cadre conceptuel de NWW sur le rôle respectif des élites et des non-élites dans la transition des pays en développement vers l'ouverture des accès politiques et économiques, en nous appuyant sur l'histoire longue du Nigeria[8].

La question centrale est la suivante : les élites sont-elles toujours prépondérantes dans les transitions institutionnelles vers l'ouverture des accès politiques et économiques ?

L'hypothèse fondamentale que nous nous proposons d'étayer est la suivante : le processus de transition au sein de l'Etat naturel vers l'ouverture des accès politiques et économiques ne dépend pas du seul jeu des élites et organisations élitaires au sein de la coalition dominante, mais de la dynamique des rapports de forces qui s'établissent entre les élites et les non-élites. Contrairement à la thèse que défendent NWW, les transitions contrôlées exclusivement par les élites tendent plutôt à protéger ou développer les rentes.

Méthodologie

Notre méthodologie consiste en une critique théorique et empirique de la thèse de NWW.

La critique interne théorique de NWW porte sur le rôle prépondérant des élites dans l'ouverture des accès au sein des Etats naturels. A l'aide de la thèse d'Acemoglu et Robinson (2006)[9] que rejettent NWW sur le rôle incontournable des non-élites et des rapports de forces entre élites et non-élites dans le processus de transition institutionnelle vers l'ouverture des accès, nous soutiendrons que les élites ouvrent les accès par peur de perdre davantage que s'ils maintiennent le statu quo face à la pression des non-élites. Nous prolongeons la thèse d'Acemoglu et Robinson par celle de Timothy Mitchell

---

[7] Un des travaux de modélisation les plus récents qui contient une description de la théorie des élites est de Milner M. Jr, 2015, *Elites, A General Model.* Polity Press. Cambridge, UK.

[8] Le cadre conceptuel de NWW a fait l'objet d'une analyse critique plus large dans le cadre de notre thèse dont les références sont Lado H., 2014, *Le développement comme processus d'élimination des rentes et de la prédation. Le cadre conceptuel de Douglass North, John Wallis et Barry Weingast à l'épreuve du Nigéria.* Thèse de doctorat de sciences économiques, sous la direction de Gaël Giraud. Paris. Université Paris 1 Panthéon-Sorbonne. 524p.

[9] Acemoglu D. et Robinson J. A., 2006, *Economic Origins of Dictatorship and Democracy*, Cambridge University Press.

(2013)[10] qui soutient qu'à la différence de l'exploitation du charbon qui a alimenté les forces politiques non-élitaires grâce à la capacité des travailleurs à s'organiser autour de la chaîne de valeur charbon-rail-industrie, l'avènement du pétrole a entraîné un affaiblissement la force politique des non-élites. Avec le développement de l'activité pétrolière depuis 1958, le Nigeria offre un terrain favorable à cette analyse.

La critique empirique est basée sur l'histoire précoloniale, coloniale et contemporaine du Nigeria. Nous étayerons notre hypothèse grâce à une analyse des dynamiques politico-économiques qui ont marqué l'évolution institutionnelle de ce pays, en nous appuyant sur les recherches bibliographiques et de terrain. Entre 2010 et 2013, nous avons réalisé dans ce pays des recherches dans divers Etats, principalement dans les zones de production pétrolière du Delta du Niger[11]. Nos recherches réalisées dans le cadre du programme de recherche CODEV[12] ont consisté en des entretiens au sein du royaume Ogba dans l'Etat de Rivers et l'Etat d'Imo, du royaume Obolo dans l'Etat d'Akwa Ibom, chez les Brass à Akassa dans l'Etat de Bayelsa. Nous avons ainsi conduit 210 entretiens (dont 65 enregistrés) avec des chefs, des responsables ou membres d'associations communautaires, des groupes de pression, des fondations et d'ONG, des hommes, femmes et jeunes des communautés, des individus ou des groupes, ainsi que des membres des staffs des entreprises pétrolières, et des représentants de l'administration publique nigériane dans l'Etat de Rivers et l'Etat d'Imo. Nous faisons référence à ces données, sous la forme d'analyses de faits observés ou rapportés, ou d'études de cas.

Plan de l'ouvrage

Nous soutenons que les élites ne sont pas systématiquement prépondérantes dans les dynamiques institutionnelles et dans la transition vers

[10] Mitchell T., 2013, *Carbon Democracy. Le pouvoir politique à l'ère du pétrole.* (Traduit de l'Anglais par Christophe Jaquet. *Carbon Democracy. Political Power in the age of Oil.*Verso, Londres, New York, 2011). Ed. La Découverte.

[11] Le Delta du Niger est une zone géographique, du sud-sud (south-south) du Nigeria, de 75 000 km², et qui représente neuf Etats sur les 36 que compte le pays (Abia, Akwa Ibom, Bayelsa, Cross River, Delta, Edo, Imo, Ondo, Rivers), mais abrite l'essentiel des puits et gisements de pétrole et gaz du pays. Sa population est estimée à env. 50 M d'habitants répartis dans 1600 communautés.

[12] CODEV (Companies and Development) est un programme de recherche-action créé en 2010 à l'ESSEC Business School au sein de l'Institut IRENE. Ce programme réalise des recherches sur les responsabilités des entreprises, en particulier sur les activités des multinationales françaises dans les pays émergents, initiés par Cécile Renouard depuis 2004. Dans le cadre de CODEV, nous avons analysé les activités et responsabilités des compagnies pétrolières au Nigeria en y conduisant plusieurs enquêtes qualitatives et quantitatives auprès des parties prenantes locales, notamment au sein des communautés abritant les sites de production pétrolière dans divers Etats, entre octobre 2010 et 2014.

l'ouverture. Nous le montrerons en nous appuyant sur les dynamiques institutionnelles observées dans l'histoire précoloniale, coloniale et contemporaine du Nigeria, qui est encore aujourd'hui selon la terminologie de NWW un Etat naturel fragile en transition vers l'état primaire. Depuis la fin en 1999 de la période militaire qui a duré 33 ans, le Nigeria connaît une relative stabilité socio-politique malgré les assauts répétés de la secte Boko Haram, les provocations des *Niger Delta Avengers*, et les éruptions de violences meurtrières qui ont par le passé entouré les périodes électorales. Nous montrerons comment chaque fois que l'asymétrie de pouvoir entre les élites et les non élites a pu être réduite sous la pression des non-élites, l'ouverture des accès s'est produite au détriment des élites, et comment lorsque cette ouverture des accès est menée exclusivement par les élites, elle n'aboutit pas à l'élimination des rentes mais à leur entretien.

Le premier chapitre est consacré à la présentation des cadres conceptuels de NWW et d'Acemoglu et Robinson (que nous désignerons dans cet ouvrage par AR). Nous conclurons cette présentation en soulignant les principales limites du cadre conceptuel de NWW, en particulier celles qui sont en lien avec notre problématique.

Au deuxième chapitre, nous montrerons que les dynamiques institutionnelles observées dans l'histoire du Nigeria d'avant 1914 étaient essentiellement élitaires, ceci en raison de l'asymétrie de pouvoir qui caractérisait les relations entre les élites et les non-élites au sein de ces ordres sociaux. L'absence de transition vers l'ouverture des accès observée dans ces ordres sociaux d'avant 1914 montre que la prépondérance des élites dans les dynamiques sociales a plutôt favorisé au minimum l'entretien des rentes. Nous montrerons notamment, à travers l'étude du cas du peuple Brass écrasé par la coalition dominante coloniale, que le cadre conceptuel apparaît pertinent lorsque les relations entre élites et non-élites sont caractérisées par une forte asymétrie de pouvoir en faveur des élites, de sorte que les interactions ne peuvent déboucher sur une ouverture des accès.

Quand les non-élites commencent à augmenter leur pouvoir d'action et de négociation au point de contraindre les élites à ouvrir les accès politiques et économiques, le cadre conceptuel devient inopérant. A partir de la création du Nigeria justement, l'asymétrie de pouvoir entre élites et non-élites commence à se réduire au fur et à mesure qu'une classe moyenne locale émerge. Les non-élites acquièrent progressivement une puissance politique à travers la création de mouvements estudiantins d'abord sous-régionaux, puis nationaux, et d'organisations nationalistes qui vont finalement conduire le Nigeria à l'indépendance en 1960, qui consistera en un transfert de pouvoir de la coalition dominante coloniale vers la nouvelle coalition dominante nigériane. Nous montrerons ainsi au chapitre 3 comment pendant cette période, par leur mobilisation, les non-élites (populations nigérianes) sont parvenues à réduire l'asymétrie de pouvoir vis-à-vis des élites coloniales, malgré ces dernières. La thèse de NWW sur la prépondérance des élites devient inopérante. L'histoire des Etats naturels et notamment celle du Nigeria montrent que l'asymétrie de pouvoir est dynamique et peut, au gré de divers facteurs, basculer en faveur des non-élites. L'ouverture peut advenir chaque fois que la menace de révolution par les non-élites devient crédible aux yeux de la coalition dominante, que les élites aient sécurisé leurs rentes et privilèges ou non. Cette thèse d'Acemoglu et Robinson (2006)[13] a été empiriquement vérifiée tout au long de l'histoire du Nigeria à partir de 1914, et le cas des femmes d'Abeokuta que nous traiterons à la fin du chapitre en confirmera la pertinence.

A partir de 1960 et l'avènement du pétrole, le Nigeria sombre dans le verrouillage des accès politico-économiques et dans l'instabilité politique et sociale, comme nous le verrons au chapitre 4, ce qui suggère que l'asymétrie de pouvoir s'est renforcée en faveur des élites. Nous analyserons les causes de cette instabilité chronique, et appréhenderons l'ampleur de l'activité de production pétrolière en analysant les réserves, la production, les acteurs, les types de contrats et la répartition des revenus pétroliers.

Au chapitre 5, nous reprendrons l'analyse du rôle des élites et des non-élites plus précisément dans le cadre des dynamiques autour de l'activité pétrolière en explorant l'histoire de la prise en charge des coûts sociaux de l'activité pétrolière, et précisément la manière dont les non-élites ont progressivement conquis le pouvoir au point de favoriser l'éviction des militaires du pouvoir. La thèse de Timothy Mitchell (2013)[14] sur les propriétés non démocratiques de l'activité pétrolière fournira une base théorique robuste pour expliquer l'inhibition des forces non-élitaires à partir du lancement de la production pétrolière et conforter celle d'Acemoglu et Robinson sur l'importance de la dynamique des rapports de forces entre élites et non-élites.

Il apparaîtra à la fin de cet ouvrage que la thèse de NWW sur le rôle toujours prépondérant des élites dans la transition vers l'ouverture des accès n'est pas empiriquement vérifiée. C'est la dynamique des rapports de forces entre élites et non-élites qui détermine le rôle de chacun dans l'évolution institutionnelle au sein de l'Etat naturel.

---

[13] Acemoglu D. et Robinson J. A., 2006, *Op. cit.*

[14] Mitchell T., 2013, *Op. cit.*.

Chapitre 1
LES CADRES CONCEPTUELS

A. NORTH, WALLIS ET WEINGAST : DYNAMIQUES DE LA COALITION DOMINANTE AUTOUR DE LA RENTE.

NWW mobilisent un vaste corpus associant aux sciences économiques et politiques l'histoire, la sociologie et l'anthropologie. Pour eux, la diversité des schémas d'organisation sociale correspondant à la diversité des contextes culturels et l'influence des schémas d'organisation sociale sur le développement imposent de dessiner de nouveaux cadres conceptuels pour appréhender les ressorts du développement.

NWW précisent leur approche par rapport à la démarche standard en économie dans l'ouvrage paru en 2013 et qui a permis d'appliquer le cadre conceptuel à divers pays : « L'approche standard démarre par les hypothèses néoclassiques selon lesquelles la croissance apparait chaque fois que des opportunités de profit émergent, à moins que l'intervention politique ou les entraves sociales empêchent les marchés de fonctionner. Au contraire, la perspective alternative présentée ici démarre avec la reconnaissance du fait que toutes les sociétés doivent maîtriser le problème de la violence[15] ».

L'innovation majeure du cadre conceptuel consiste donc à placer le contrôle de la violence et la recherche de la stabilité au cœur de l'organisation sociale et de l'émergence des institutions : « La violence doit occuper une place centrale dans toute analyse du comportement des sociétés. Pour former des groupes sociaux larges et durables, il faut pouvoir contrôler la violence[16] ». (p.391). Le mode d'entretien de la stabilité sociale définit et caractérise les différents ordres sociaux, et explique comment la violence est bridée lorsqu'une société opère un changement d'un ordre social vers un autre. Pour NWW, différents schémas d'organisation sociale, ou ordres sociaux induisent des résultats différents sur les plans économique et politique. Ils distinguent

[15] North D. et al., 2013, Op. cit. p.13

[16] Puisque l'ouvrage de NWW de 2009 est abondamment cité dans ce travail, chaque fois que nous y ferons référence, nous indiquerons simplement à la suite de la citation entre parenthèses la page correspondante dans la version française.

trois ordres sociaux dans l'évolution des sociétés humaines : l'ordre de prédation, l'ordre social d'accès limité et l'ordre social d'accès ouvert.

Le développement se conçoit par conséquent comme un lent processus de transition de l'ordre d'accès limité vers l'ordre d'accès ouvert. La transition étant « le processus par lequel les élites ouvrent l'accès au sein de la coalition dominante, entérinent cette ouverture par des réformes institutionnelles, puis étendent l'accès au droit à la citoyenneté à une portion plus large de la population » (p.291).

1. LES TROIS ORDRES SOCIAUX DE NWW

Avant de présenter les trois ordres sociaux et leurs caractéristiques, il convient de définir les concepts centraux d'institution, d'organisation et de croyances.

Pour NWW, « les institutions dictent les 'règles du jeu', les modèles d'interaction qui régissent et canalisent les relations entre individus. Les institutions incluent des règles formelles, des lois écrites, des conventions sociales, des codes de conduite informels et des croyances communes sur le monde, ainsi que des moyens de faire appliquer les règles » (p.37). Elles fonctionnent différemment d'un contexte à l'autre en raison des différences dans les croyances et normes partagées par les différents contextes.

Les institutions sont différentes des organisations : « les organisations consistent en des groupes spécifiques d'individus poursuivant des objectifs collectifs aussi bien qu'individuels au moyen d'un comportement partiellement coordonné » (p.38). Les membres des organisations en viennent à partager des croyances, règles et normes qui constituent la structure institutionnelle spécifique à l'organisation. Les institutions et les organisations sont ainsi liées. D'après NWW, pour qu'une institution contrôle la violence, en particulier entre individus qui ne se connaissent pas, il faut une organisation dont les représentants veillent à l'application impersonnelle des règles.

Quant aux croyances, NWW s'appuient sur la conception d'Hayek (1952)[17] des croyances qui renvoie au produit de la conscience aux prises avec l'incertain. Les croyances inspirent et structurent les choix et les préférences pour former ce que la théorie économique néoclassique désigne par 'intérêt personnel'. NWW développent une approche des croyances alternative à celle d'Avner Greif (2006)[18] qui envisage les croyances dans des sous-ensembles d'interactions sociales comme des éléments constitutifs d'un équilibre auto-exécutoire dont les autres éléments sont les institutions et le comportement.

---

[17] Hayek F. A., 1952, *L'ordre Sensoriel*, trad. Ph. R. Mach, CNRS Editions (2001).

[18] Greif A., 2006, *Institutions and the Path to the Modern Economy*, Cambridge (Mass.), Cambridge University Press.

- Etat naturel mature : il existe des organisations autonomes vis à vis de l'Etat. NWW fournissent comme exemples l'empire carolingien (751-840) et l'empire aztèque (1428-1519). En guise d'exemples contemporains d'Etats naturels matures, NWW mentionnent[23] la plupart des pays d'Amérique Latine, ainsi que la Chine, l'Afrique du Sud et l'Inde. « Un Etat naturel mature se caractérise par des structures institutionnelles durables et par la capacité à tolérer des organisations élitaires extérieures au cadre immédiat de l'Etat. [...] Les institutions publiques durables d'un Etat naturel mature sont censées survivre aux changements de configuration de la coalition dominante. » (p.82 et 83). Toutefois, comme dans tout Etat naturel, les relations au sein de la coalition dominante se poursuivent toujours sur une base personnalisée.

« Les Etats naturels matures constituent le premier chaînon en direction d'Etats ou de gouvernements wébériens, dotés d'un contrôle monopolistique et centralisé sur l'armée » (p.122). Une fois à l'état mature, l'Etat naturel doit remplir trois conditions, dites conditions liminaires, pour éventuellement (car ce n'est pas automatique) enclencher la transition vers l'ordre d'accès ouvert : l'Etat de droit pour les élites, l'impersonnalité dans les organisations privées et publiques, et la centralisation du contrôle sur l'armée.

1.3. L'ordre social d'accès ouvert

L'ordre d'accès ouvert date du début du XIXe siècle. Ici, le système utilise la libre compétition économique et la libre compétition politique pour ordonner les relations sociales. Pour NWW, « les trois ordres sociaux sont tous soumis à la compétition, mais ils la régulent de différentes manières. Les modes de gestion de la violence sont inscrits dans les institutions et les organisations » (p.37). Dans l'ordre d'accès ouvert, les élites sont soumises à l'Etat de droit, le fonctionnement des organisations se fait sur une base impersonnelle, et l'Etat a le monopole du contrôle sur l'armée.

« Les ordres d'accès ouvert déploient un cercle vertueux qui associe contrôle de la violence et ouverture de l'accès. Le système politique limite l'accès aux moyens de la violence ; l'ouverture de l'accès économique et social garantit celle du système politique ; des interdictions crédibles sur l'usage de la violence pour entrer en concurrence avec d'autres garantissent l'ouverture de l'accès économique et social ; enfin les systèmes politique et judiciaire font appliquer les interdictions de l'usage de la violence. De la même façon, dans tous les systèmes, l'accès aux organisations permet la compétition, qui à son tour, permet de maintenir l'ouverture. » (p.175).

NWW empruntent le 'monopole de la violence légitime' à Max Weber (1947)[24] pour décrire la centralisation du contrôle sur l'armée et la

[23] North et al., 2013, p.12. Op. cit.
[24] Weber M., 1947, The *Theory of Social and Economic Organization*, London, The Free Press.

subordination du pouvoir militaire au pouvoir politique. NWW en font une caractéristique essentielle de l'ordre d'accès ouvert. Avec la compétition ouverte à tous, les rentes sont plus éphémères, mais le perdant des jeux économiques et politiques n'est pas banni comme dans les Etats naturels -où la dissémination de la violence confère aux jeux une somme presque nulle- car il conserve le droit de réintégrer le jeu en créant une nouvelle rente sous forme d'une nouvelle idée politique ou d'une innovation économique. Ce qui rend la compétition plus efficace dans les ordres d'accès ouvert que dans les Etats naturels est l'impersonnalité qui modifie fondamentalement la nature de la compétition :

« Notre cadre conceptuel insiste sur le fait que l'impersonnalité dépend de la structure des organisations et de la capacité de la société à épouser des formes organisationnelles impersonnelles (c'est-à-dire des organisations dotées d'une identité propre, indépendante de l'identité individuelle de leurs membres). Pour reprendre la formule juridique qui, dans la tradition occidentale, définit les organisations impersonnelles, il s'agit d'organisations pérennes dont l'existence est indépendante de la survie de leurs membres. [...] Individus et organisations ne sont pas moins guidés par la logique du profit dans les sociétés d'accès ouvert que dans les Etats naturels. Mais dans les premières, l'impersonnalité de la compétition économique et politique entraîne une érosion rapide des rentes. » (pp.49 et 50).

NWW considèrent l'impersonnalité dans les organisations comme la condition *sine qua non* pour parvenir à l'ordre d'accès ouvert car c'est elle qui garantit la pérennité des organisations et leur capacité à développer des relations égalitaires, complexes, prévisibles et crédibles. Le concept d'impersonnalité est inspiré de la thèse d'Ernst Kantorovitch (1957)[25] qui a pu expliquer le problème historique de l'inaliénabilité du souverain grâce à la distinction entre le corps personnel, corporel et mortel, et le corps abstrait, juridique, incorruptible et immortel auquel était attachée la fonction de souverain (roi, pape, duc, évêque, prêtre, etc.). La personnalité morale rattachée au corps physique est temporelle et personnelle, tandis que celle rattachée au corps abstrait est pérenne et impersonnelle, ce qui garantit la pérennité des institutions et organisations.

Pour NWW, le processus de destruction créatrice de Joseph Schumpeter (1962)[26] qui explique la dynamique d'érosion et de reconstitution des rentes est le moteur de l'ordre social d'accès ouvert. Cette dynamique améliore continuellement l'efficacité des systèmes économiques et politiques grâce à l'efficacité adaptative de Friedrich Hayek (1960)[27] qui « amène à fonder des

---

[25] Kantorovich E., 1957, *Les deux corps du roi. Essai sur la théologie politique au Moyen Age*. Trad. J.-Ph. Genet et N. Genet, Gallimard (1989).

[26] Schumpeter J. A., 1962, *Capitalisme, Socialisme et Démocratie,* trad. G. Fain, Payot. (Capitalism, Socialism and Democracy, George Allen and Unwin Ltd, Londres, 1942)

[27] Hayek F. A., 1960, *La constitution de la liberté*, trad. R. Audouin et J. Garello, Litec (1994).

institutions et des organisations qui encouragent l'expérimentation, récompensent l'innovation et éliminent l'échec. » (p.383). Elle explique l'amélioration continue des capacités de résilience de l'ordre social face aux chocs internes et externes :

« Toute société est confrontée à de nouveaux défis, à de nouveaux dilemmes, à de nouvelles crises. Les ordres sociaux d'accès ouvert sont les mieux équipés pour surmonter ces épreuves. Leur ouverture même leur permet de trouver de nouvelles issues aux dilemmes. En outre, la compétition politique incite fortement les dirigeants à adapter leur politique de façon à répondre aux problèmes qui se présentent, faute de quoi ils risquent d'être écartés du pouvoir. Comme le montre la théorie schumpétérienne de la création destructrice, les acteurs économiques sont prompts à trouver et à exploiter de nouvelles sources de profit dans une conjoncture mouvante. Les nouvelles solutions économiques modifient les incitations auxquelles sont exposés les acteurs politiques. Le système politique procède lui aussi de la destruction créatrice, dans la mesure où l'opposition est vivement incitée à proposer des solutions novatrices. » (p.230-231).

Par ailleurs, le cadre conceptuel souligne la corrélation entre le développement économique (accroissement sur le long terme du PIB/hab. et multiplication des organisations économiques) et le développement politique que NWW définissent comme « capacité étatique à susciter des organisations complexes et spécialisées, à établir l'impersonnalité, à entretenir un Etat pérenne et à contrôler la dispersion et l'usage de la violence dans la société » (p.410). Ce faisant, NWW invoquent le principe du *double équilibre* pour expliquer les incitations croisées que se font le secteur public et le secteur privé pour entretenir la dynamique politico-économique d'innovation et d'efficacité adaptative au sein de l'ordre social.

Pour NWW, le modèle d'accès ouvert répond aux caractéristiques suivantes (p.32) :

- Un développement politique et économique
- Une économie qui enregistre beaucoup moins d'épisodes de croissance négative du PIB/hab.
- Une société civile diversifiée et vigoureuse, dotée d'un grand nombre d'organisations
- Un Etat plus étendu et plus décentralisé : dépenses publiques par rapport au PIB plus élevées
- Un tissu de relations sociales impersonnelles, incluant Etat de droit, droits de propriétés sécurisés, justice et égalité, dans lequel tous les individus sont traités de la même façon.

En conclusion de la section A, nous récapitulons dans le tableau 1 ci-dessous la typologie des ordres sociaux selon les cinq critères définis plus haut.

Tableau 1 : Récapitulatif de la typologie des ordres sociaux

	Ordre de prédation	Ordre d'accès limité ou Etat naturel			Ordre d'accès ouvert
		Etat naturel fragile	Etat naturel primaire	Etat naturel mature	
Relations avec les institutions	Personnalisées	Personnalisées	Personnalisées	Personnalisées	Impersonnelles
Mode de stabilisation de l'ordre social	Interactions répétées entre individus	Manipulation de rentes et privilèges par une coalition dominante	Manipulation de rentes et privilèges par une coalition dominante	Manipulation de rentes et privilèges par une coalition dominante	Libre compétition entre les organisations
Violence légitime	Diffuse	Diffuse	Diffuse	Diffuse	Monopole Etat
Résultats socioéconomiques	Chasse, cueillette et nomadisme	Croissance lente et très instable	Croissance lente et instable	Croissance lente et moins instable	Croissance plus stable
Contrôle de l'Etat sur les organisations	Pas de structure étatique	Pas d'organisation autre que l'Etat	Organisations autres que l'Etat mais sous contrôle de l'Etat	Organisations indépendantes de l'Etat mais non pérennes	Compétition entre organisations pérennes

Le cadre conceptuel consacre ainsi l'ordre d'accès ouvert comme l'ordre social où l'économie connaît sur un très long terme (plus de cinq siècles observés) le moins d'épisodes de croissance négative (du PIB/hab.) et une plus grande adaptabilité aux chocs, tandis que l'économie d'un Etat naturel, complètement mise au service de la stabilité politique, connaît une croissance lente et est particulièrement vulnérable aux chocs. L'écrasante majorité de la population mondiale (85%) vivrait sous le régime d'Etats naturels et à peine 25 pays représenteraient des sociétés d'accès ouvert, tandis que l'ordre de prédation n'est plus un ordre social contemporain. Le processus de développement procèderait par conséquent d'une transition vers un libre accès aux organisations politiques et économiques régulé par la compétition.

2. LA TRANSITION DE L'ETAT NATUREL VERS L'ORDRE D'ACCÈS OUVERT

Pour opérer la transition de l'Etat naturel à l'ordre d'accès ouvert, il ne suffit pas d'adopter les institutions des sociétés d'accès ouvert. Des transformations doivent s'accomplir au sein de l'Etat naturel avant l'enclenchement de la transition proprement dite.

« La transition s'effectue en deux temps : les relations personnelles au sein de la coalition dominante deviennent impersonnelles, puis ces arrangements impersonnels sont étendus à l'ensemble de la population. […] Dès lors qu'un Etat naturel développe des institutions, des organisations et des croyances qui permettent aux élites d'établir des relations impersonnelles, la société est prête à franchir le pas. Dans un second temps, celui de la transition proprement dite, les relations entre élites continuent de se transformer. La création d'institutions qui protègent formellement les identités impersonnelles des élites et leur accès aux organisations permet d'étendre ces mêmes droits à une plus grande partie de la population » (p.233).

NWW estiment en effet que les élites ne perdent jamais au change lors de la transition, elles veillent à ce que leurs droits soient garantis dans le nouveau régime et c'est lorsque des engagements crédibles sont pris dans ce sens que les élites sont incitées à ouvrir les accès : « Pourquoi les élites choisissent-elles de renoncer à leur position sociale et autorisent-elles les non-élites à participer pleinement à la vie publique ? Ainsi formulée, cette question est problématique : elle sous-entend que les élites renonceraient à leurs acquis. Le font-elles jamais ? Nous préférons tourner autrement la question de la transition : pourquoi les élites transforment-elles leurs privilèges uniques et personnels en droits impersonnels partagés à égalité avec elles ? Et comment protègent-elles leurs droits les unes des autres ? » (p.53). Ainsi, à la question, comment réaliser la transition, le cadre conceptuel en confère la responsabilité exclusive aux élites au sein de la coalition dominante, qui est au cœur des trois conditions liminaires :

- **Etat de droit pour les élites** : l'égalité de droits qui est garantie aux élites élargit la gamme de contrats et de relations au sein de la coalition dominante et institutionnalise la protection juridique.
- **Pérennité des organisations élitaires** publiques et privées, dont l'Etat lui-même : elle multiplie les capacités de création des organisations et renforce leur durabilité. Par l'impersonnalité, les organisations gagnent en puissance et en diversité, démultipliant les possibilités de génération de rentes.
- **Centralisation du contrôle politique sur l'armée** : elle dispense les élites de devoir entretenir des capacités individuelles de violence, pacifiant de ce fait l'environnement tout en renforçant la puissance de l'Etat et sa capacité à garantir le fonctionnement des organisations et l'accès ouvert aux rentes.

Lorsque ces trois conditions sont réunies, la société est au seuil de la transition mais le basculement n'est pas automatique ni inéluctable. A noter que les transitions historiques ont eu lieu à des intervalles assez brefs sur une cinquantaine d'années. L'Angleterre, la France et les Etats-Unis sont arrivés au seuil de la transition à la fin du 18^{e}s, et ont adopté l'ordre d'accès ouvert entre 1800 et 1850. La Corée du Sud et Taïwan ont connu une évolution similaire dans la deuxième moitié du 20e siècle. L'Espagne et le Portugal ont connu une évolution plus accélérée, l'Espagne par exemple s'étant rapidement dotée d'institutions, de croyances et d'organisations capables d'assurer une transition à partir de la mort de Franco en 1975. L'avènement de la transition dépend ainsi du niveau de maturation institutionnelle des pays et de la capacité des dynamiques menées par les élites à entretenir la transition.

« Dans la transition proprement dite, les élites transforment leurs privilèges personnels en droits impersonnels. [...] Désormais, la logique de la coalition dominante n'est plus celle de l'Etat naturel, consistant à créer des rentes par le biais de privilèges, mais celle de l'ordre d'accès ouvert, consistant à éroder les rentes par le biais de la compétition. Les groupes élitaires trouvent intérêt à ouvrir l'accès, mais ils veulent aussi s'assurer que leurs droits seront protégés. » (p.55).

Qu'en est-il des non-élites ? Pour NWW, la coalition dominante est au cœur du processus de transition institutionnelle au point où les non-élites semblent jouer un rôle de figurants ou de simples membres de réseaux de patronage menés par les élites. Le processus de transition démarre chez les élites parce qu'elles contrôlent les organisations et les institutions. NWW réfutent la thèse d'Acemoglu et Robinson (2006)[28] qui soutiennent que « les élites ne cèdent le pouvoir que parce qu'elles ont peur de le perdre et calculent qu'elles ont plus à gagner à la concession qu'à la révolution » (p.235). Alors que ces auteurs reconnaissent l'importance du rapport de forces qui est changeant entre élites et non-élites, et donc susceptible de basculer à un moment donné en faveur des non-élites, NWW n'envisagent pas que dans un Etat naturel, les non-élites puissent provoquer la transition au détriment des élites, car pour eux, « la prépondérance des relations entre élites au sein de la coalition dominante relève directement de la logique de l'Etat naturel. » (p.234).

B. ACEMOGLU ET ROBINSON : DYNAMIQUE DES RAPPORTS DE FORCE ENTRE ELITES ET NON-ELITES DANS LE PROCESSUS DE TRANSITION

Acemoglu et Robinson (2006) ont développé un cadre conceptuel sur l'émergence des régimes démocratiques, qu'ils définissent principalement comme des systèmes où prévaut l'égalité politique. Pour eux, la démocratie émerge en réponse à une menace révolutionnaire sérieuse ou une instabilité sociale notable, mais ils excluent de leur analyse le cas particulier d'un changement institutionnel par la révolution.

AR soutiennent comme NWW que ce sont les élites qui mettent en œuvre l'ouverture. Ils ajoutent que le conflit est inhérent aux choix sociaux : « Notre cadre conceptuel insiste sur le fait que les choix sociaux sont par essence conflictuels. [...] En général, les politiques et choix sociaux qui profitent aux élites seront différents de ceux qui bénéficient aux citoyens. Ce conflit sur les

[28] Acemoglu D. et Robinson J. A., 2006, *Op. cit.*

choix sociaux et les politiques sociales sont un thème central de notre approche[29] ».

Toutefois, contrairement à NWW, AR soutiennent que les élites ouvrent les accès par crainte de perdre plus de rentes que s'ils poursuivent la limitation des accès. Par ailleurs, AR reconnaissent d'emblée le caractère simplificateur de la distinction élites/non élites. La définition qu'ils en donnent apparaît plus réaliste car ils invitent à distinguer les élites par les identités politiques en présence, qui peuvent être économiques (comme en Grande Bretagne et en Argentine au 19e siècle), ethniques (comme dans plusieurs pays africains) ou militaires comme en Argentine à certaines périodes.

Nous présentons les sept déterminants du processus de transition selon AR (sous-section 1) et les quatre scenarios de transition tels qu'ils l'envisagent (sous-section 2). Chaque fois, les non-élites jouent un rôle déterminant dans la décision des élites de procéder à l'ouverture des accès, et c'est la nature du rapport de forces qui dicte l'ampleur de cette ouverture.

1. LES DÉTERMINANTS DU PROCESSUS DE TRANSITION SELON AR

AR placent sept déterminants au cœur du processus de transition vers la démocratie, à savoir :

- La société civile : Ils s'appuient sur l'existence d'une société civile organisée structurée et protégée en soutenant qu'une menace efficace et crédible de révolution de la part des citoyens est nécessaire pour soutenir le processus de démocratisation. Dans leur modèle, ils la prennent néanmoins comme une donnée et n'offrent pas les outils pour comprendre sa formation et son évolution vers ce que nous appellerons un triple équilibre (cf. Chap.3 C2).
- Les chocs et les crises : AR soulignent l'importance des crises, la menace de révolutions, et plus largement le pouvoir de fait de ceux qui ne disposent pas du pouvoir de droit. AR postulent que la démocratisation est encore plus susceptible d'advenir dans une situation de crise politique ou économique, en raison de la capacité fédératrice et coordinatrice de l'action collective que possèdent les situations de chocs.
- Les sources de revenus et la composition des patrimoines : AR soutiennent que la démocratie est plus probable lorsque les élites sont des industriels que lorsqu'elles sont des propriétaires fonciers. Il se trouve que la terre peut être plus facilement taxée que le capital physique ou humain, ce qui rend les propriétaires fonciers moins enclins à céder à la

[29] Acemoglu D. et Robinson J. A., 2006, *Economic Origins of Dictatorship and Democracy*. p.15. Cambridge University Press. (Traduction par l'auteur)

démocratie. Par ailleurs, le capital physique et humain est plus facilement destructible que le capital foncier et par conséquent les industriels préfèreront la négociation et la coopération. Enfin un certain nombre d'institutions coercitives typiques des systèmes non démocratiques, comme l'esclavage, sont plus efficaces sous des régimes à prédominance agraire.

- Les institutions politiques : AR soutiennent que l'architecture des institutions politiques peut garantir que des changements radicaux de politiques publiques n'interviennent pas et que les intérêts des élites demeurent largement protégés malgré les réformes. Dans ces conditions, l'ouverture d'accès peut apparaître peu coûteuse pour les élites.
- Le rôle des inégalités intergroupes : AR soutiennent que, toutes choses restant égales par ailleurs, les révolutions sont d'autant plus attractives pour les différentes composantes de la société que les inégalités intergroupes (établies sur d'autres lignes que riches/pauvres) sont fortes, offrant ainsi plus d'occasions de réformes institutionnelles. Mais de fortes inégalités font aussi peser le coût de la démocratisation sur les élites, qui seront d'autant plus tentées d'user de la répression pour dissuader les révolutionnaires et entretenir le statu quo. Il en ressort que la démocratie a plus de probabilités d'advenir plutôt dans des systèmes aux inégalités moyennes comme en Grande Bretagne et en Argentine à la fin du 19e siècle où les citoyens ne sont pas totalement satisfaits par le régime mais où les élites ne trouvent pas la répression plus attractive. Même si AR ne traitent pas explicitement des inégalités ethniques, notons que les inégalités intergroupes englobent ce facteur qui dans certains pays préside au partage élites/non-élites. Dans le cas du peuple Brass (cf. chapitre 2), les inégalités économiques et militaro-technologiques étaient tellement fortes vis-à-vis de la coalition dominante que cette dernière avait trouvé la répression plus attractive.
- La classe moyenne : elle joue un rôle moteur ou catalyseur dans l'émergence de la démocratie comme on a pu le voir dans l'histoire en Grande Bretagne, en France ou en Argentine. Si elle est suffisamment large, elle peut servir de régulateur entre les élites et les citoyens en permettant des réformes suffisamment modérées pour que les élites n'abusent pas de la répression mais aussi suffisamment importantes pour que les citoyens n'envisagent pas la révolution.
- La mondialisation : l'ouverture à la mondialisation favorise des échanges et une intégration d'intérêts économiques et financiers telle que certains pays démocratiques et certaines organisations internationales pourront exercer une influence sur le fonctionnement des institutions politiques et notamment leur ouverture. Cela est encore plus vrai depuis la fin de la guerre froide.

Le processus de transition est le suivant[30] : dans une non-démocratie, les élites ont le pouvoir politique *de jure* et si elles n'ont pas de contrainte, elles vont décider des politiques qui les favorisent, par exemple baisser les impôts et peu redistribuer aux pauvres. Mais les non-démocraties sont sous l'effet de menaces de déstabilisation par les citoyens qui accèdent temporairement à un pouvoir politique de facto. Ces derniers peuvent réussir une révolution et changer le système en leur faveur en dépossédant les élites mais aussi en générant des dommages sociaux collatéraux. Les élites ne souhaitent pas une telle situation et l'empêcheront en prenant des engagements crédibles par des réformes en faveur des citoyens. Comme de telles promesses ne sont pas crédibles sous le système politique existant, elles finissent par transférer le pouvoir politique formel à la majorité de citoyens par la démocratisation. La clé du basculement est la crédibilité de la menace de la révolution.

2. LES SCÉNARIOS DE TRANSITION VERS LA DÉMOCRATIE

Ils définissent quatre scenarios vers la démocratie :

- Le premier est celui d'un démantèlement progressif des barrières vers le suffrage universel, comme cela a été le cas en Grande Bretagne depuis la Glorieuse Révolution de 1688, puis le *Reform Act* de 1832.
- Le second scenario est une évolution en dents de scie avec l'effondrement rapide de la démocratie une fois installée, dans un cycle autoentretenu, comme dans l'Argentine du 20^{e}s.
- Le troisième est celui de l'entretien d'une non-démocratie en raison de faibles inégalités économiques qui font que les citoyens sont relativement satisfaits du statu quo, comme à Singapour.
- Le quatrième est une variante du troisième scenario où l'entretien d'une non-démocratie est plutôt dû à de fortes inégalités économiques, qui rendent la démocratie particulièrement couteuse aux yeux des élites. Ces dernières utilisent alors tous les moyens, y compris la répression et la violence pour la retarder. C'est le cas de l'Afrique du Sud de l'époque de l'Apartheid.

Alors, à la lumière du cas du Nigeria qui, selon la terminologie de NWW, demeure un Etat naturel primaire qui n'a pas encore entamé la réalisation des trois conditions liminaires (Etat de droit parmi les élites, pérennité des organisations, centralisation du contrôle sur l'armée), on peut comprendre que la transition institutionnelle vers l'ordre d'accès ouvert n'ait pas encore été

[30]Acemoglu D. et Robinson J. A., 2006, *Op. cit.* p.27.

amorcée. Mais si on se réfère au modèle d'AR concernant le rôle incontournable des non-élites, il convient de se demander pourquoi les dynamiques non-élitaires qui ont permis au Nigeria d'obtenir l'ouverture des accès politico-économiques à partir des années 1920 avec l'émergence des organisations de la société civile, n'ont plus permis d'entretenir cette dynamique vers l'ordre d'accès ouvert après l'indépendance. D'où la thèse complémentaire de Mitchell.

3. MITCHELL : LA TRANSITION CONTRARIÉE PAR LE PÉTROLE

Par quel mécanisme opérationnel le jeu politico-économique débouche-t-il sur l'ouverture des accès à l'échelle de l'Etat naturel ? Est-ce exclusivement le fait des élites ? Nous poursuivons la quête de la réponse en prolongeant l'approche d'Acemoglu et Robinson sur le rôle central des rapports de force en montrant que l'activité pétrolière est un facteur déterminant dans le renforcement du pouvoir des élites au détriment des non-élites.

Certains chercheurs ont montré comment le développement de revenus pétroliers affranchit l'Etat du pouvoir des citoyens en rendant non indispensable l'extension de la base fiscale (cf. Chaudhry, 1997 ; Soares de Oliveira, 2004 :36)[31]. Pour Timothy Mitchell (2013)[32], le lien est encore plus structurel et provient du profil fortement technologique de l'activité de production de pétrole. Dans l'histoire, les combustibles fossiles ont ainsi joué un rôle majeur pour la démocratie : alors que le charbon en a favorisé l'émergence, le pétrole en a entretenu l'inhibition.

La thèse de Mitchell peut être considérée comme un prolongement de la thèse d'Acemoglu et Robinson sur l'importance des rapports de forces (même si l'un ne cite pas l'autre) en ce sens que Mitchell montre que le pétrole, par l'organisation de sa production et de sa chaîne de valeur, fragilise le pouvoir politique et le pouvoir de négociation des forces sociales (non-élites) en éloignant les structures économiques hors du contrôle social.

Mitchell attribue au charbon et au pétrole des propriétés politiques différentes au regard de leurs modes d'extraction, de traitement, de transport et de consommation. Il montre comment dans l'histoire des différents pays, l'exploitation du charbon a entraîné le développement d'une chaine de valeur favorable à la mobilisation des travailleurs dans des mouvements socio-politiques qui ont facilité l'ouverture démocratique (§3.1), et qu'à l'inverse,

[31] Chaudhry K., 1997, *The Price of Wealth.* Ithaca: Cornell University Press.
Soares de Oliveira R., 2004, *Oil and Politics in the Gulf of Guinea.* Hurst and Company. London. P.36.
[32] Mitchell T., 2013, *Op. cit.*

le pétrole a restreint le pouvoir politique des masses par son fort contenu technologique et l'organisation de la production (§3.2).

3.1. Le charbon favorise l'ouverture démocratique

Le passage de l'utilisation du bois et d'autres sources d'énergie à celle du charbon a créé dans la première moitié du XIXe siècle une divergence de trajectoires de développement entre l'Europe du nord et du centre d'une part, et la Chine, l'Inde et l'empire ottoman d'autre part, alors que toutes ces régions avaient connu jusque-là des niveaux de vie comparables. La concentration en Europe des réserves de charbon donna vite, avec l'augmentation exponentielle de l'énergie fournie par le charbon, une longueur d'avance à l'Europe sur le reste du monde. L'exploitation des mines de charbon fournissait de l'énergie qui générait de nouveaux besoins de production industrielle, entretenant ainsi un cercle vertueux en faveur du développement industriel.

C'est ainsi que la plupart des régions industrielles de la planète ont été constituées sur ou à proximité des réserves de charbon. Dans le cadre de l'activisme syndical et de la mobilisation politique à partir des années 1880, les mineurs du charbon ont été en première ligne de la contestation des régimes de travail et du pouvoir des employeurs. Les grèves sont devenues efficaces en raison des flux de charbon qui reliaient les chambres souterraines à chaque usine, bureau, foyer et moyen de transport dépendant de l'énergie de la vapeur ou de l'électricité. Ce pouvoir ne provenait pas seulement des idées échangées et alliances constituées entre mineurs, mais des quantités extraordinaires d'énergie carbonée qu'ils pouvaient mobiliser pour constituer une capacité d'action politique autonome, en ralentissant, en perturbant ou en interrompant l'approvisionnement. A la fin du XIXe siècle, les grèves des mineurs du charbon rentrèrent dans l'histoire comme une force politique majeure.

Le sabotage fut inventé pour décrire « l'action collective des cheminots Français, puis pour parler de la grève perlée, de la grève du zèle et des autres moyens d'interrompre le fonctionnement normal d'un processus d'importance névralgique. [...] L'efficacité sans précédent du sabotage venait de cette énorme concentration d'énergie cinétique qu'un seul opérateur était à même de perturber. Au tournant du XXe S., la vulnérabilité de ces mécanismes et la concentration des flux d'énergie dont ils dépendaient donnèrent aux travailleurs une force politique largement accrue. [...] Entre les années 1880 et les décennies de l'entre-deux-guerres, les travailleurs des pays industrialisés, en Europe et en Amérique du nord, ont utilisé leurs nouveaux pouvoirs sur les flux énergétiques pour acquérir ou étendre le droit de vote et, plus important encore, le droit de créer des syndicats et des organisations politiques et d'agir collectivement, notamment par la grève. Ces changements permirent généralement à des partis de masse d'accéder pour la première fois au pouvoir. » (Mitchell, 2013 :33 et 37)[33].

L'arrivée du pétrole renforcera le pouvoir politique des élites au détriment des masses.

3.2. Le pétrole renforce le pouvoir des producteurs au détriment des masses

Après la seconde guerre, trois facteurs fragilisèrent la force politique des travailleurs des mines en Europe :

- L'introduction de la doctrine de la productivité par le Plan Marshall qui imposa des rythmes de production plus rapides pour accroître la rentabilité des mines, et qui augmenta sensiblement la part du pétrole dans la consommation d'énergie en Europe : plus d'un dixième des fonds du plan Marshall furent dédiés à l'achat du pétrole, et la part du pétrole dans l'énergie en Europe passa de 10% en 1948 à plus d'un tiers en 1960.
- L'intégration des machines dans l'industrie du charbon qui favorisa la mécanisation des mines et donc la réduction de la dépendance vis-à-vis de la main d'œuvre.
- La conversion des usages énergétiques du charbon au pétrole qui transforma l'origine des ressources des pays producteurs ainsi que le contenu pétrole de la consommation énergétique de l'ensemble des pays : au XIXe siècle., aucun pays en dehors de la Russie ne fit du pétrole une source majeure d'énergie pour l'industrie et le transport mais au XXe, alors que l'éclairage public stabilisait sa consommation de pétrole, les producteurs introduisirent le pétrole dans l'industrie comme source d'énergie mécanique, notamment dans les chaudières pour les machines à vapeur.

Le pétrole n'avait pas les mêmes caractéristiques que le charbon et nécessitait par conséquent beaucoup moins de main d'œuvre :

- Il était plus liquide et moins encombrant donc plus facile à manipuler et à stocker : il nécessite moins d'opérations manuelles et moins d'espaces dans les équipements de transport, l'entreprise peut donc plus le contrôler que le charbon.
- A la différence du charbon qui était peu transporté sur les océans mais sur les chemins de fer car sa demande était plus régionale qu'internationale. Or la demande du pétrole devint rapidement internationale : au XIX^{e}s., la part de charbon exportée à l'international se stabilisa autour de 15%. A partir de 1920, 60 à 80% de la production pétrolière mondiale fut exportée, et en 1970, le pétrole représenta 60% du fret maritime.

[33] Mitchell T., 2013, *Op. cit.*

- Un nouveau moyen d'acheminement fut inventé : l'oléoduc. Ce moyen fut introduit en 1860 en Pennsylvanie clairement pour contourner les demandes salariales des travailleurs qui transportaient les barils de pétrole vers les gares de dépôt dans des voitures à cheval. Il apparut donc pour diminuer les possibilités d'interruption humaine du flux d'énergie.
- Le pétrole n'était pas extrait de la même manière : le pétrole est sous pression dans la cavité souterraine et pour l'extraire, il suffit de le canaliser en utilisant cette même pression pour qu'il parvienne à la surface. L'extraction nécessite donc moins de main d'œuvre.

C'est ainsi que les forces politiques des masses que le charbon avait contribué à faire émerger se trouvèrent amputées de leurs leviers d'action : « Le transport transocéanique se déroulait en dehors des espaces territoriaux régis par les législations du travail et par les autres droits démocratiques obtenus par la lutte à l'âge des grandes grèves du charbon et du rail.[...] Quand on commença plus tard à produire du pétrole offshore, par exemple dans le golfe du Mexique, les plateformes furent considérées comme des navires et purent être placées, elles aussi sous pavillon de complaisance, ce qui permit aux sites de production de n'être soumis ni aux lois fiscales, ni aux législations du travail. [...] Tandis que le mouvement du charbon tendait à suivre des réseaux dendritiques, c'est-à-dire un tronc principal muni de multiples branches, ce qui créait de multiples goulots d'étranglement à différents points de jonction, le pétrole s'écoulait par des réseaux qui avaient plutôt les propriétés de la grille ou du réseau électrique. [...] Ces changements dans la manière dont l'énergie fossile était extraite, transportée et utilisée ont rendu les réseaux énergétiques moins vulnérables aux revendications politiques des travailleurs qui les faisaient fonctionner. Ainsi, contrairement au charbon, il était difficile d'agencer le flux de pétrole dans un dispositif permettant à un grand nombre d'individus d'exercer de nouvelles formes de pouvoir politique. » (Mitchell, 2013 :50-51).

Les producteurs de charbon faisaient face à une concurrence essentiellement régionale et y répondaient en créant des cartels ou des organisations régionales (comme la Communauté Européenne du Charbon et de l'Acier) pour en contrôler le prix et la production. Pour les compagnies pétrolières, il était plus difficile d'éviter la concurrence qui était devenue internationale. La solution qu'elles développèrent fut comparable à du sabotage par l'introduction de retards, d'interruptions, de contrôles qui, en limitant les flux énergétiques, en favorisaient la maîtrise. Veblen (1908)[34] analysa les profits des grandes entreprises comme dérivant d'une forme de sabotage : leur objectif n'est pas de maximiser la production mais de faire monter les prix en la limitant, afin de créer la pénurie. De la même manière, Mitchell (2013 :52)

[34] Veblen T., "On the Nature of Capital". *Quarterly Journal of Economics*, vol.23, n°1, 1908, p.104-136.

conclut : « L'objectif des compagnies pétrolières fut donc de prendre le contrôle des conduits, des sites de traitement et des goulots par lesquels le pétrole devait passer, de limiter le développement des canaux concurrents, à commencer par les puits de pétrole eux-mêmes, et d'utiliser cette maîtrise des principaux points de passage pour convertir le flux pétrolier en profits. [...] Ces dispositifs ont déterminé le développement de la firme pétrolière transnationale, qui devint le principal outil pour continuer, à distance, à limiter l'offre de pétrole ».

Ainsi, l'intégration du pétrole dans les structures économiques a eu pour effet de porter atteinte aux mécanismes de la démocratie. La possibilité pour les masses de formuler des revendications démocratiques crédibles s'en est trouvée profondément diminuée, à la fois dans les pays qui dépendaient de la production de pétrole et dans ceux qui dépendaient de son usage.

C. LE CADRE DE NWW APPARAIT DEFAILLANT A PLUSIEURS TITRES

NWW tentent de répondre à une question fondamentale de portée philosophique : le fondement de nos sociétés est-il la recherche du progrès économique ou la recherche de la stabilité sociale ?

Une réponse aurait pu consister à dire que c'est la recherche du progrès entendu comme bien-être de l'être humain, mais qui se manifeste d'une manière singulière d'un environnement humain et naturel à l'autre. Mais le choix de la réponse par NWW donne des indications assez précises sur leur parti-pris, confirmé par le point de vue de Coleman (1974 :49)[35] qu'ils endossent dès l'introduction : « Ce sont les entreprises, tirant leur pouvoir des individus et employant ce pouvoir à satisfaire leurs objectifs, qui sont les principaux acteurs dans la structure sociale des sociétés modernes » (NWW, p.17).

Ce cadre conceptuel, qui traverse de nombreuses disciplines scientifiques et se veut couvrir une histoire multimillénaire et universelle, est très riche en sous-thèses et thématiques qui mériteraient chacune une analyse détaillée. Après un rappel ici de notre critique globale du cadre conceptuel qui montre en quoi l'approche de NWW légitime la prédation (1), nous nous concentrerons à la sous-section 2, et dans la suite de cet ouvrage, sur les défaillances du cadre conceptuel relatives au rôle des élites et des non-élites dans l'évolution institutionnelle d'un pays, et plus particulièrement dans la transition de l'état de pays en développement à l'état de pays développé.

---

[35] Coleman J. S., 1974, *Power and the Structure of Society*, New York, Norton, p.49.

1. LE CADRE CONCEPTUEL DE NWW LÉGITIME LA PRÉDATION

Le cadre conceptuel de NWW sur le processus historique de développement apparaît défaillant en ce qu'il légitime la prédation, que nous définissons comme l'exploitation de rentes de domination, ou la confiscation des droits de certaines parties aux transactions (cf. Lado, 2014)[36].

La prédation est communément définie[37] de deux manières : i) Mode de nutrition très répandu dans le règne animal, et qui consiste à s'emparer d'une proie (animale ou végétale) pour la dévorer et se nourrir de sa substance. ii) Mode d'acquisition de la nourriture de l'homme du paléolithique et partiellement du mésolithique qui vivait de la chasse et de la cueillette. C'est cette deuxième forme qu'évoquent NWW lorsqu'ils désignent l'ordre de prédation comme ordre social primitif. Dans ces deux formes de prédation, la rente est obtenue par la domination sur l'environnement naturel et est essentiellement à but alimentaire. La prédation que nous définissons comme une exploitation de rentes de domination va au-delà du simple but alimentaire, et se réfère à l'ensemble des coûts sociaux de l'activité humaine sur l'environnement naturel et humain.

Thorstein Veblen a été le premier à développer le concept de prédation en 1890, l'envisageant comme une attitude personnelle et collective de combat permanent érigée en valeur et mode de vie. Veblen (1970 :15) a caractérisé l'ordre de prédation par « l'apparition d'un état d'esprit belliqueux qui va s'invétérer, et tout finit par se juger du point de vue de la lutte. Les membres du groupe adoptent une attitude prédatrice (c'est-à-dire rapace) comme attitude spirituelle permanente et orthodoxe ; la lutte est devenue l'indice dominant d'une théorie courante de la vie ; le sens commun en arrive à juger des gens et des choses en vue du combat : alors nous en sommes à la phase prédatrice de la civilisation.[38] ». La dynamique d'acquisition des connaissances et de la fabrication des outils s'installe durablement et rend possible un progrès économique qui justifie qu'on se batte pour l'entretenir. Il exclut l'esprit prédateur observé à l'époque primitive des chasseurs-cueilleurs (qu'évoquent NWW), non pas que la lutte y fût inconnue ; des combats pouvaient se produire à l'occasion ou sporadiquement, et même plus ou moins fréquemment. Chez Veblen, ces combats font de la société primitive une

[36] Lado H., 2014, *Le développement comme processus d'élimination des rentes et de la prédation. Le cadre conceptuel de Douglass North, John Wallis et Barry Weingast à l'épreuve du Nigéria*. Thèse de doctorat de sciences économiques, sous la direction de Gaël Giraud. Paris. Université Paris 1 Panthéon-Sorbonne. 524p.

[37] D'après le Larousse 2014.

[38] Veblen T., 1970, *Théorie de la classe de loisir*. Trad. de Louis Evrard (édition originale en 1890). Gallimard. P.15.

société plutôt pacifique malgré tout : ce dont il est question c'est le recours au combat devenu habitude, qui en fait un trait dominant de la vie humaine.

Pour Veblen, la prédation correspond au besoin d'accumuler pour se montrer supérieur et engranger les honneurs dans la mesure où les sociétés ont pris l'habitude de mettre en parallèle des personnes sous le rapport de l'efficacité, entretenant ainsi en permanence des forces rivales. Les origines de l'instinct de prédation remonteraient aux profondeurs historiques de l'humanité lorsque dans les combats, les hommes prirent l'habitude de s'approprier les biens des vaincus. De la propriété des femmes et des esclaves, la propriété privée a pu s'étendre à tous les autres biens dont la possession vise à démontrer la puissance du propriétaire, entrainant le processus économique dans une rivalité sans fin qui entretient la prédation : « Si comme on l'a parfois soutenu, l'aiguillon de l'accumulation était le besoin de moyens de subsistance ou de confort physique, alors on pourrait concevoir que les progrès de l'industrie satisfassent peu ou prou les besoins économiques collectifs ; mais du fait que la lutte est en réalité une course à l'estime, à la comparaison provocante, il n'est pas d'aboutissement possible.[...] Si l'on met à part l'instinct de conservation, c'est sans doute dans la tendance à l'émulation qu'il faut voir le plus puissant, le plus constamment actif, le plus infatigable des moteurs de la vie économique proprement dite.[39] » (Veblen, 1970 :23 et 74).

La prédation de Veblen ne convoque pas l'approche marxiste qui oppose plutôt des classes historiquement constituées de prédateurs propriétaires de capitaux et de proies ouvriers de l'ère industrielle qui avaient pris la place des classes de l'époque agraire précédente. Elle met en scène des catégories plus dynamiques comme le montre Michel Volle (2007 :24). La lutte essentielle est celle qui oppose l'entrepreneur qui crée au prédateur qui détruit, mais il n'est pas facile de distinguer les deux à l'œil nu. Ils peuvent appartenir au même milieu social, ils peuvent occuper les mêmes fonctions, ils ont souvent l'un comme l'autre un caractère impérieux, l'entrepreneur peut lui même recourir aux procédés du prédateur (caisse noire, corruption, etc.) alors même qu'il est personnellement honnête. Toutefois, « ce qui les sépare est à la fois fondamental et caché : c'est leur orientation, les valeurs qui déterminent leurs priorités. Elles résident au centre de leur personnalité, à la source de leur volonté, cette source dont le secret échappe à la conscience de l'individu lui-même et dont les manifestations sont souvent ambiguës.[40] »

Au fil du temps, le concept de prédation a été développé par différentes écoles de pensée en économie, comme une construction imaginaire (état de nature de Hobbes), un comportement violent (théorie des jeux, école des choix

---

[39] Veblen T., 1970, Op. cit. pp.23 et 74.
[40] Volle M., 2007, *Prédation et Prédateurs*, www.volle.com p.24.

publics), ou une allocation appropriative de ressources (cf. Vahabi, 2009, 2011)[41].

Le cadre conceptuel de NWW légitime la prédation de trois manières. La première tient à la construction théorique du modèle d'ordre d'accès ouvert. NWW instrumentalisent Schumpeter en affirmant que sa destruction créatrice sous libre compétition élimine les rentes économiques et politiques. En développant son concept de destruction créatrice, Schumpeter trouvait pourtant insensée l'ambition d'instaurer une concurrence parfaite pour éliminer les rentes : « La concurrence parfaite est non seulement irréalisable, mais encore inférieure et elle n'a aucun titre à être présentée comme un modèle idéal d'efficience. On commet donc une erreur quand on fonde une théorie de la réglementation des industries par l'Etat sur le principe d'après lequel on devrait forcer les grandes entreprises à fonctionner comme fonctionnerait la branche correspondante sous le régime de la concurrence parfaite.[42] » (Schumpeter, 1962 :147). NWW érigent l'ordre d'accès ouvert en modèle de développement sans questionner ses contradictions et sa propension à entretenir, comme les autres ordres, des rentes de domination, légitimant ainsi la prédation menée par les ordres d'accès ouvert. Dans le cas du Nigeria par exemple, la libre compétition a conduit le Royaume Uni (un ordre d'accès ouvert) à développer et à entretenir à partir de 1861 la colonisation, qui est une opération de prédation par excellence. Comme dans d'autres colonies, des rentes et des dynamiques prédateurs-proies ont ainsi été entretenues sous libre compétition et sous destruction créatrice, notamment à l'échelle internationale.

La seconde légitimation de la prédation vient de la construction théorique du processus de développement : NWW ont construit leur modèle de développement politico-économique en deux temps : tout d'abord ils ont élaboré dans le champ économique un ordre d'accès limité et un ordre d'accès ouvert équivalents respectivement aux marchés de concurrence imparfaite et parfaite ; ensuite ils ont étendu ces catégories au champ politique pour obtenir un modèle politico-économique, d'où la destruction créatrice schumpétérienne appliquée aussi à la politique : « L'approche schumpétérienne a une répercussion importante sur le comportement politique. [...] Dans les ordres d'accès ouvert, tout citoyen ayant le droit de former une organisation en vue d'objectifs divers et variés, les rentes générées par le processus politique ou l'innovation économique suscitent à leur tour l'entrée en compétition de nouvelles organisations. Dans la théorie de Schumpeter, les entrepreneurs politiques fondent de nouvelles organisations pour entrer dans la course ; ce

---

[41] Pour une présentation détaillée des différentes écoles sur la prédation, cf. Vahabi M., 2009, "A Critical Review of Strategic Conflict Theory and Socio-Political Instability Models", *Revue d'Economie Politique*, 2009/6 Vol. 119, p. 817-858. / Et Vahabi M., 2011, "Appropriation, Violent Enforcement, and Transaction Costs: a Critical Survey" *Public Choice* 147: 227–253.

[42] Schumpeter J. A., 1962, *Capitalisme, socialisme et démocratie. P.147.* Trad. G. Fain, Payot. (Capitalism, Socialism and Democracy, George Allen and Unwin Ltd, Londres, 1942).

faisant, ils réduisent les rentes existantes et s'efforcent d'en créer de nouvelles. En conséquence, la destruction créatrice s'applique aussi bien à la politique qu'à l'économie d'accès ouvert. » (NWW, p.50-51).

Les rentes sont censées être éliminées dans les deux champs politique et économique lorsqu'on passe de l'accès limité à l'accès ouvert, de la même manière que le modèle néoclassique soutient qu'elles le sont lorsqu'on passe de la concurrence imparfaite vers la concurrence parfaite, ce qui suppose que le modèle de concurrence parfaite néoclassique qui est à la base de l'édifice théorique de NWW élimine les rentes. Or Steve Keen (2011)[43] fournit la preuve que la capacité du modèle de concurrence parfaite à éliminer les rentes n'a jamais été ni mathématiquement ni empiriquement démontrée. Ainsi, comme le soutenait Schumpeter, les rentes et monopoles, et donc la tendance à la prédation, sont finalement courantes dans tous les ordres sociaux. L'édifice théorique de NWW s'appuie par conséquent sur un fondement néoclassique non démontré.

La troisième légitimation de la prédation est observée dans la conception du processus de transition de l'ordre d'accès limité vers l'ordre d'accès ouvert, notamment le rôle prépondérant voire exclusif que NWW confèrent aux élites dans cette transition : c'est l'ambition de cet ouvrage de démontrer que cela n'est pas empiriquement vérifié.

2. LES ÉLITES ONT-ELLES L'EXCLUSIVITÉ DE L'OUVERTURE DES ACCÈS ?

NWW attribuent aux élites et à la coalition dominante un rôle central et exclusif dans la transition institutionnelle de l'Etat naturel à l'ordre d'accès ouvert : « La dynamique des Etats naturels est celle de la coalition dominante, qui renégocie et s'adapte en permanence aux changements de son environnement » (p.122). Le rôle central attribué exclusivement aux violences de groupes organisés associés à la coalition dominante semble ne pas être étranger à cette conception particulière du rôle des élites. NWW réduisent, par souci de simplicité, se justifient-ils, l'action des non-élites à celle des réseaux clientélistes auxquels elles appartiennent et qui sont pilotés par les élites : « Les Etats naturels recouvrent bien d'autres formes organisationnelles que les réseaux clientélistes, mais, par souci de simplicité, nous ferons comme s'ils étaient composés exclusivement d'organisations clientélistes. [...] Les réseaux clientélistes ne structurent pas seulement la création, le prélèvement et la distribution de rentes susceptibles d'endiguer la violence ; ils structurent et organisent la violence elle-même. » (p.67-68).

---

43 Keen S., 2011, *Debunking Economics. The Naked Emperor Dethroned?* Revised and Expanded Version. Zed Book.

NWW envisagent une baisse de la violence au fur et à mesure que l'accès aux organisations et institutions de plus en plus nombreuses et complexes s'ouvre aux non-élites. Ils vont d'ailleurs jusqu'à suggérer une absence de violence dans les ordres d'accès ouvert puisqu'ils s'en tiennent aux violences organisées par des groupes sur d'autres groupes humains : « Les ordres d'accès ouvert sont certes plus pacifiques que les Etats naturels, mais les sciences sociales ne proposent aucune explication à l'absence de violence, qu'il s'agisse de putschs, d'émeutes, de rebellions ou de guerres civiles. » (p.175). Cette conception de la violence a une conséquence directe sur la manière très particulière dont NWW perçoivent le processus de transition de l'ordre d'accès limité à l'ordre d'accès ouvert, reposant entièrement sur la dynamique des groupes organisés et plus particulièrement sur les groupes élitaires, au motif que seules les élites, donc les membres de la coalition dominante, sont en mesure de prendre des engagements crédibles au sein d'un Etat naturel. Pour NWW en effet, « l'Etat naturel réduit le problème de la violence endémique en formant une coalition dominante dont les membres jouissent de privilèges spéciaux. [...] Les élites s'accordent pour maintenir leurs privilèges respectifs, comme les droits de propriété et l'accès aux ressources et aux activités économiques. En réservant ces privilèges aux membres de la coalition dominante, les élites posent des incitations crédibles à la coopération plutôt qu'à l'affrontement » (p.42).

D'après NWW, la limitation de l'accès n'est pas une simple tactique permettant à la coalition dominante de s'enrichir mais la clé du contrôle de la violence. A la différence d'Acemoglu et Robinson (2006)[44] pour qui les élites ouvrent les accès par crainte de perdre le pouvoir, perdant ainsi souvent au change face aux non-élites, NWW ignorent le caractère déterminant des dynamiques croisées entre élites et non-élites. Ils estiment que les élites ne perdent jamais au change et n'ouvrent l'accès aux non-élites que lorsque leurs propres rentes et privilèges sont transformés en droits garantis de manière crédible par les nouvelles institutions. Nous remettrons en cause cette approche en réhabilitant celle d'Acemoglu et Robinson qui tient compte de la menace venant des non-élites.

Sous l'hypothèse que l'Etat n'est pas un acteur unique mais qu'il est une organisation d'organisations élitaires, NWW confère une exclusivité aux jeux de pouvoirs entre élites au sein de l'Etat naturel. Ils réduisent de ce fait l'histoire politico-économique des ordres sociaux à une histoire des jeux de groupes et de coalitions élitaires organisées. Or comme le rappelle Vahabi (2011), « La transition démocratique a rarement été l'œuvre des élites et s'est souvent opérée sous la pression des conflits sociaux (révolutions et émeutes). Les conflits sociaux et surtout la pression des non-élites ont joué un rôle essentiel dans l'innovation institutionnelle. [...] L'histoire des dix derniers

---

[44] Acemoglu D. et Robinson J. A., 2006, *Op. cit.*

millénaires ne peut pas faire abstraction des masses populaires et de leurs luttes[45] ».

En fait, le schéma de transition de NWW s'appuie sur la transformation des privilèges historiques des élites en droits. NWW tirent à cet effet leurs illustrations des XVIIIe et XIXe siècles britanniques, français ou américains. Ils se proposent de montrer comment des privilèges furent transformés en droits, permettant ainsi de protéger les acquis des élites, et ainsi les inciter à ouvrir les accès aux non-élites. Leur argumentaire repose sur l'explication du mouvement de suppression des privilèges et d'intégration du droit qui a permis de démultiplier les opportunités et possibilités de création d'organisations politiques et économiques, d'asseoir la pérennité de ces organisations et la transparence dans les conditions d'accès aux rentes. On a ainsi pu passer des formes juridiques personnalisées de sociétés en noms collectifs, à des formes plus ouvertes de sociétés anonymes, avec, entre les deux, de nombreuses variantes (responsabilité limitée, commandite, etc.).

Au début du XVIIIe siècle, la création des sociétés anonymes était subordonnée à une autorisation expresse et explicite de l'Etat souvent sous forme de chartes, ce qui donnait lieu à des arrangements de nature clientéliste entre les entrepreneurs et l'Etat, et ressemblait fort à des privilèges corporatistes, qu'Adam Smith dénonçait encore en 1776 comme des instruments pour la manipulation politique de l'économie. Mais à partir des années 1780, la procédure d'accès aux formes ouvertes d'organisations économiques s'assouplit et se transforma en une simple autorisation administrative, ouvrant la voie à une compétition économique libre et ouverte. Aux Etats-Unis, c'est le *General Incorporation Act* qui organisa cet assouplissement. Dans le champ politique, le processus d'ouverture fut similaire. L'hostilité initiale des gouvernements aux Etats-Unis, en France et en Angleterre vis-à-vis des factions (« *groupes d'individus unis par un même objectif ou intérêt* », p.303) laissa progressivement la place à la reconnaissance de leur utilité, à l'organisation de la vie politique, puis à la constitutionnalisation des droits des élites politiques et de ceux des organisations politiques, ouvrant ainsi la voie à une compétition politique organisée, et progressivement ouverte. En Grande Bretagne, c'est le *Reform Act* de 1832 et le *Registration Act* de 1844 qui vont faciliter l'extension ultérieure de la citoyenneté à tous.

Par cet argumentaire relativement documenté, NWW tentent de montrer que ce sont les élites qui mettent en place les réformes qui consacrent l'ouverture des accès économiques et politiques, par la transformation de privilèges en droits. Dans la réalité, lorsque la transition ne se traduit pas en révolution, ce sont en effet les élites qui mettent en œuvre les réformes

---

45 Vahabi M., 2011, « Douglass C. North, John Joseph Wallis et Barry R. Weingast, *Violence et ordres sociaux*, Paris, éditions Gallimard, 2010, 459 pages. », *Revue de la régulation* [En ligne], 9 | 1er semestre / Spring 2011. URL : http://regulation.revues.org/9088..

nécessaires à l'ouverture ; AR le reconnaissent eux-mêmes. Toutefois, l'argumentaire de NWW ne réussit pas l'ambition de démontrer que l'abolition des rentes et privilèges des élites est le fait exclusif des élites, et que ces derniers ne perdent jamais au change. NWW n'évoquent pratiquement jamais les initiatives populaires des non-élites ou des arrangements entre élites et non-élites qui ont pu obliger les élites à mettre l'ouverture des rentes en débat. NWW ont beau admettre que « la violence populaire, bien qu'encadrée, joua un rôle important dans le renversement des régimes, en particulier monarchiques, dont la principale légitimité était le maintien de la stabilité et de l'ordre » (p.336), ils ne reconnaissent pas d'influence décisive à la mobilisation populaire, donc aux non-élites. Les seules formes de violence qu'ils valorisent dans leur modèle sont celles organisées par des groupes élitaires.

Pour soutenir que la révolution française fut exclusivement l'œuvre des élites, NWW citent l'abolition des privilèges que garantit la Constitution française de 1791 qui stipulait par exemple que « Il n'y a plus de noblesse, ni pairie, ni distinctions héréditaires, ni distinctions d'ordres, ni régime féodal, ni justice patrimoniale...Il n'y a plus, pour aucune partie de la Nation, ni pour aucun individu, aucun privilège, ni exception au droit commun de tous les Français... » (p.315). Mais trois insuffisances apparaissent dans leur analyse de cette révolution française :

- NWW rejettent le fait que la révolution fut aussi une réaction contre l'aristocratie, qui était pourtant un groupe élitaire par excellence constitutif de la coalition dominante, au motif que « la plupart des privilèges corporatistes n'étaient pas liés à la noblesse ou à l'anoblissement » (p.316). Alors, on peut s'interroger : les titulaires des privilèges corporatistes qui ont été abolis par la révolution française n'étaient-ils pas des élites, membres de la coalition dominante ? Ils l'étaient bien entendu, dans la mesure où ils étaient considérés comme ayant un accès privilégié aux organisations économiques et aux fonctions essentielles de production ou d'administration des ressources qui alimentaient les rentes manipulées par les détenteurs du pouvoir politique. Des élites, aristocrates, ont donc bien perdu au change lors de la révolution française.
- NWW ne démontrent pas en quoi les élites en transformant les privilèges ainsi abolis en droits parviennent à systématiquement conserver leurs intérêts acquis. Puisque les titulaires de privilèges les ont perdus, la transition s'est alors traduite non pas en une transformation des privilèges en droits pour les élites mais en droits pour tous, en particulier pour les non-élites. Il est ainsi difficile de soutenir que la révolution française a conservé les intérêts acquis par la coalition dominante. Ce serait la même chose que de soutenir que la transition qui a entraîné la fin de l'Apartheid en Afrique du Sud a conservé les intérêts de la coalition dominante « blanche » en les transformant en droits.

- NWW passent sous silence le fait que les non-élites ont fait pression pour qu'advienne la transition. Ils négligent les forces et jeux externes à la coalition dominante qui ont nourri la pression populaire et contraint la coalition dominante à ouvrir les accès aux rentes et privilèges contre les intérêts des élites.

En consequence, NWW ne sont pas convaincants lorsqu'ils soutiennent que dans la transition, les élites ne perdent jamais leurs rentes et privilèges, et qu'ils s'arrangent systématiquement à les transformer en droits avant de concéder l'ouverture. Il peut certes y avoir des cas où une transition lente a pu laisser l'opportunité aux élites de sécuriser leurs rentes mais dans nombre de situations, les élites cèdent une partie du pouvoir parce qu'elles ont peur de le perdre en entier, et elles réalisent qu'elles ont plus à gagner ou moins à perdre à la concession et donc à une ouverture maîtrisée des accès, qu'à la révolution qui est une ouverture plus violente qui peut se solder par leur anéantissement. La nature du rapport de forces qui s'établit entre élites et non-élites est ainsi décisive comme nous le verrons plus loin.

Dans la suite de cet ouvrage, nous allons dérouler deux cas tirés de l'histoire du Nigeria. Le premier, présenté au chapitre 2, se déroule à la fin du XIXe siècle lorsque le Nigeria n'est pas encore constitué et montre que la dynamique d'ouverture des accès dépend moins de la définition des droits rattachés aux élites que du rapport de forces qui s'établit entre les élites et les non-élites. Le second cas, présenté au chapitre 3, qui se déroule au XXe siècle renchérit cette observation et va plus loin en démontrant que l'ouverture des accès politico-économiques aux femmes nigérianes n'a pas découlé de la volonté des élites. Elle a été le résultat de la pression entretenue par les femmes, non-élites, qui ont pu réduire l'asymétrie de pouvoir et faire basculer le rapport de forces en leur faveur.

En faisant abstraction du rôle des non-élites, le cadre conceptuel de NWW ne décrit qu'une partie de la dynamique des interactions au sein des Etats naturels, il passe alors sous silence tout un pan des interactions humaines et sociales qui donne vie au changement social. NWW semblent avoir voulu rester cohérents avec l'objectif d'expliquer les dynamiques institutionnelles par la compétition entre des groupes élitaires organisés.

Chapitre 2
LES ELITES SONT PREPONDERANTES JUSQU'A LA CREATION DU NIGERIA EN 1914

Dans l'histoire précoloniale de l'Afrique de l'Ouest, de nombreux peuplements ont occupé l'espace géographique dénommé aujourd'hui Nigeria, mais les frontières actuelles du Nigeria n'ont pas de motivation autre que les enjeux géostratégiques de la Grande Bretagne, négociés à partir de la Conférence de Berlin du 15 novembre 1884 au 26 février 1885 qui organisa officiellement le partage de l'Afrique entre les grandes puissances. Comme pour de nombreux autres pays africains, parler du Nigeria d'avant la période coloniale au cours de laquelle ces frontières arbitraires ont été érigées, c'est forcément traiter d'une notion artificielle. Les frontières du Nigeria moderne furent définies en 1914 par l'administration coloniale britannique à la suite de la fusion des deux protectorats nord et sud, eux-mêmes issus de l'assemblage des Etats précoloniaux centralisés comme Kanem-Borno, Bénin, Oyo, et le Califat de Sokoto. D'autres Etats étaient plus petits et gouvernés de manière plus décentralisée par des chefs et des conseils locaux.

En retraçant dans ce chapitre l'historique des dynamiques institutionnelles, nous voulons montrer que ces dynamiques sont restées dominées par les élites jusqu'à la création du Nigeria. Avant 1914, l'asymétrie de pouvoir entre les élites et les non-élites favorisait la prépondérance des élites dans l'accès aux rentes et privilèges. L'asymétrie de pouvoir entre les élites (rois et notables) dont le pouvoir était en général de droit divin, et les non-élites, ayant consisté en une relation d'assujettissement entre la coalition dominante et le peuple. Même après le début de la colonisation britannique en 1861, cette même asymétrie s'est poursuivie, en raison du différentiel de puissance technologique et militaire entre la puissance colonisatrice et les anciennes coalitions dominantes locales. Nous montrerons que pendant cette période, les élites ont pu être prépondérantes dans les dynamiques institutionnelles au Nigeria, ce qui semble confirmer la thèse de NWW, mais en réalité c'est l'asymétrie de pouvoir qui est en cause. Soutenir une prépondérance absolue des élites dans les processus de transition institutionnelle c'est plutôt soutenir des conditions d'entretien de rentes comme ce fut le cas dans le Nigeria d'avant 1914, dans la mesure où la prépondérance des élites freine l'ouverture des accès politiques et économiques.

La section A est consacrée à la période qui va des Etats précoloniaux jusqu'au lancement des opérations coloniales britanniques en 1861. Dans la section B, nous nous intéressons à la période 1861-1914 au cours de laquelle les coalitions dominantes traditionnelles nigérianes sont progressivement remplacées par la coalition dominante coloniale constituée du gouvernement britannique et de ses représentants locaux, à savoir consuls, gouverneurs, chefs de district, armée coloniale, ou encore entreprises multinationales.

Nous observerons que bien que les coalitions dominantes ne soient pas de même composition et de même origine dans les deux périodes, elles rassemblent chaque fois des élites jouissant d'une asymétrie de pouvoir suffisamment forte pour que les non-élites ne participent aux dynamiques politico-économiques que sous leur couvert. Les élites apparaissent alors prépondérantes au cours des deux périodes et protègent leurs rentes. Ces dynamiques sont cohérentes avec la thèse de NWW. Nous montrerons au chapitre 3 suivant que cette conception de NWW ne peut être généralisée.

A. L'EMERGENCE DES ETATS NATURELS AVANT 1861 – LES ELITES SONT PREPONDERANTES.

Dans cette section, nous analysons les institutions du Nigeria d'avant 1861 en remontant autant que les archives puissent le permettre, aux premières communautés humaines sur ce large territoire. Nous gardons à l'esprit le fait que le Nigeria n'existait pas en tant que pays à cette époque, et ce jusqu'en 1914. L'analyse vise à mettre en exergue les dynamiques institutionnelles qui ont permis l'assemblage progressif d'Etats primitifs, de communautés et chefferies pour former plus tard le Nigeria. Nous montrons que ces dynamiques institutionnelles ont été largement dominées par les élites conquérantes, chefs ou rois locaux, qui jouissaient d'une autorité de droit divin que ne pouvaient contester les non-élites. Ces dernières entretenaient à l'égard de leurs élites une distance dévote, et il ne pouvait leur venir à l'esprit de les défier.

Sur ce territoire, les peuples passent de l'ordre de prédation à l'Etat naturel vers le Xe siècle (sous-section 1), avec une identité institutionnelle spécifique à chaque Etat (sous-section 2), et des activités économiques comme l'agriculture, le commerce, l'artisanat et l'esclavage, qui génèrent une rente manipulée par les coalitions dominantes (sous-section 3).

1. DE L'ORDRE DE PREDATION A L'ETAT NATUREL VERS LE 10eSIECLE

Nous évoquons dans cette première sous-section des repères pour observer le passage de l'ordre de prédation à l'ordre d'accès limité sur le territoire de l'actuel Nigeria. Pour mémoire, l'ordre social de prédation est caractérisé par des sociétés de petite taille et l'absence de hiérarchie sociale formelle. Si les archives ne sont pas assez précises pour permettre d'observer les interactions répétées caractéristiques de cet ordre ainsi que le niveau de violence, il est tout de même possible de suivre leur évolution vers l'émergence de coalitions dominantes formelles dans le cadre d'Etats naturels. Les études socio-anthropologiques établissent que l'agriculture a pu favoriser le phénomène de la sédentarisation favorable à l'émergence des ordres sociaux denses et stratifiés (Diamond, 2000)[46], signe de la sortie de l'ordre de prédation.

Les premiers restes humains ont été découverts dans l'*Iwo Eleru Rock* dans l'actuel sud-ouest nigérian et ont pu être datés à 9000 av. JC (Falola et Heaton, 2008)[47]. L'usage des outils de pierre a fait émerger l'activité de poterie vers 3000 av. JC, alors que l'agriculture a pu se développer entre 4000 av. JC et 1000 av. JC et faciliter l'installation permanente de premiers peuplements dans la région. Les archéologues estiment (Alabi, 2005)[48] que dans la région d'Afikpo au sud-est, l'agriculture a pu démarrer plus tard, autour de 100 av. JC et les peuples de la forêt (sud) et du centre cultivaient des ignames et du palmier à huile. Dans le nord, l'activité d'élevage venant d'Afrique du Nord a pu atteindre la région du Lac Tchad entre 3000 av. JC et 2000 av. JC (Breunig et al., 1996)[49], puis s'étendre dans la région sahélienne de l'actuel Nigeria avec les cultures de céréales, de riz africain, de millet. On peut donc estimer que jusqu'à 4000 av. JC, les peuples vivant sur le territoire de l'actuel Nigeria étaient des chasseurs-cueilleurs et que par conséquent l'ordre social en vigueur était l'ordre de prédation. Entre 4000 av. JC et 1000 av. JC, la transition entre l'ordre de prédation et l'ordre d'accès limité a donc pu s'opérer au nord, et vraisemblablement plus tard dans le sud-est avec la formation des premières communautés sédentaires.

Des activités de travail du métal ont pu ensuite se développer. Dans la région de Taruga près d'Abuja, connue comme le centre de la culture Nok, on

---

[46] Diamond J., 2000, *De l'inégalité parmi les sociétés. Essai sur l'homme et l'environnement dans l'histoire*. p.125. Gallimard.

[47] Falola T. et Heaton M., 2008, *A History of Nigeria*, Cambridge University Press.

[48] Alabi R., 2005. *Essays in Honor of Toyin Falola*, ed. Akinwumi Ogundiran, Trenton, NJ: Africa World Press, 87-104

[49] Breunig P., Neumann K. and Neer W.V., 1996. New Research on the Holocene settlement and environment of the Chad Basin in Nigeria. *African Archeological Review* 13, n°2(1996): 111-45.

retrouve des vestiges d'outils métalliques et de fonderies datant du VIIe siècle av. JC, et démontrant la maîtrise assez précoce de cet art dans la région. D'autres découvertes archéologiques à Uffe Ijumu dans le sud-ouest datent de 150 av. JC, à Opi dans le sud-est du 7e siècle av. JC, d'Afikpo de 150 ans av. JC, et des buttes de Daima dans la région du Lac Tchad de 500 à 600 av. JC. Etant chaque fois dotées de fonderies, cela suggère que l'utilisation du métal s'est largement diffusée sur ces territoires au cours du premier millénaire avant JC, transformant ainsi les capacités technologiques, les techniques culturales, et la nature du commerce intra et interrégional. Les principales élites économiques furent donc probablement des forgerons car comme l'indique l'anthropologue David Aremu (2005) « Les forgerons occupaient habituellement des positions sociales prestigieuses du fait de l'importance de leur art dans la reproduction sociale et économique. Les travailleurs qualifiés du bronze, du cuivre et du laiton étaient souvent liés aux monarques et aux élites à qui ils vendaient exclusivement leurs produits [...]. Ils étaient mieux considérés que les chasseurs, les agriculteurs, les bucherons et les guérisseurs puisqu'ils étaient fabricants d'outils utilisés par ces corps de métiers. [50] »

Au cours du premier millénaire après JC, le développement de l'agriculture et la sédentarisation ont fait émerger des embryons de systèmes étatiques mais très décentralisés que certaines études ont pu caractériser comme des 'sociétés sans Etat' (Falola and Heaton, 2008 :21)[51]. Cette caractérisation tenait à la grande décentralisation de l'organisation sociale avec de petits groupes sociaux rarement étendus au-delà d'un village. Au fil de l'histoire, cette structure légère et décentralisée a pu résister à la formation des Etats plus centralisés en Afrique de l'Ouest ; c'est ainsi que les sociétés Igbo ont pu rester très décentralisées jusqu'à la période coloniale. C'est à partir du XIe siècle que se sont développées des sociétés plus centralisées, et vers 1500 qu'ont émergé de grands royaumes comme Ife et Benin au sud-ouest, Kanem-Borno vers le Lac Tchad dans le nord-est, et divers autres Etats Haoussa dans les savanes du centre-nord, et plus tard, le Califat de Sokoto.

2. COALITIONS DOMINANTES ET DYNAMIQUES INSTITUTIONELLES AVANT 1861

Entre l'émergence des Etats naturels au premier millénaire av. JC et le 10e siècle, les Etats naturels ont évolué des formes étatiques fragiles et très instables à des Etats naturels primaires chez les Igbo au sud-est, chez les Yoruba à Ife au sud-ouest, puis à Bénin au centre-sud, et à Oyo au sud-ouest,

---

[50] Aremu D., 2005, Change and continuity in metallurgical traditions: origins, technology and social implications. In Ogundiran A., *Precolonial Nigeria. Essays in honor of Toyin Falola.* p.136-7. Africa World Press.

[51] Falola T. and Heaton M., 2008, *Op. cit.* p.21.

ainsi qu'à Kanem-Borno au nord-est. Ces Etats étaient des Etats naturels primaires car :

- Ils étaient des ensembles étendus géographiquement et en nombre de membres, avaient tous une coalition dominante, caractéristique non observable dans un ordre de prédation.
- Ils étaient en mesure de susciter des organisations et institutions relativement élaborées, parfois à l'extérieur de la structure étatique, mais contrôlées par le monarque.
- Ils ont pu durer plusieurs décennies voire quelques siècles pour certains : une telle stabilité n'est pas observable dans les Etats naturels fragiles.

Dans cette sous-section, nous décrivons sommairement chaque Etat et ses caractéristiques. A la fin de la description des dynamiques institutionnelles et élitaires dans chaque Etat, nous construisons un tableau récapitulatif indiquant la nature de la coalition dominante, ainsi que celle des organisations élitaires qui sont des organisations politiques, économiques ou culturelles dont l'accès est administré par le monarque.

Il apparaîtra une caractéristique commune à ces Etats précoloniaux : ils étaient tous marqués par la prépondérance des élites dans les dynamiques institutionnelles (d'où probablement l'existence et la persistance de la pratique de l'esclavage). Nous avançons trois repères pour illustrer et expliquer cette asymétrie de pouvoir entre élites et non-élites :

- Ces Etats étaient des monarchies de droit divin, ce qui suggère que l'asymétrie de pouvoir entre les élites (rois et notables) et le peuple était particulièrement forte.
- Le mode personnalisé était la norme dans ces monarchies, caractérisé par la prépondérance du statut individuel dans les rapports aux institutions.
- Dans la plupart de ces Etats, les monarques, comme le *Mai* du Kanem Borno ou encore le Calife de Sokoto, avaient conquis leurs territoires par la guerre, qui instaurait de fait la supériorité militaire des élites.

2.1. L'Etat naturel d'Ife au sud-ouest chez les Yoruba

Ife, aujourd'hui capitale de l'Etat d'Osun, fondée par *Oduduwa* selon les mythes Yoruba, devint une capitale régionale vers le XIIe siècle. La coalition régnante avait à sa tête un roi dénommé *Ooni*. Le système de succession était héréditaire bien qu'il ait pu arriver que de riches élites de la communauté succèdent au roi. Ife est devenue entre le XIIe et le XVe siècle un immense centre d'affaires facilité par la centralisation du pouvoir qui par ailleurs rendait le *Ooni* riche et puissant (Falola et Heaton, 2008)[52]. Il assurait l'unité du peuple Yoruba en entretenant Ife comme modèle culturel, religieux, social,

[52] Falola T. and Heaton M., 2008, *Op. cit.*

politique et économique pour toutes les autres communautés vassales. Toutefois, ces autres communautés jouissaient d'une relative autonomie, avec leurs propres chefs ou *Oba.* Les Oba étaient désignés par leurs communautés, mais ils tenaient leur légitimité du roi *Ooni* qui les adoubait. Le Oba devait déférence au *Ooni* au nom du lien religieux ancestral associant tous les Yoruba à Ife, la capitale religieuse, politique et économique du royaume où tous les chefs Yoruba étaient enterrés.

La stabilité de ce royaume Yoruba relativement décentralisé était assurée grâce au liant religieux entre les membres des communautés et leurs élites. Grâce à ce lien divin fondateur et fédérateur, le *Ooni* n'avait pas besoin de développer un pouvoir militaire, et de fait Ife ne constitua pas d'armée professionnelle. Le caractère personnalisé du fonctionnement de l'ordre social observable dans le mode de désignation des élites politiques (hérédité, cooptation) positionne le royaume d'Ife dans le champ des Etats naturels. Les principales organisations qui structuraient les communautés demeuraient largement soumises à l'autorité monarchique. La capacité à maîtriser la violence et à garantir la stabilité de l'ordre social sur plusieurs siècles fait du royaume d'Ife un Etat naturel primaire.

Tableau 2 : Description de l'Etat naturel primaire Yoruba

Royaume d'IFE	Forme	Chef de la coalition dominante	Principales élites et organisations élitaires
Du XIIe au XVe siècle	Royaume composé de communautés décentralisées	Ooni : Monarque, désigné par hérédité	Les Oba : chefs de communautés Sociétés de commerçants

2.2. L'Etat naturel primaire du Bénin au centre-sud

Le royaume du Bénin émergea à l'est des Yoruba et à l'ouest de la rivière Niger dès le Xe siècle avec la dynastie *Ogiso* (du premier siècle avant JC au XIIIe siècle) qui à partir du XIIIe siècle déclina jusqu'au renversement vers 1300 du système monarchique (Falola et Heaton, 2008)[53]. Les Yoruba ayant été appelés à l'aide, le *Ooni* d'Ife y envoya son fils Oranmiyan qui y installa son propre fils Eweka issu de son union avec une fille du Bénin. Eweka devint le premier Oba de la seconde dynastie qui demeure au pouvoir à ce jour. Comme chez les autres Yoruba, l'autorité du Oba dérivait de Dieu et ses conseillers immédiats étaient les principaux chefs de clans désignés par hérédité.

Avec l'arrivée au pouvoir du Oba Ewuare vers le milieu du XVe siècle, le royaume se modernisa, la méritocratie fut instituée avec de nombreux postes dans l'administration ouverts à tout membre de la communauté démontrant des compétences. Le royaume s'étendit à diverses communautés Yoruba

[53] Falola T. et Heaton M., 2008, *Op. cit.*

environnantes et se rapprocha des communautés Igbo vers l'est, pendant et après le règne d'Ewuare. Economiquement, l'expansion profita au royaume car les communautés annexées payaient un tribut au Oba qui par ailleurs fixa des péages à l'entrée de la ville et des taxes pour l'utilisation des voies fluviales du royaume. Benin City et Ife devinrent des métropoles régionales où les principaux métiers comme ceux des tisserands, charpentiers, artisans (en particulier les célèbres sculpteurs de bronze de Benin City) étaient organisés en guildes, même si la majeure partie de la population pratiquait l'activité agricole. Mais Benin dut aussi son essor à la capture lors des guerres d'expansion d'un grand nombre d'esclaves qui plus tard furent vendus aux Européens pendant la période de traite.

Le caractère personnalisé du fonctionnement de l'ordre social observable dans le mode de désignation des élites politiques situe le royaume du Bénin dans le champ des Etats naturels. Les principales organisations qui structurent les communautés pouvaient se créer en dehors du monarque mais lui restaient largement soumises. La méritocratie (un des traits du système de libre compétition des ordres d'accès ouvert même si ce trait peut aussi caractériser la cooptation) instituée dans la deuxième dynastie ne concernait pas les postes structurants du royaume, ce qui fait que Bénin demeura un Etat naturel. La relative stabilité du royaume sur plus d'un siècle en fait un Etat naturel primaire.

Tableau 3 : Description du Royaume du Bénin, Etat naturel primaire

Royaume du BENIN	Forme	Chef de la coalition dominante	Principales élites et organisations élitaires
Du XIVe au XVIe siècle	Royaume composé de communautés relativement autonomes	Oba : monarque, désigné par hérédité	*Uzama* : organisation constituée des chefs de clans Guildes de tisserands, charpentiers, artisans

2.3. L'Etat naturel primaire au sud-est chez les Igbo

Les sociétés Igbo correspondent à ce que Jones (1957)[54] a appelé des sociétés acéphales ou 'sans Etat' du fait de l'absence de pouvoir central avec autorités politiques classiques (à quelques exceptions près) et de leur forte décentralisation. Organisées hiérarchiquement sur la base de l'âge, les communautés Igbo confiaient la charge des décisions les plus importantes aux anciens ou *elders* (*Ndiche* ou *Ndioke* en Igbo) qui sont réputés physiquement représenter les ancêtres et fondateurs de l'ordre social.

[54] Jones, G. I., 1957, *Report of the position, status, and influence of chiefs and natural rulers in the Eastern Region of Nigeria*, Enugu, Government Printer.

Plusieurs villages avaient pour centre un marché commun où pouvaient se tenir les réunions publiques de chaque village, et où tout membre de la communauté pouvait s'exprimer sur les affaires du village. Aux réunions communes de groupes de village, les sociétés secrètes y représentaient le village mais chaque village avait la liberté de ratifier ou non les conclusions des délibérations du groupe. Chaque groupe de villages fonctionnait de manière autonome mais tous les groupes se sentaient Igbo car ils partageaient la même langue, des croyances religieuses similaires, les mêmes institutions sociales comme le mariage intergroupes, les clans d'âge, les sociétés secrètes, le culte divin (Afigbo, 2005)[55]. De telles institutions existaient dans d'autres sociétés décentralisées comme chez les Isoko, les Urhobo et les Ibibio dans le sud-est, ou encore les Tiv dans le centre.

A l'intérieur des villages, une coalition dominante faite des élites identifiables par leurs titres traditionnels, des notables anciens du village ou *elders* et des sociétés secrètes, assurait la cohésion de l'ensemble des organisations unies par le sentiment d'appartenance à une même nation Igbo (Oriji, 1989)[56].

Leur relative stabilité sur plusieurs siècles suggère que la violence était relativement maîtrisée. Les différentes coalitions dominantes, étaient largement unies à leurs peuples par la même foi aux divinités fondatrices et protectrices. Le caractère personnalisé du fonctionnement de l'ordre social observable dans le mode de désignation des élites politiques (par hérédité ou cooptation) situe les communautés Igbo dans le champ des Etats naturels.

Dans les communautés commerçantes le long du fleuve Niger comme Nri et Arochukwu, de nombreuses organisations économiques (sociétés de commerçants, agriculteurs, et artisans) s'étaient développées, mais elles restaient largement soumises à l'autorité du monarque qui leur conférait des titres de noblesse en fonction de leur pouvoir économique (Harneit-Sievers, 1998)[57]. La capacité à maîtriser la violence, et la relative autonomie des Etats Igbo font de chacun d'eux un Etat naturel primaire.

---

[55] Afigbo A.E., 2005, The indigenous political systems of the Igbo. in *Igbo History and Society: The Essays of Adiele Afigbo*, ed. Toyin Falola (Trenton, NJ: Africa World Press, 2005), 155-66.

[56] Oriji J., 1989, Sacred Authority in Igbo Society, in *Archives des sciences sociales des religions*. N.68/1, 1989. pp. 113-123.

[57] Harneit-Sievers A., 1998, Igbo 'Traditional Rulers': Chieftaincy and the state in Southeastern Nigeria. *Afrika Spectrum*, 33 (1998) 1: 57 - 79

Tableau 4 : Description de l'Etat naturel primaire Igbo

Les IGBO	Forme	Chef de la coalition dominante	Principales élites et organisations élitaires
Jusqu'à la période coloniale au XIXe siècle	Villages et communautés très décentralisés	Eze ou Obi : monarque démocratique, régnant sur un village et désigné par hérédité	Elders Clans d'âge Sociétés secrètes Assemblées de villages Sociétés de commerçants et artisans

2.4. L'Etat naturel primaire d'Oyo au sud-ouest

L'essor de l'esclavage et de la traite d'esclaves avec les Européens fit émerger de nouveaux royaumes comme l'empire Oyo aux XVe et XVIe siècles entre le fleuve Moshi au nord et le campement Nupe (Ogudu) à l'est. Etant initialement un Etat Yoruba, l'empire d'Oyo se structura de manière décentralisée en accordant progressivement dans son administration des postes importants aux esclaves.

A l'origine, les esclaves avaient été le résultat des guerres de conquête, et la traite prenant de l'ampleur, ils finirent par tenir diverses positions dans les Etats au point de devenir incontournables dans l'empire (Morton-Williams, 1964)[58]. Le phénomène de traite était plus prononcé dans le nord, avec son ouverture sur le Sahara et l'Afrique du nord ; mais à partir du XVe siècle, le commerce des esclaves devint une source importante de revenus pour l'ensemble des Etats. Les esclaves étaient échangés contre des liqueurs, des armes et des produits de luxe. Entre le XVIe et le XVIIe siècle, la traite des esclaves devint une institution sociale dans les Etats du sud où ils servaient comme domestiques, ouvriers dans l'agriculture, soldats, et marchandises pour les Européens aux côtés de produits alimentaires, de tissus et de l'or. L'administration de l'empire était décentralisée, avec des systèmes de contrôle de pouvoir comme l'*Oyo Mesi.* L'Oyo Mesi, une des rares organisations non contrôlées par le roi, était en charge de l'armée, des activités religieuses, et d'autres tâches comme le contrôle de la succession, et pouvait même susciter la destitution du roi, l'*Alafin,* s'il était convaincu de trahison ; ce dernier était alors conduit au suicide.

L'empire d'Oyo était donc formé d'institutions et organisations relativement élaborées destinées à la limitation du pouvoir de la coalition dominante, ce qui le rapprochait du statut d'Etat naturel mature au seuil de la transition vers l'ordre d'accès ouvert. Toutefois, les organisations structurantes, économiques notamment, demeuraient sous le contrôle de la coalition dominante, et

[58] Morton-Williams P., 1964, The Oyo-Yoruba and the Atlantic Trade, 1670-1830, *Journal of the Historical Society of Nigeria* 3, n°1: 25-45.

ni l'impersonnalité dans les organisations ni la compétition politique n'étaient à l'œuvre : l'empire d'Oyo est resté donc un Etat naturel primaire.

Tableau 5 : Description de l'Etat naturel primaire d'Oyo

Royaume d'OYO	Forme	Chef de la coalition dominante	Principales élites et organisations élitaires
Du XVe au XIXe siècle	Royaume doté d'une administration décentralisée	*Alafin* : monarque, désigné par hérédité	*Oyo Mesi* Sociétés de commerçants

2.5. L'Etat naturel primaire du Kanem-Borno dans le Nord

Dans la zone sahélienne vers le Lac Tchad, l'empire de Kanem-Borno serait issu de mariages entre des migrants sahariens dénommés *Zaghawa* avec les petites communautés agricoles locales. Les Zaghawa auraient unifié les communautés locales autour du royaume de Kanem vers le 8e siècle. Kanem située au nord-est du Lac Tchad faisait partie des routes de commerce trans-saharien auquel elle participait grâce à ses immenses ressources agricoles. Le système politique était relativement centralisé avec à sa tête le *Mai*, un monarque héréditaire de la dynastie *Saifawa*, disposant d'une armée professionnelle, qui lui a permis d'établir un grand empire vers le 13e siècle en annexant des terres du sud, du sud-est et du nord du Lac Tchad (Hunwick, 1972)[59].

Vers 1470, le *Mai* Ali Gaja établit la nouvelle capitale de l'empire à Gazargamu sur le fleuve Yobe bordé de gisements miniers à l'ouest et de terres agricoles à l'est. La nouvelle capitale était également située sur la route du commerce transsaharien qui favorisa l'accumulation des richesses et l'émergence de l'Etat de Borno ouvert sur le Soudan, le Sahara et l'Afrique du Nord. Vers la fin du XVIe siècle, *Mai* Idris Aloma reconquit l'ensemble de l'ancien empire Kanem pour former le grand empire Kanem-Borno, bordé vers le sud par les Etats Jukun également très centralisés (comme Kororofa) qui revendiquaient les mêmes origines proche-orientales que les premiers habitants de l'empire de Kanem-Borno (à savoir les *Kanuri*), d'autres Etats plus modestes au nord, et le Plateau Jos à l'extrême-ouest. Les Etats Jukun du sud étaient également très centralisés, avec par exemple à Kororofa, principal Etat, l'obligation était faite aux administrateurs du roi de résider dans la capitale Beipi afin que ce dernier puisse contrôler leurs activités très

---

[59] Hunwick J.O., 1972,"Songhay, Bornu and Hausaland in the Sixteenth Century", in *History of West Africa*, vol.I, ed. J.F.A. Ajayi and Michael Crowder (New York: Columbia University Press), 202-239.

florissantes tournant autour de l'agriculture, l'élevage, le sel, la capture d'animaux sauvages, le fer (Falola et Heaton, 2008 :28)[60].

Ainsi, la coalition dominante contrôlait les principales organisations politiques et économiques, ce qui place l'empire parmi les Etats naturels au mieux primaires. Ayant démarré en Etat naturel fragile avec le Mai Aloma, l'empire du Kanem-Borno pouvait, de même que les Etats Jukun vers le XVIe et le XVIIe siècle osciller, d'un roi à l'autre et suivant son emprise sur les activités économiques, entre l'Etat naturel fragile et l'Etat naturel primaire.

Tableau 6 : Description de l'Etat naturel primaire du Kanem Borno

Royaume de KANEM BORNO	Forme	Chef de la coalition dominante	Principales élites et organisations élitaires
Du VIIIe au XIXe siècle	Royaume doté d'une administration centralisée	Mai: monarque, désigné par hérédité	Commerçants transsahariens Eleveurs Agriculteurs Exploitants de sel et de fer

2.6. Les Etats Hausa dans le nord, Etats naturels primaires

La sécheresse et les dissensions internes finirent par précipiter le déclin de Kororofa, principal Etat Jukun, et favoriser l'émergence à partir du XVe siècle des Etats Hausa de Kano, Katsina, Gobir et Zaria ou Zazzaa, qui profitèrent également largement de la chute du premier Empire Kanuri (Kanem) à l'est, de l'empire du Mali à l'ouest dès le XVe siècle et de Songhai au XVIe siècle. Ceci étant, les fondations de ces Etats Hausa remontent à bien plus tôt vers le IXe siècle quand l'Islam leur permit de consolider leur emprise sociale et territoriale et leur renommée grâce à l'ouverture sur le Sahara et l'Afrique du Nord.

Les Etats Hausa partageaient la même langue et la même religion (l'islam), mais étaient administrativement autonomes, ce qui faisait passer l'identité Hausa au second plan. L'organisation politique des Etats était toutefois semblable, avec à la tête un *Sarkin* disposant d'une administration relativement structurée notamment pour couvrir l'ensemble des activités économiques qu'étaient l'agriculture, l'élevage et l'artisanat (Falola et Heaton, 2008)[61]. Les bergers nomades *Fulani* venant du Soudan à l'ouest participaient activement au commerce et à la diffusion de l'Islam au XIVe siècle. L'islam arriva au Nigeria dès le XIe siècle avec la conversion du roi de Kanem, Humai, mais ce n'est qu'en 1370 que le premier roi Hausa, Yaji de

[60] Falola T. et Heaton M., 2008, *Op. cit.* p.28

[61] Falola T. et Heaton M., 2008, *Op. cit.*

Kano, se convertit (Hiskett, 1984)[62], les autres suivirent progressivement jusqu'au milieu du XVIIe siècle. L'islam fut dans toute cette période une religion élitiste (Falola et Heaton, 2008 :30)[63], enseignée essentiellement dans les cours royales et aux élites, comme source de prestige spirituel pour l'élite. Allah pouvait être perçu par les élites comme une divinité à invoquer pendant les batailles et dans les affaires, et l'islam comme moyen d'ouverture à l'international (via le commerce et le pèlerinage à la Mecque) sur le Sahara, le Soudan, l'Afrique du Nord et le Proche Orient, ouvertures porteuses d'alliances stratégiques. Nous verrons au 2.7 suivant que Usman Dan Fodio s'élèvera contre cette forme de pratique religieuse pour ériger le Califat de Sokoto.

En somme, avec une coalition dominante installée manipulant religion et activités commerciales sources de rentes politiques et économiques, les Etats Hausa étaient des Etats naturels. Puisque l'activité commerciale restait dominée par la coalition dominante dans un ordre social resté relativement stable sur plusieurs siècles, il s'agissait bien d'Etats naturels primaires.

Tableau 7 : Description des Etats Hausa, Etats naturels primaires

Les Etats HAUSA	Forme	Chef de la coalition dominante	Principales élites et organisations élitaires
Du XVe au XIXe siècle	Etats autonomes dotés d'une administration centralisée	*Sarkin* : monarque, désigné par hérédité	Commerçants transsahariens Agriculteurs, Eleveurs Artisans

2.7. Le Califat de Sokoto, Etat naturel primaire

Sur le plan politique et religieux, les savanes du nord vont connaitre des bouleversements majeurs à la fin du XIXe siècle avec Shehu Usman Dan Fodio, un réformateur Fulani charismatique, qui engagea en 1804 la guerre sainte (*Jihad*) pour la diffusion d'un Islam qu'il pensait idéal et originel. Par conquêtes successives, il fondera finalement le Califat de Sokoto, qui couvrit toute la région du sud de l'actuel Niger, les Etats Hausa, et l'ancien empire Borno jusqu'au nord du Cameroun.

L'émergence de Dan Fodio peut être vue comme une recomposition du pouvoir politique sur la base du fondamentalisme qui, depuis la seconde moitié du XVIIIe siècle, avait patiemment réussi à intégrer les masses dans la région. Face au roi Yunfa de l'Etat Hausa du Gobir hostile aux réformes fondamentalistes réclamées à partir de 1804, Dan Fodio lança la guerre sainte

---

[62] Hiskett M., 1984, *The Development of Islam in West Africa*, London and New York: Longman.
[63] Falola T. et Heaton M., 2008, *Op. cit.* p.30.

qui aboutit à l'annexion de Gobir, puis de Zamfara, de Kebbi et d'autres Etats Hausa, avant de s'étendre sur les Etats Jukun, Nupe, jusqu'à Oyo où il installa l'émirat d'Ilorin (Falola et Heaton, 2008). En 30 ans, le Califat de Sokoto émergea et s'établit comme l'un des plus grands Etats naturels jamais construits en Afrique de l'Ouest, avec une coalition dominante contrôlant les principales organisations pour assurer la stabilité de l'immense royaume. A sa mort en 1817, Dan Fodio fut remplacé par son fils Bello et les territoires se divisèrent en émirats dirigés par des émirs plus ou moins indépendants mais faisant allégeance au Calife avec paiement de tribut à Sokoto, ou à Gwandu où le frère de Dan Fodio s'était installé. Chaque nouvel émir devait être adoubé par le Calife bien qu'il fût désigné localement (Hogben, 1967)[64]. Mais dès la mort de Dan Fodio, des fissures apparurent sur ce conglomérat : Abd-al-Salam son premier compagnon de lutte se rebella contre Bello, estimant trop modeste le territoire qui lui avait été attribué. La défaite et la mort de cette figure historique de la lutte affaiblit durablement l'héritage de Dan Fodio.

Pour garantir la stabilité du système et le maintien de l'esprit religieux de la lutte, Bello introduisit deux institutions. Un *kofa* fut nommé auprès de chaque émir qui lui servait de conseiller et d'ambassadeur ; chaque kofa était choisi auprès de ses proches pour s'assurer de sa fidélité quant aux principes de la religion et quant au risque de défection en faveur d'un émir rebelle (Falola et Heaton, 2008). Par ailleurs, il installa dans les émirats des *rhibas*, centres culturels et religieux destinés à marquer aux yeux des fidèles le territoire placé sous la protection du Calife, et entretenir la pureté de leur foi. Le Califat de Sokoto était un immense Etat avec une autorité centrale mais l'autorité s'exprimait très inégalement sur le territoire et l'Etat n'avait pas d'armée professionnelle : quelques émirats dont Hadeija et Kano se rebellaient de temps à autre contre le Calife, conduisant parfois à des guerres civiles, comme celle de Kano de 1893 à 1895. Du fait de cette instabilité chronique, l'Etat naturel primaire de Sokoto était devenu fragile. L'idéologie de la révolution religieuse s'était peu à peu effritée et le peu d'engagement dans la transformation des lois par le Calife, y compris celles dénoncées lors de la guerre sainte, donna le sentiment à nombre de disciples que le but ultime de la révolution avait été simplement d'installer les Fulani à la place des Hausa (Rappelons que Dan Fodio était Fulani).

Sur le plan économique, les Etats Hausa qui s'étaient régulièrement affrontés pour le contrôle du commerce transsaharien purent, sous le Califat, développer l'agriculture et les échanges commerciaux sans crainte d'être attaqués, mais ce fut plus difficile pour les paysans qui vivaient sous la menace continue de raids de commerçants d'esclaves et durent déménager régulièrement à cause de la guerre sainte. Sur le plan social et culturel, la révolution religieuse avait institué un Etat islamique même si certaines structures non

[64] Hogben S.J., 1967, *An Introduction to the History of the Islamic States of Northern Nigeria*, Oxford University Press.

islamiques des Hausa avaient été maintenues, et la culture musulmane se diffusa notamment dans les modes de vie via l'habillement, l'architecture, la musique islamique, et l'étude de la langue arabe. La Sharia ne devint toutefois pas une référence pour tous, elle demeura une voie parmi d'autres, surtout pour les Hausa, même si l'islam malgré tout fut un facteur majeur de cohésion sociale, jusqu'à l'arrivée des forces coloniales britanniques en 1903.

Tableau 8 : Description du Califat de Sokoto, Etat naturel fragile

Califat de SOKOTO	Forme	Chef de la coalition dominante	Principales élites et organisations élitaires
Du XIXe au XXe siècle	Royaume islamique avec Emirats autonomes et administration centralisée	*Calife* : monarque, désigné par hérédité	Emirs, Kofas, Rhibas Commerçants transsahariens Artisans, Eleveurs, Agriculteurs

3. ACTIVITES ECONOMIQUES MAJEURES AVANT 1861

Avant 1861, les ordres sociaux s'organisent de manière différente d'une ethnie à l'autre (Ekundare, 1973, 37)[65]. Les liens familiaux qui unissent les membres d'une même famille nucléaire, d'une même concession, d'une même communauté, d'un même clan, d'une même ethnie, puis d'un même Etat, étaient la base de l'ordre social et constituèrent des liants naturels. Il y eut peu d'échanges entre ordres sociaux, et la mobilité entre eux se faisait principalement par mariage. Le liant religieux renforçait l'unité et la stabilité de l'ordre social : la divinité ancestrale était parfois identifiée dans la personne du roi, et constituait un lien cosmique atemporel qui se révélait être un puissant liant social.

Le concept de famille allait bien au-delà de la famille nucléaire et regroupait l'ensemble des membres de la communauté plus ou moins proches du noyau familial. Au sein de la famille, la richesse d'un membre était considérée comme un bien communautaire dont le propriétaire a la responsabilité de mettre au service de tous, en particulier des plus nécessiteux. « Une grande partie du surplus de revenus du plus riche était en général dépensée pour subvenir aux besoins des proches plus pauvres. Le système de famille élargie offrait ainsi une sorte de sécurité sociale propre. L'objectif ultime était de permettre que chaque membre de la famille soit en mesure de se nourrir et d'assurer que ceux qui étaient temporairement ou permanemment en difficulté, par exemple les plus âgés, les malades et les chômeurs ne soient abandonnés[66] ». C'est probablement l'une des raisons pour lesquelles il a été

---

[65] Ekundare R.O., 1973, *An Economic History of Nigeria 1860-1960*, Methuen, London. P.37.
[66] Ekundare R.O., 1973, p.37.

assez difficile d'élever le niveau de vie individuel au-delà du niveau de subsistance au sein de l'ordre social.

Dans un premier temps, les principales sources de revenus et de moyens de subsistance furent l'agriculture qui était essentiellement de subsistance, les guerres de conquête qui fournissaient des biens et territoires nouveaux, et l'artisanat. La traite des esclaves prit de l'ampleur à partir du XVe siècle avec le développement des circuits commerciaux vers l'océan atlantique, et à partir du XIXe siècle, l'agriculture d'exportation prit le relais. Les activités de guerres de conquête et de traite d'esclaves, et le rôle prépondérant du chef ou du roi dans l'allocation des ressources montrent l'important différentiel de pouvoir qui existait au sein des ordres sociaux entre les élites et les non élites.

3.1. Agriculture de subsistance - guerres de conquête - artisanat

Avant la colonisation européenne, de nombreux chefs avaient accédé au trône par conquête. Le chef dominait tous les aspects de la vie de l'ordre social : administrateur des terres et domaines, et administrateur du commerce, il avait autorité sur l'ensemble des activités de son ressort territorial et ses sujets lui étaient soumis. On retrouve ici les traits caractéristiques des Etats naturels. Les principales sources de rentes manipulées par la coalition dominante étaient :

- Des produits en nature prélevés sur la production agricole ou artisanale de ses sujets, et versés au roi pour être distribués au sein de la coalition dominante.
- Le butin issu de guerres de conquête.
- L'héritage transféré au roi si le propriétaire décédé n'avait pas d'héritier reconnu.
- Des services rendus dans les plantations du roi ou en tant que guerrier.
- De la monnaie locale après l'institution de cauris, palourdes, tiges de fer, ou encore manilles.

Il apparaît que dans les émirats au nord, anciens Etats Hausa, le système fiscal était assez développé depuis le XVIe siècle ; mais le régime d'imposition était relativement arbitraire car les populations étaient souvent raflées par la coalition dominante islamique (les Emirs) pour prélever des taxes (Ekundare, 1973 :38)[67]. Dans le sud, les systèmes fiscaux étaient encore plus rudimentaires mais alignés sur les moyens du contribuable. Au début du commerce avec les Européens, ces derniers étaient imposés par les rois locaux qui pouvaient confisquer les marchandises pour refus de payer le droit de commercer sur leurs territoires (Dike, 1956[68]; Jones, 2001[69]).

[67] Ekundare R.O., 1973, *Op. cit.* p.38.
[68] Dike, K. O., 1956, *Trade and Politics in the Niger Delta 1830-1885.*
[69] Jones G. I., 2001, *The Trading States of the Oil Rivers.* James Currey Publishers.

L'agriculture était la principale activité. Dans chaque communauté, le chef procédait à l'allocation des terres à la famille qui en faisait la demande, à charge au chef de famille d'en redistribuer au sein de la famille. La famille pouvait l'exploiter en reversant une dîme ou une taxe au chef, et pouvait ainsi garder la parcelle indéfiniment. La parcelle produisait du bois de chauffe, des fertilisants du fait de la jachère, et de la nourriture pour la famille. Les produits cultivés étaient le sorgho, le maïs, le millet, les haricots de diverses variétés, les ignames, les patates douces, le piment, les légumes, les noix de kola, le manioc. Le coton était également cultivé pour l'artisanat textile, les palmiers poussaient spontanément en brousse mais suffisaient pour produire l'huile de palme nécessaire. Des arbres fruitiers poussaient également spontanément et fournissaient par exemple papayes et mangues. Dans les marchés, les surplus de production pouvaient être échangés contre d'autres ou des produits artisanaux comme les vêtements, chaussures, houes, couteaux, pots, etc. Tous les membres de la famille travaillaient dans les plantations, et les chefs pouvaient avoir droit le cas échéant à des esclaves comme main d'œuvre. La pêche s'était également développée sur la côte mais à petite échelle, et avait permis l'émergence d'activités de fabrication de filets à base de fibres végétales, et de fabrication de pirogues. Le transport de marchandises était assuré par des animaux (chevaux, chameaux, ânes) dans le nord, et était largement dépendant des voies fluviales et maritimes au sud car l'alternative était le transport sur la tête, les animaux étant régulièrement frappés par la mouche tsé-tsé.

Pour ce qui est de l'industrie et de l'artisanat, le cuir était travaillé au nord depuis longtemps, avec Sokoto et Kano comme principaux centres, utilisant ici la peau de chèvre d'une qualité rare. Le cuir était ensuite utilisé pour fabriquer chaussures, selles, ou sacs, ou exporté dans le Sahara jusqu'en Afrique du Nord, notamment au Maroc où il acquit une grande popularité. Une industrie du savon s'était développée dans le sud, des brasseries également partout dans le pays avec du vin de palme, de la bière de mil ou de maïs ou du vin fort de kola. L'artisanat produisait de la poterie, des fibres de mat ou des paniers. Dans ces proto-industries, la main d'œuvre était fournie par la famille du promoteur, et la plupart des artisans réalisaient par ailleurs une activité agricole pour leur propre consommation. Le métier de forgeron s'était développé avec l'exploitation des mines de fer, cuivre, bronze, pour la production de couteaux, flèches, lances, masques, etc. Chaque métier était constitué en guilde (forgerons, brasseurs, maçons, tisserands, sculpteurs, etc.) dont l'influence politique était proportionnelle au poids économique.

Le roi jouait un rôle prépondérant dans l'allocation et l'administration de ces ressources, et la richesse des Etats était constituée de :

- Prélèvements sur le commerce, sur les différentes activités économiques, sur les opérations civiles (mariage, justice, cession de terres, etc.).
- Butins de guerre et notamment les esclaves.
- La traite des esclaves avec les Européens.

3.2. La traite des esclaves, activité économique importante entre le XVe et le XIXe siècle

L'esclavage fut une activité économique florissante pour l'ensemble des Etats du nord avant l'arrivée des Européens au XVe siècle. Les premiers Européens à arriver sur la côte étaient des Portugais qui installèrent un port de commerce à Gwarto (Ughoton) dans le royaume du Bénin vers 1480 pour acheter textiles, piments, or et esclaves. Jusqu'à la découverte des Amériques et l'installation des premières plantations, le commerce des esclaves était relativement marginal dans l'activité économique des régions côtières, mais à partir du XVIe siècle, la traite se développa sur toute la côte surtout après de fortes restrictions imposées par l'Oba du Bénin en 1550 (Ryder, 1969)[70].

A partir de la baie du Bénin, de nouveaux ports s'établirent donc à Elem Kalabari, Bonny, ou encore Calabar dans la baie du Biafra. Les Portugais furent progressivement remplacés par les Anglais et les Hollandais vers le XVIIe siècle. Participèrent à l'économie de la traite des esclaves des rois qui entreprenaient des raids auprès de leurs voisins faibles, des oracles qui pouvaient prononcer des décrets de mise en esclavage ou en exiger honoraires, et des commerçants d'esclaves qui assuraient l'intermédiation dans toute la chaîne entre l'intérieur du pays et les européens sur les ports d'embarquement. Les Etats côtiers tentèrent par diverses restrictions d'interdire l'entrée des Européens à l'intérieur des terres afin de mieux contrôler et monopoliser la rente provenant du transfert vers les côtes mais certains furent annexés par des Etats plus puissants de l'intérieur du pays surtout dans la baie du Bénin. Dans la baie du Biafra par contre, le commerce d'esclaves ne transforma pas la structure décentralisée des Etats dans la mesure où le trafic résultait plus de sentences judiciaires et religieuses d'oracles que de guerres et raids *ad hoc*.

En tout état de cause, la montée d'une élite constituée de commerçants d'esclaves bouleversa la structure politico-économique des Etats, et fit émerger des structures organisationnelles (contrôlées ou non par le roi) destinées à protéger l'activité. Par exemple, l'institution *Ekpe* dans la baie du Biafra, qui édictait des normes communes et prononçait des verdicts aux contrevenants comme le boycott de ses marchandises, une amende, la destruction de ses biens, la détention du contrevenant, voire son exécution (Latham, 1973)[71]. Cette source de rentes demeura dans tous les cas sous le contrôle de la coalition dominante qui la manipulait pour en réguler l'accès et le fonctionnement. Au XIXe siècle, l'esclavage et la traite des esclaves avec les Européens étaient devenus d'immenses activités économiques dans les Etats du Nigeria, surtout dans le sud où ils firent l'essor de certains Etats, et où des ports entiers se spécialisèrent dans l'embarquement des esclaves. Au

---

[70] Ryder A.F.C., 1969, *Benin and the Europeans 1485-1897*, London:Longman.

[71] Latham A.J.H., 1973, *Old Calabar 1600-1891: The Impact of the International Economy upon a Traditional Society* (Oxford: Clarendon Press, 1973), 37-8.

cours du XIXe siècle, les principaux Etats formés depuis le Xe siècle et consolidés grâce à l'esclavage et à la traite vont connaître des bouleversements internes dus notamment à la modification des institutions politiques et à la modification des rentes autour desquelles ils avaient émergé.

3.3. Début du développement des produits agricoles d'exportation au XIXe siècle

Le commerce extérieur était négligeable avant 1861 et les statistiques de cette période, généralement regroupées pour l'ensemble des pays d'Afrique de l'Ouest, étaient surtout tenues par les pays partenaires.

Du fait de la révolution industrielle et de l'essor de l'économie britannique, la demande européenne en huile de palme et en coton va régulièrement augmenter pour la production de savons et bougies (Wilson, 1954)[72] et l'alimentation des machines dans les usines. Entre 1831 et 1850, l'Angleterre va importer au moins deux fois plus d'huile de palme d'Afrique de l'Ouest soit une croissance annuelle moyenne de +5%, et au moins trois fois plus de coton soit +7%.

Tableau 9 : Exportations d'huile de palme et de coton d'Afrique de l'ouest vers l'Angleterre de 1830 à 1850

	Huile de Palme (Quantité en CWT)	Coton (Valeur en £)
1831	163 288	75 058
1836	276 635	209 609
1841	397 073	183 623
1846	360 452	173 219
1850	434 450	270 069

Cf. Ekundare, 1973, pp.51-52. CWT = Centum Weight = 50,8 kg

[72] Wilson C., 1954, *The History of Unilever*, Cassell and Company.

Figure 1 : Exportations d'huile de palme et de coton d'Afrique de l'ouest vers l'Angleterre de 1831 à 1850

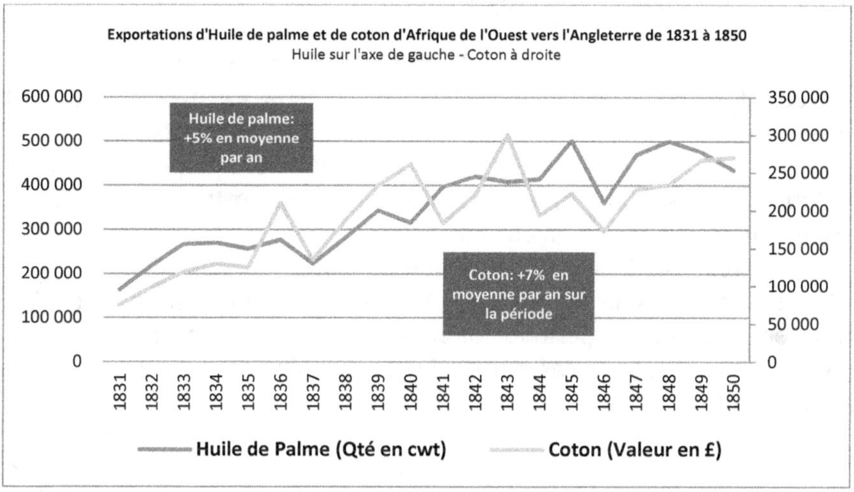

D'après données d'Ekundare (1973:51-52) - 1 CWT = Centum Weight = 50,8 kg

En fait, l'activité agricole s'est développée avec la transplantation progressive, du Royaume Uni vers l'Afrique de l'ouest et le Nigeria, des institutions, normes, process, organisations, et croyances des ordres d'accès ouvert, même si on n'en est pas encore à la colonisation proprement dite. Par exemple, pour booster la production de coton au Nigeria, la *Manchester Coton Supply Association* envoya deux tonnes de plants de coton au Consul Britannique en 1850 pour distribution aux agriculteurs (Talbot, 1926)[73].

Toute cette période fut marquée par un accroissement des contacts entre l'Europe et l'Afrique, et la diffusion des cultures européennes qui transformèrent :

- Les modes de vie locaux : importations de vêtements, alcools, fusils, système éducatif, usage de la monnaie britannique.
- Les modes de production : diminution de l'auto-emploi et développement de l'emploi salarié, développement agricole sur de plus larges parcelles de terres, transformation des méthodes culturales, emploi progressif des machines dans les plantations et des engrais.
- Les croyances dites rationnelles (développement du commerce extérieur, de l'emploi salarié, en remplacement de l'agriculture de subsistance et de l'auto-emploi) et dites irrationnelles (diffusion du christianisme en remplacement des religions traditionnelles africaines et des divinités).

[73] Talbot P.A., 1926, *The People of Southern Nigeria*, Oxford University Press.

Ce mouvement qui entraîna un bouleversement au sein des institutions et organisations des ordres sociaux des Etats du Nigeria s'intensifiera lors de la période coloniale que nous analysons dans la section B suivante.

En conclusion de cette section, l'analyse des dynamiques institutionnelles observées dans les Etats précoloniaux au Nigeria montre que ces ordres sociaux sont parvenus pour la plupart au stade d'Etats naturels primaires. Plus important, les dynamiques élitaires sont apparues prépondérantes dans l'évolution de ces Etats, principalement en raison de la forte asymétrie de pouvoir qui s'était durablement établie entre les élites et les non-élites en raison de la relation d'assujettissement du peuple.

Cette même forte asymétrie en faveur des élites, mais sur d'autres bases, sera observée lors de la période coloniale ; nous étudierons à ce titre à la fin de la section suivante le cas particulier du peuple Brass face à la coalition dominante coloniale.

B. 1861-1914 : VERS L'ETAT NATUREL FRAGILE DU NIGERIA – LES ELITES DEMEURENT PREPONDERANTES

A partir de 1861, les nombreuses coalitions dominantes locales à la tête desquelles se trouvent les chefs et rois sont renversées par la nouvelle coalition dominante coloniale. Celle-ci s'impose par conquête progressive pour former des protectorats, prélude à l'assemblage de tous les Etats du territoire sous l'appellation Nigeria en 1914 (sous-section 1). Le Nigeria ainsi constitué sera un Etat naturel fragile.

L'activité économique qui alimente les rentes manipulées par la coalition dominante est le commerce extérieur avec, à l'import, des produits manufacturés et, à l'export, des produits agricoles. Ce développement économique s'accompagnera de la structuration des services publics, et se traduira par une multiplication d'organisations privées et publiques (sous-section 2).

A ce stade où la coalition dominante britannique s'installe, elle s'appuie sur l'asymétrie de pouvoir évidente par rapport aux populations locales, favorisée par la puissance politique, technologique et militaire de l'ordre social d'accès ouvert britannique. Elle exploite une rente de domination qui fait en sorte que la régulation des accès aux activités économiques et politiques dépend exclusivement des élites politico-économiques britanniques. Nous le verrons en particulier avec le cas du peuple Brass qui n'a pas pu obtenir l'ouverture des accès face à la *Royal Niger Company* (sous-section 3). Dans ces conditions, les dynamiques institutionnelles apparaissent cohérentes avec la thèse de NWW au regard du rôle prépondérant des élites.

1. INSTALLATION DE LA COALITION DOMINANTE COLONIALE ET PREPONDERANCE DES ELITES

La colonisation britannique démarra véritablement en 1861 avec l'érection de Lagos en Protectorat britannique. A ce moment-là, la coalition dominante du Nigeria commença à basculer des royaumes locaux (où les chefs traditionnels étaient les chefs des coalitions) vers le Royaume Uni qui prit progressivement le leadership sur la manipulation des rentes et privilèges au sein des ordres sociaux locaux. A l'échelle de l'ensemble du Nigeria, ce basculement fut effectif en 1903 avec la chute du Califat de Sokoto, dernier grand royaume resté jusque-là sous contrôle local.

Ce qui se passera à l'échelle du Nigeria sera très comparable à ce qui s'est observé lors des guerres de conquête internes qui avaient conduit à des recompositions successives des Etats locaux avant la colonisation. Une différence somme toute majeure réside dans l'identité occidentale de la nouvelle coalition dominante, qui emmena avec elle un patrimoine politico-économique (organisation étatique, organisations politiques et économiques complexes, nouvelles institutions comme les statistiques ou le salariat, compétition politique) et culturel (mode de vie, croyances) radicalement différent : il y a littéralement greffe sur le territoire du Nigeria des organisations et institutions de l'ordre d'accès ouvert britannique.

1.1. Etablissement de la Colonie de Lagos : 1861-1914

L'influence directe des Britanniques démarra en 1851 avec le renversement du roi de Lagos, Kosoko, accusé d'esclavagisme par John Beecroft (le Consul d'alors pour les baies du Biafra et du Bénin) et son remplacement par Akintoye (du groupe ethnique Egba) reconnu pour son ouverture aux missionnaires et au commerce « légitime » avec les Britanniques (Falola et Heaton, 2008)[74]. Mais Akintoye n'arrivant pas à affirmer son autorité sur la région, Lagos fut annexée en 1861 par les Britanniques et la colonisation démarra avec l'érection de Lagos en Protectorat. Entre 1861 et 1885, les Britanniques passèrent de la simple interférence dans les affaires locales dans les Etats côtiers à l'annexion pour un contrôle total des activités politiques et économiques, puis commencèrent leur montée vers l'hinterland.

A ce stade, les Britanniques devinrent les pilotes de la coalition dominante, manipulant rentes et privilèges pour assurer la stabilité de l'ordre social : ils s'imposèrent dans ces ordres sociaux sans avoir été choisis par leurs administrés, et désignèrent eux-mêmes les chefs et rois locaux pour remplacer ceux qui ne leur étaient pas favorables. Devenir chef ou roi devint un privilège accordé par la coalition dominante coloniale, notamment avec le système de

[74] Falola T. et Heaton M., 2008, *Op. cit.*

Warrant Chiefs (cf.1.5 infra). Si l'emprise britannique sur Lagos s'exerça au départ dans le cadre du grand ensemble des colonies britanniques d'Afrique de l'ouest avec le Gouverneur-en-chef basé en Sierra Leone, elle évolua vers une partie de la *Gold Coast* en 1874 avant que Lagos devienne une colonie de plein droit en 1886 lorsque les Britanniques finirent d'annexer l'ensemble des Etats Yoruba (Odumosu, 1963)[75].

Lagos fut alors placée sous l'autorité directe des Britanniques, et à la différence des protectorats qui étaient des zones d'influence britannique avec une administration plus indirecte, Lagos était une colonie et ses habitants pouvaient prétendre à l'extension de l'administration britannique avec la responsabilité de fournir des services sociaux (santé, éducation, etc.). L'administration de MacGregor (1899-1904) établit deux instances dont il était le président : un Conseil Législatif composé de Britanniques, et un Conseil Central Indigène composé des chefs traditionnels, les deux entités étant chargées de conseiller le président sur les pratiques Yoruba relatives par exemple à la gestion foncière, au mariage ou encore au protocole.

Tableau 10 : Description de l'Etat naturel primaire de Lagos 1861 à 1922

De la moitié du XIXᵉs à 1922	Forme et Etendue	Chef de la coalition dominante	Organisations Elitaires	Activités économiques majeures
Colonie de Lagos : 1861-1922	Lagos et les Etats Yoruba	Gouvernement britannique Gouverneur colonial britannique	Conseil Législatif Native Courts Organisations économiques Partis politiques Organisations religieuses	Agriculture : palmier à huile, cacao, noix de palme

1.2. Etablissement du Protectorat du Niger Coast : 1893-1914

Dans le reste du pays, les Britanniques réussissaient, par la diplomatie (signature de traités) et surtout par la force, l'entreprise de manipulation des privilèges et rentes destinée à asseoir leur domination et à assurer la stabilité de leurs protectorats. Signature de traités, intimidations, destitutions avec déportation ou envoi en exil ou assassinats étaient les redoutables armes utilisées par la coalition dominante britannique contre les rois et peuples hostiles. Sur la décennie suivante, les Etats Yoruba du sud, très décentralisés, continueront à opposer de la résistance.

Alors qu'un Consul Britannique avait été nommé dès 1849 sur les territoires de l'est de Lagos, le Protectorat d'*Oil River* ne fut créé qu'en 1885 après la Conférence de Berlin. Cette conférence avait confirmé l'autorité

---

[75] Odumosu O. I., 1963, *The Nigerian Constitution: History and Development*, Sweet and Maxwell Ltd, London.

britannique sur toute la région, qui fut alors administrée à partir de 1891 par un Consul sous l'autorité du Consul Général de Calabar (Falola et Heaton, 2008). Le Protectorat se transforma en Protectorat du *Niger Coast* en 1893 avec compétence sur tout le Delta du Niger, et la *Royal Niger Company*, agréée dès 1886, fut chargée de l'exploitation économique de la région centrale du territoire, dans la zone de confluence de la Bénoué et du Niger. En l'absence de Conseils Législatifs comme ceux établis à Lagos, le Consul Général légiférait par « *Proclamations* » et le pouvoir judiciaire était assuré par les *Native Courts* sous la responsabilité des chefs locaux (Odumosu, 1963 :7)[76].

Tableau 11 : Description Protectorat du Delta du Niger, Etat naturel primaire

De la fin du XIXᵉs à 1914	Forme et Etendue	Chef de la coalition dominante	Organisations élitaires	Activités économiques majeures
Protectorat du Niger Coast : 1893-1914	Delta du Niger	Gouvernement britannique Gouverneur colonial britannique	Native Courts Organisations économiques Partis politiques Organisations religieuses	Agriculture : palmier à huile, coton, cacao, noix de palme, arachides

1.3. Territoires du centre et du nord placés sous la responsabilité de la RNC

La Royal Niger Company (RNC), entreprise privée de Sir George Goldie, fut établie comme franchise britannique en 1886. Sa charte accordée par le gouvernement britannique lui assignait la mission d'« administrer, signer des traités, gérer la douane et le commerce sur tous les territoires du bassin du Niger et de ses affluents » (Odumosu, 1963 :8)[77], sans intervenir dans les cultures locales. Dans les faits, la RNC assura l'exclusivité des activités commerciales le long de tous les fleuves navigables de l'intérieur du pays. Elle outrepassera ses droits et usera de sa puissance économique et politique pour forcer les signataires de traités locaux à lui accorder le monopole de l'accès aux voies navigables.

La RNC, organisation élitaire coloniale, réglementa cet accès par des tarifs élevés perçus dans la ville d'Akassa, et par la perception de droits prohibitifs à l'importation. Le monopole de la RNC s'établit et se renforça de telle sorte que le gouvernement britannique sentit lui échapper le contrôle de la colonie dans ce qui ressemblait à un déplacement du centre de la coalition

[76] Odumosu O. I., 1963, *The Nigerian Constitution: History and Development*, Sweet and Maxwell Ltd, London

[77] Odumosu O. I., 1963, Op. cit.

dominante de la puissance publique britannique vers le secteur privé représenté par la RNC. En plus, malgré le zèle de ses milices, la compagnie se montrait inefficace dans le maintien de la paix, de la stabilité et du commerce que les libéraux au pouvoir voulaient sans entrave.

A titre d'exemple, le peuple Brass se révolta (Flint, 1960[78] ; Ikime, 1977[79]) sous la houlette du roi Koko qui attaqua la compagnie le 29 décembre 1894, détruisit les installations, et kidnappa des employés, nous y reviendrons à la sous-section 3 pour analyser le rôle joué par les élites coloniales et les non-élites dans cette tentative avortée d'ouverture des accès. Par ailleurs, la France menaçait de prendre le contrôle du fleuve Niger ; la prise du Dahomey en 1889 et l'installation d'une base française sur le Niger à la frontière du domaine britannique annonçaient une offensive française imminente pour le contrôle de l'ensemble du fleuve.

Tableau 12 : Description de la RNC, organisation coloniale

De la fin du XIXes à 1914	Forme et Etendue	Chef de la coalition dominante	Organisations élitaires ou élites constitutives	Activités économiques majeures
Royal Niger Company (RNC) 1886-1900	Territoires du centre et du nord	Gouvernement britannique Georges Goldie : Président de la RNC	Rois et Chefs de la région centrale Native Courts Organisations économiques Organisations religieuses	Commerce Agriculture Transport fluvial

1.4. Constitution des Protectorats du sud et du nord

Réagissant au monopole de fait assuré par la RNC, le gouvernement britannique entreprit de reconquérir sa souveraineté coloniale sur la région centrale entre 1889 et 1891 en autorisant par exemple aux peuples Brass et d'Elem Kalabari d'utiliser gratuitement le Niger, mais cette réforme ne fut pas appliquée (à cause de la domination de la coalition dominante coloniale, comme nous le verrons dans la sous-section 3). C'est alors qu'il engagea une série de mesures qui allèrent de la mise de la RNC sous l'administration de l'Etat à la révocation pure et simple de la charte de la compagnie en 1899, à la suite de l'arrivée des conservateurs au pouvoir et de la nomination au Secrétariat aux Colonies de Joseph Chamberlain, un impérialiste mais hostile au principe des chartes attribuées aux compagnies privées.

A ce stade, le contrôle du Nigeria fut à nouveau assumé directement par le gouvernement britannique qui avait repris à la RNC le contrôle de la coalition dominante et donc de la manipulation des rentes et privilèges.

[78] Flint J., 1960, *Sir George Goldie and the Making of Modern Nigeria*, Oxford University Press.

[79] Ikime O., 1977, *The Fall of Nigeria: The British Conquest*, Heinemann.

Chamberlain créa la *West African Frontier Force* (WAFF) sous le commandement de Frédéric Lugard, un officier des forces britanniques en Afrique de l'est, qui avait servi en Ouganda et travaillait désormais pour la RNC. La WAFF repoussa les Français de leurs positions sur le Niger, et le 1er janvier 1900, la RNC transféra définitivement à la WAFF ses prérogatives sur le Niger et la Bénoué, les retournant ainsi au gouvernement britannique, qui étendit le Protectorat du *Niger Coast* aux territoires au sud de la zone RNC, créant ainsi en 1906 le grand Protectorat du sud. Les territoires au nord de la zone RNC (comprenant le Califat de Sokoto) se regroupèrent au sein du grand Protectorat du nord et Lugard en devint le premier Haut-Commissaire. La coalition dominante Britannique contrôlait désormais directement le Nigeria, mais soumettre le Califat de Sokoto demeurait un défi pour Lugard qui avait en face à la fois la résistance du Calife à Sokoto et la menace de la France installée au Dahomey.

L'absence dans le Califat d'une armée professionnelle et le caractère désormais décomposé de sa structure politique et administrative (à cause de l'affaiblissement du Califat depuis la mort de Dan Fodio) facilitèrent sa chute. A partir de 1900, Lugard défit les émirats l'un après l'autre, Bauchi, Gobé, Zaria, et y plaça des émirs à la solde du pouvoir britannique. Le dernier Calife Attahiru fut tué le 27 juillet 1903 au sud de Kano sur la rivière Gongola. Le Protectorat du nord engloutit alors l'ensemble du Califat de Sokoto, de même que Borno (en 1904) qui avait déjà obtenu plus tôt son indépendance du Califat.

1.5. L'*Indirect Rule* et la Création du Nigeria par assemblage des Protectorats

Un principe philosophique guidait la démarche colonisatrice britannique au Nigeria : le *Dual Mandate*. Théorisé plus tard dans les années 1920 par Frederick Lugard (1965)[80], ce principe évoquait l'idée que les Britanniques devaient « apporter la civilisation » aux « peuples arriérés » tout en respectant leurs cultures tant qu'elles n'entravaient pas les objectifs britanniques qui étaient triples :

- Economiques : approvisionnement de la Grande Bretagne en matières premières, instauration du libre commerce avec le Nigeria pour s'assurer des débouchés et développer le commerce extérieur.
- Géostratégiques : protection de la zone d'influence contre d'autres puissances, notamment la France et l'Allemagne qui colonisaient les territoires voisins du Dahomey, du Cameroun et du Togo.
- Civilisationnels : éradication de l'esclavage, lutte contre la corruption dans les systèmes de gouvernance traditionnels, promotion d'une éthique occidentale du travail, instauration de l'éducation occidentale.

[80] Lord Lugard, 1965, *The Dual Mandate in British Tropical Africa*, 5th Ed., Archon Books.

Les Britanniques estimaient que l'*Indirect Rule* était le meilleur moyen de réaliser le *Dual Mandate*. Cela revenait à gouverner par l'intermédiaire des institutions politiques existantes administrées par les chefs et rois locaux, l'idée étant d'aider les populations locales à dépouiller par eux-mêmes leurs traditions de ce qui freinait leur « progrès vers la civilisation occidentale ». Pour Lugard, l'idée était que les chefs gouvernent eux-mêmes leurs peuples, pas comme des chefs indépendants mais comme des autorités qui en réfèrent à la coalition dominante coloniale : les ordres ne sont pas transmis au peuple à travers eux, ils émettent eux-mêmes des ordres mais en accord avec le gouverneur Britannique dans les cas où cet accord est requis. Les chefs et rois jouissaient des marges de manœuvre certaines dans la conduite des affaires quotidiennes mais restaient soumis à la philosophie de la coalition dominante coloniale qui manipulait les rentes politiques et économiques pour obtenir la coopération des élites traditionnelles locales et assurer la stabilité.

En pratique, le système fonctionna de manière très inégale et définit des trajectoires différentes entre le nord et le sud : par exemple l'anglais ainsi que l'école occidentale étaient enseignés au sud, ce qui l'ouvrit davantage à l'extérieur ; tandis que le Hausa ainsi que l'école coranique étaient en vigueur au nord, ce qui renforça le repli de cette région sur elle-même et le Sahara. Les peuples du protectorat du sud, constitué d'anciens Etats plus décentralisés que ceux du nord, posèrent le plus de difficultés aux Britanniques, qui durent i) y user de ''*Warrant Chiefs*'' ou chefs certifiés et adoubés pour remplacer des chefs légitimes mais récalcitrants ii) ou se constituer des interlocuteurs et relais dévoués dans des systèmes acéphales. Les chefs devaient par exemple présider des cours de justice indigènes ou *Native Courts* au nom de l'administration coloniale de manière à assurer la paix sociale. Ceci étant, l'accès à l'éducation forcée assurée par les missionnaires dans le sud conféra aux peuples de cette région une percée dans le système éducatif occidental que le nord ne put connaître du fait de l'*Indirect Rule* qui respecta leur système éducatif local constitué d'écoles coraniques opposées à l'intégration des éléments du système éducatif occidental (philosophie et littérature laïques, mathématiques, sciences naturelles, etc.).

Tableau 13 : Description des Protectorats du sud et du nord entre 1906 et 1914

1906-1914	Forme et Etendue	Chef de la coalition dominante	Organisations élitaires ou principales élites	Activités économiques majeures
Protectorat du sud (1906-1914)	Régions du centre et du sud	Gouvernement britannique Gouverneur colonial britannique	Conseil Législatif composé des chefs traditionnels Warrant Chiefs Native Courts Southern Nigeria Civil Service Union en 1912 Organisations économiques Partis politiques Organisations religieuses	Commerce Agriculture : palmier à huile, cacao, noix de palme
Egbaland (1893-1914)	Territoire independant depuis Traité de 1893	Alake of Egbaland at Abeokuta	Olowu de Owu Agura de Gbagura Oshile d'Oke Ona Olubara d'Ibara Organisations économiques Organisations religieuses	Tissus Huile de palme Noix de palme Manioc
Protectorat du nord (1903-1914)	Région du nord y compris Borno	Gouvernement britannique Gouverneur colonial britannique	Conseil Législatif composé des chefs traditionnels Native Courts Organisations économiques Organisations politiques Organisations religieuses	Commerce Agriculture : coton, arachides

Par ailleurs, si le sud produisait suffisamment sur le plan économique pour couvrir le budget du Protectorat, le nord moins doté de ressources naturelles était constamment déficitaire et était soutenu par des subventions du Protectorat du sud et du gouvernement Britannique. La subvention britannique versée au nord était de l'ordre de 300 000£ par an (Crowder, 1962 :213)[81] en moyenne, mais n'avait pu atteindre que 136 000£ en 1912. F. Lugard qui avait quitté le Protectorat du nord en 1906 fut rappelé en 1912 pour trouver une solution à la dégradation des finances du nord, et la solution fut de fusionner les deux Protectorats. L'unification survint en 1914, l'ensemble prit le nom de Nigeria (vraisemblablement baptisé ainsi par l'épouse de Lugard en référence au fleuve Niger) et F. Lugard en devint le premier Gouverneur Général.

2. DEVELOPPEMENT DES ORGANISATIONS DE 1861 A 1914 : TRANSPLANTATION DES INSTITUTIONS BRITANNIQUES

2.1. Structuration institutionnelle de l'Etat et des services publics

Le budget de l'Etat de Lagos va exploser au cours de cette période (de 7 000£ en 1862 à 192 000£ en 1899, soit +9% en moyenne par an) traduisant

[81] Crowder M., 1962, *The Story of Nigeria*, Faber, London.

la montée en puissance du secteur public emmené par les autorités coloniales. Au fur et à mesure du développement des échanges extérieurs, les revenus du gouvernement seront constitués essentiellement de recettes douanières qui augmenteront en moyenne de 12% par an pour représenter 92% des recettes globales en 1899.

Figure 2 : Budget du gouvernement de Lagos entre 1862 et 1899

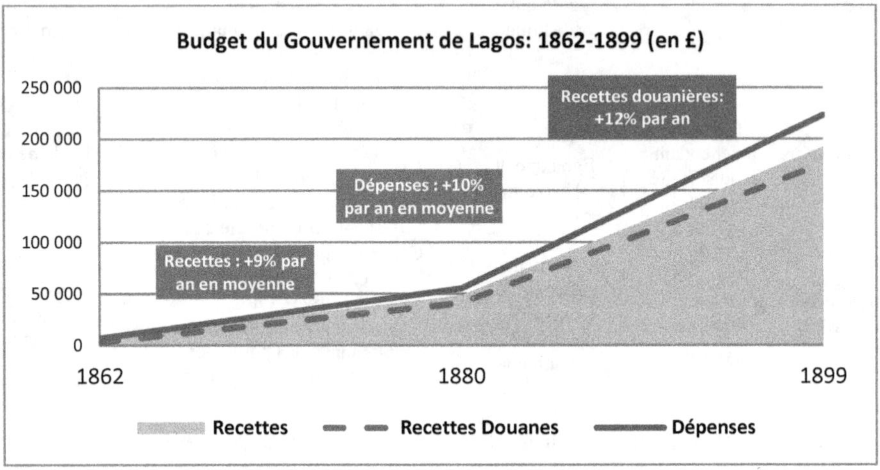

D'après données d'Ekundare (1973 :58), Op. cit.

A noter que le déficit budgétaire croissant reflète l'importance des dépenses liées à l'installation et à l'entretien de l'administration coloniale (notamment l'armée) alors que les infrastructures économiques locales n'étaient pas encore assez développées pour financer le service public. Les investissements publics représentèrent plus de 50% de ce budget au cours de la période. La résorption du déficit budgétaire fut délayée par la persistance du commerce illicite des esclaves qui empêcha pendant longtemps encore le 'commerce légitime', et par les guerres tribales (guerres Yoruba notamment) qui ralentirent l'installation des institutions coloniales dans l'intérieur du pays.

L'installation des structures de l'économie marchande représentait un coût pour le gouvernement Britannique : par exemple en 1862, il accorda un don de 5 000£ à la Colonie de Lagos (Ekundare, 1973). De telles dépenses irritèrent l'opinion publique britannique et de nouvelles sources de revenus furent instituées pour parvenir à l'indépendance financière de la colonie : licences imposées aux bateaux accostant à Lagos en 1866, taxes sur l'utilisation des marchés installés par l'administration coloniale en 1869. Lagos se résolut à emprunter : 52 000£ en 1873 des gouvernements de Grande Bretagne, de Sierra Leone, et de la Gold Coast ; puis sur le marché financier à la faveur du *Colonial Stock Act* institué à Londres en 1877.

Au cours de cette période, l'aménagement des infrastructures économiques de base fut accéléré pour soutenir le fonctionnement de l'Etat, ainsi que l'exploitation des ressources agricoles et minières. La coalition dominante coloniale développa des ports pour accueillir plus de navires à vapeur, notamment avec la création en 1868 de la *British and African Steam Navigation Company* qui rejoignit l'*African Shipping Company* dans la desserte du Nigeria, puis la *Royal Niger Company* à partir de 1886 dédiée à la desserte de l'intérieur du pays.

Les premiers rails furent posés à partir de 1898. Les services postaux furent installés en 1886. Les bases et registres statistiques se développèrent à partir de 1862 avec le *Lagos Blues Book.* La monnaie britannique fut rendue cours légal en 1880, et les monnaies locales interdites à partir de 1902. Le système fiscal colonial formellement installé dans le nord en 1906 aux termes de la *Native Revenue Proclamation* fut progressivement instauré sur tout le territoire (notamment à partir de 1916 chez les Yoruba à l'ouest) pour mobiliser la rente économique et financer les infrastructures de développement économique. Dans le système bancaire, la première banque commerciale à s'installer fut britannique, l'*African Banking Corporation*, en 1891.

2.2. Essor du commerce extérieur à partir de Lagos

Le développement des exportations profita de deux institutions majeures : i) l'ouverture des voies maritimes vers le Nigeria avec les navires à vapeur qui causa un afflux des commerçants britanniques ii) le *Limited Liability Act* de 1862 qui exigeait peu de choses pour la création d'une compagnie de négoce (juste un Mémorandum d'Association signé de sept personnes et quelques frais d'enregistrement). De nombreuses compagnies dominaient le commerce import-export : *The River Niger Navigation & Trading Company, The Company of African Merchants, The Anglo-African Company, The African Merchants of Bristol, The Merchants of London-Liverpool*, etc. La plus grande et la plus influente, appartenant à Sir Goldie, *The United African Company*, deviendra la *Royal Niger Company (RNC).*

Figure 3 : Commerce extérieur de Lagos de 1865 à 1899

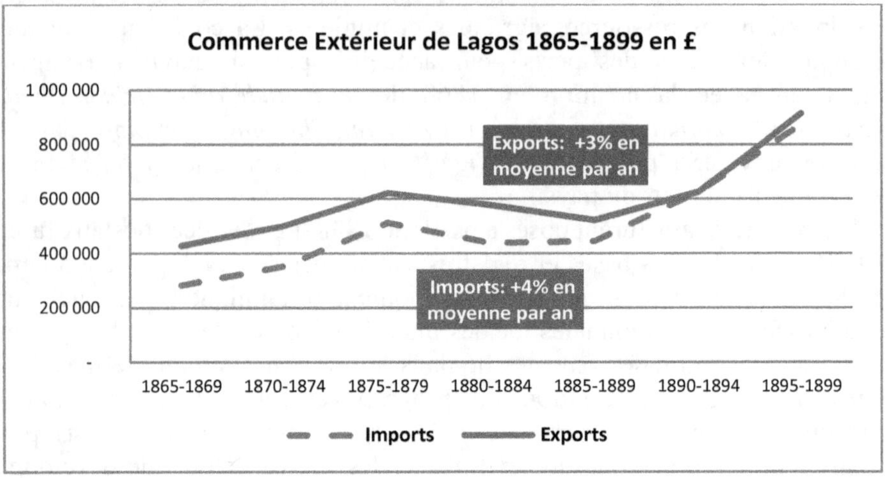

D'après données Ekundare (1973 :93).

Le commerce extérieur s'intensifia en suivant la forte demande des produits nigérians en Europe, atteignant 873 000 £ en importations et 914 000 £ en exportations en 1899 (Ekundare, 1973 :93). L'huile de palme représentait les trois-quarts des recettes d'exportations. Le Nigeria n'apparut pas suffisamment riche en produits minéraux pour justifier des investissements massifs dans ce secteur. Toutefois, des mines de charbon furent ouvertes au sud-est, à Enugu, en 1916 mais principalement pour alimenter l'industrie ferroviaire qui fonctionnait depuis 1900 avec la ligne Lagos-Ibadan. L'étain fut le principal minerai exporté, à partir de Bauchi et du Plateau. L'or, le diamant, l'argent et le plomb furent aussi découverts mais en quantités et qualités moindres.

La coalition dominante coloniale dominait les populations locales sur les plans politique et économique, de sorte que toute tentative d'ouverture des accès était à ce moment-là vouée à l'échec. Nous montrons dans la sous-section 3 suivante comment cette asymétrie de pouvoir a fait échouer une tentative du peuple Brass (non-élites) de provoquer l'ouverture des accès face à la coalition dominante coloniale.

3. LES ELITES ET LA COALITION DOMINANTE COLONIALES SONT PREPONDERANTES A CE STADE

Cette première étude de cas montre comment une tentative du peuple Brass opposé à la fermeture des accès économiques par la coalition dominante coloniale s'est terminée en bain de sang. La coalition dominante coloniale a verrouillé les accès et raffermi son emprise sur les ressources locales auparavant exploitées par les Brass. Cet affrontement montre le risque de prédation dans les interactions et négociations en cas de forte asymétrie de pouvoir entre les protagonistes.

Dans le cas analysé dans cette sous-section[82], la pression exercée par les non-élites (peuple Brass) sur les élites (coalition dominante coloniale) pour obtenir l'ouverture des accès politico-économiques se solde par un échec. Nous soutenons que le peuple est écrasé parce que les non-élites ne sont pas en mesure d'opposer une résistance crédible et durable face aux élites. L'asymétrie de pouvoir manifeste entre les élites et les non-élites met les premiers en position de dominer les seconds et d'entretenir leurs rentes. Dans ces conditions, la thèse de NWW sur la prépondérance des élites dans la transition est corroborée, mais dans les conditions où les rentes des élites sont maintenues et protégées, et les accès restent fermés.

3.1. Le peuple Brass est écrasé par la coalition dominante coloniale

La licence d'exploitation des zones traversées par le fleuve Niger et d'une partie de la Bénoué fut attribuée en 1886 à la société *Royal Niger Company* (RNC) de Sir George Goldie par l'administration coloniale britannique. La coalition dominante à ce moment-là comprend les membres du Secrétariat d'Etat britannique aux Colonies à la tête duquel officie le Secrétaire d'Etat comme chef de la coalition, les représentants au Nigeria de l'administration coloniale (consuls et officiers de districts), les marchands Britanniques, la RNC, les missionnaires britanniques, et dans une certaine mesure les chefs traditionnels locaux collaborateurs directs de l'administration coloniale. Les non-élites sont les populations locales, membres des différentes communautés, les coalitions traditionnelles originelles ayant été remplacées par la coalition dominante coloniale.

Basée à Akassa dans le Delta du Niger, la RNC pouvait exploiter le fleuve, lever des taxes, conclure des traités avec les communautés riveraines, préserver l'ordre, contrôler le commerce (dans les limites de l'Acte de la Conférence de Berlin de 1984-1985 sur l'Afrique de l'Ouest qui interdisait les monopoles), protéger le territoire mais en évitant d'outrepasser les lois locales ou de s'approprier les biens privés sans compensation, et éventuellement acquérir d'autres droits par traité sous réserve de validation par le Secrétaire d'Etat aux colonies (Udoma, 1994 :24)[83]. Une fois que la licence fut accordée à la RNC, Sir Goldie engagea une intense opération d'expansion afin de

---

[82] Les données historiques de cette étude de cas sont issues principalement de Udoma U., 1994, *History and the Law of the Constitution of Nigeria*. Malthouse Press Ltd. De la page 22 à la page 31.

[83] Udoma U., 1994, *Op. cit.* p.24.

couvrir l'ensemble du vaste territoire. Il perçut la licence comme une autorisation d'agir en supposant acquise la bénédiction du parlement britannique. Il s'adjoignit les services de l'armée dans ses expéditions commerciales et conclut des traités avec plus de 400 chefs de communautés locales le long du Niger et de la Bénoué, éliminant au passage du marché des entrepreneurs locaux historiquement installés.

Basés sur l'estuaire du Niger mais à l'extérieur du territoire couvert par la RNC, les Brass étaient à l'époque un peuple de grands négociants d'huile de palme et nombre d'entre eux intervenaient comme intermédiaires exclusifs entre les acheteurs sur la côte et les producteurs du Delta, les eaux de l'estuaire étant plus navigables que celles d'Akassa. Par un traité spécial de 1856, les marchands Anglais avaient auparavant conclu avec les commerçants Brass un accord sur des commissions que devaient verser les premiers aux seconds. Ceci étant, le traité spécial n'avait jamais été appliqué. En 1894, le traité fut tout de même renouvelé par le Consul Hewett, qui persuada ainsi le peuple Brass de refuser une offre de protection du gouvernement Français établi au Bénin voisin.

Les Brass se montrèrent hostiles à l'expansion de la RNC qu'ils perçurent comme une démarche destinée à les déposséder de leur unique moyen de subsistance. Ils n'avaient jamais été de bons agriculteurs, mais des pêcheurs et commerçants réputés, et la coalition dominante coloniale cherchait à les exclure de l'accès à leur principale activité économique. Ils auraient désormais à payer chèrement une licence auprès de la RNC pour poursuivre leurs activités commerciales historiques. Les Brass s'y opposèrent énergiquement. Alors, la RNC déploya dans la région des patrouilles mobiles de police militaire. Celles-ci saisissaient régulièrement les biens des Brass, détruisaient leurs pirogues, et exécutaient sommairement les plus résistants. Des femmes se plaignaient d'avoir été malmenées, molestées et déshabillées publiquement par des employés de la RNC. Excédé par les exactions de la RNC, le peuple Brass se révolta violemment fin 1894, attaqua et mit en flammes le siège de la RNC à Akassa, dans un acte de sursaut qui reste dans l'histoire de ce peuple comme un mouvement majeur d'insurrection contre l'autorité coloniale.

Au sein de la coalition dominante coloniale, le Consul Général britannique Claude McDonald avait lui-même vigoureusement protesté contre le monopole croissant de la RNC mais la réaction du gouvernement Britannique n'avait été ni diligente ni même favorable. En représailles contre le peuple Brass, et contre toute attente, le gouvernement envoya quatre bâtiments de guerre sous le commandement du vice-Amiral Frederic Bedford, et les villes de Nembe (capitale des Brass), de Twon et de Fish Town furent rasées, la plupart des villages environnants incendiés, et l'ensemble des pirogues de guerre des Brass saisies. En plus de cette expédition punitive, le gouvernement maintint l'obligation faite aux Brass de payer une licence d'exploitation pour l'exercice du commerce sur leurs marchés.

En mai 1895, une commission d'enquête fut instituée par le gouvernement Britannique pour faire la lumière sur ces événements. Le rapport confirma le caractère injuste de la licence imposée aux Brass mais conclut surtout que tout cela était arrivé parce que le territoire d'exploitation de la RNC n'avait pas été correctement délimité par le gouvernement et aurait dû inclure les Brass dès l'origine. Aucune compensation ne fut recommandée pour le peuple Brass. Au sein de la coalition dominante coloniale, seule la Chambre de commerce de Liverpool, historiquement engagée dans la défense des droits des populations locales, critiqua le gouvernement britannique et la RNC. Elle lança même une pétition en 1893 mais qui fut largement ignorée jusqu'à l'arrivée de Joseph Chamberlain au Secrétariat d'Etat aux Colonies en 1899. En relisant cette pétition, et en suivant le soulèvement des populations de Lagos, Chamberlain prononça en définitive la révocation de la charte de la RNC en 1899, et mais reprit au compte du gouvernement Britannique l'ensemble de ses activités.

3.2. Pas d'ouverture des accès : asymétrie de pouvoir favorable à la coalition dominante

Ce cas montre que la coalition dominante coloniale est restée de bout en bout maître du jeu de pouvoirs. Bien qu'elle ait subi des pertes matérielles et l'humiliation de la part des non-élites (peuple Brass) insurgées, elle a eu tout le loisir de réprimer de manière sanglante les citoyens afin de conserver ses rentes et privilèges. Au final, l'ambition de la coalition dominante de contrôler et limiter l'accès des non-élites aux activités économiques et politiques fut couronnée de succès. Même si la charte de la RNC fut révoquée, la coalition dominante britannique dans son ensemble conserva ou augmenta ses rentes :

- Économiques : en raison de la poursuite par l'administration coloniale des activités économiques engagées par la RNC, et de la confirmation de la licence imposée aux Brass.
- Politiques : puisque les Britanniques confortèrent leur pouvoir politique sur les peuples locaux grâce à la supériorité militaire dont ils firent preuve. Les Brass n'avaient pas voix au chapitre et demeurèrent exclus du processus de décision.

Ce cas montre que la coalition dominante coloniale a réussi à bloquer l'ouverture de l'accès aux non-élites Brass. Il illustre le fait que dans un Etat naturel, l'ouverture ne découle pas toujours de la définition de droits de propriété des élites. Ces droits étaient clairement définis dans le cas d'espèces. Les Brass savaient à quoi s'en tenir, la coalition dominante britannique aussi : dans la charte attribuée à la RNC, le territoire Brass était en dehors de la compétence de la RNC et n'aurait jamais dû être annexé conformément au droit colonial. L'administration coloniale aurait enfin dû donner raison aux Brass et les dédommager en conséquence. On voit bien que les règles formelles de droit et les droits de propriété ont beau être clairement définis, la partie qui dispose du pouvoir de fait peut en faire impunément abstraction et décider de ne pas s'y soumettre, en raison de l'importance de son pouvoir de négociation.

NWW pourraient répondre que cela est tout à fait compatible avec leur cadre conceptuel dans la mesure où le Nigeria à cette époque n'avait pas amorcé les conditions liminaires de la transition vers l'ordre d'accès ouvert qui incluent l'Etat de droit parmi les élites. Nous avançons ici deux arguments contraires. En premier lieu, si NWW avaient raison, l'ordre d'accès ouvert qu'est le Royaume Uni qui avait déjà accompli sa transition et qui administrait le territoire nigérian aurait dû appliquer les règles de l'Etat de droit au bénéfice des populations locales en respectant les droits de propriété des Brass. En second lieu, nous soulignons qu'en privilégiant les interactions élitaires, NWW négligent les interactions entre élites et non élites, qui participent aussi au processus d'instauration de l'Etat de droit au sein d'un Etat naturel. Dans ces interactions, le rapport de forces à chaque instant régule la légitimité des comportements. Dans le cas présent, c'est le rapport de forces favorable à la RNC qui l'a motivée à aller au-delà du territoire qui lui avait été attribué dans sa charte, et c'est le rapport de forces favorable à l'administration coloniale dans son ensemble qui l'a par la suite motivée à engager l'expédition punitive contre les Brass, et à faire basculer le résultat de la confrontation en faveur de la coalition dominante.

L'issue n'a pas été favorable à l'ouverture des accès mais à l'exclusion des non-élites. L'option de la répression présentait l'avantage d'augmenter à coût raisonnable les opportunités de rentes des élites. Dès lors, la transformation des privilèges de la coalition dominante en droits avancée par NWW n'est pas une hypothèse réaliste face aux velléités des acteurs disposant d'importants pouvoirs de négociation. La variable décisive est le pouvoir réel de négociation des acteurs, qui résulte de la dynamique des rapports de forces entre les protagonistes.

Au chapitre 3 suivant, nous verrons que la thèse de NWW sur le rôle prépondérant des élites est encore moins pertinente, car la dynamique des rapports de forces fera basculer le pouvoir en faveur des non-élites puisqu'elles seront parvenues à se structurer et à augmenter leur pouvoir de négociation. Nous verrons qu'au fur et à mesure que les non-élites acquièrent du pouvoir, elles provoquent l'ouverture des accès politico-économiques et poussent ainsi les élites à opérer malgré elles la transition institutionnelle.

Chapitre 3
LES ELITES SONT CONTRAINTES D'OUVRIR LES ACCES POLITIQUES ET ECONOMIQUES ENTRE 1914 ET 1960

L'histoire du Nigeria d'après 1914 diffère de celle d'avant par l'émergence des mouvements non-élitaires qui contraignent les élites à ouvrir les accès aux rentes, et ce jusqu'à l'ouverture complète, au moins sur le plan politique, à l'indépendance en 1960.

La période qui va de 1914 à 1945 est celle qui voit les organisations non-élitaires foisonner et défier de plus en plus la coalition dominante coloniale. Ces organisations ne gagnent pas toutes leurs batailles contre les élites mais le mouvement d'ensemble va finir par réduire l'asymétrie de pouvoirs et imposer des réformes tendant à ouvrir les accès politico-économiques à de plus en plus de Nigérians. Nous décrivons cette dynamique dans la section A, et illustrons ces batailles par la deuxième étude du cas qui aura marqué l'histoire de la lutte anticoloniale au Nigeria, le mouvement des femmes d'Abeokuta.

Dans la section B, nous poursuivons l'analyse de l'ouverture des accès aux non-élites (création de partis politiques et instauration de la compétition politique) après 1945 qui va déboucher sur l'indépendance du Nigeria, c'est-à-dire le transfert du pouvoir politique de la coalition dominante coloniale à une coalition désormais nigériane.

Fort de ces analyses, nous soutiendrons à la section C que l'ouverture des accès est une fonction de la dynamique du rapport de forces entre élites et non-élites. A ce titre, nous montrerons en quoi l'approche de NWW n'est pas pertinente pour expliquer la transition observée depuis 1914, et que celle d'Acemoglu et Robinson, qui souligne l'importance du rapport de forces entre élites et non élites, est empiriquement vérifiée. Nous concluons cette section en postulant un principe du triple équilibre, qui prolonge le principe du double équilibre secteur public-secteur privé de NWW, pour souligner l'importance d'une troisième force, la société civile. Telle que nous la concevons, la société civile a la propriété de canaliser les forces non-élitaires en vue de servir de catalyseur à l'élimination des rentes politico-économiques aussi bien dans le secteur privé que dans le secteur public.

A. 1914-1945 : OUVERTURE DES ACCES POLITIQUES ET ECONOMIQUES – EMERGENCE DES NON-ELITES

Entre 1914 et 1945, le jeune Etat du Nigeria, Etat naturel fragile, va évoluer vers un Etat naturel primaire, sous la houlette de la coalition dominante coloniale. A la création de l'Etat, le territoire n'est pas encore pacifié par l'armée coloniale, il est morcelé entre les Protectorats qui en ont été à l'origine, chacun conservant son mode de fonctionnement. Ce qui change véritablement c'est d'abord l'unification de la comptabilité publique, mais l'unification sociale et politique demeure un défi que les non-élites vont contraindre les élites à accélérer.

La coalition dominante coloniale va initier la rédaction d'une Constitution dès 1922, transposant ainsi au Nigeria une pratique des ordres d'accès ouvert car comme le rappellent NWW « Tous les ordres d'accès ouvert disposent d'une Constitution, soutenue par des institutions et des systèmes d'incitations » (p.179). La compétition politique que cette Constitution va instaurer est dans un premier temps ouverte aux seules élites coloniales, avant d'être progressivement élargie aux élites nigérianes, ce qui va favoriser le développement d'organisations politiques (sous-section 1). Dans le champ économique, l'émergence d'une classe moyenne locale et le développement agricole vont s'accompagner du développement d'organisations économiques de plus en plus complexes (sous-section 2). Contrairement à ce que soutiennent NWW, cette ouverture des accès politiques et économiques ne tient pas à la volonté des élites qui auraient transformé leurs privilèges en droits avant d'ouvrir les accès. Elle tient à la pression exercée par les non-élites qui a rendu l'ouverture des accès inéluctable, souvent dans des conditions défavorables aux élites. Nous le verrons à travers le récit du mouvement des femmes d'Abeokuta (sous-section 3).

La stabilité politique et la multiplication des organisations politiques et économiques vont engager le Nigeria sur la trajectoire d'un Etat naturel primaire.

1. DEVELOPPEMENT D'ORGANISATIONS POLITIQUES D'ABORD RESERVEES AUX ELITES COLONIALES

Le développement politique du Nigeria s'amorce avec la transplantation par la coalition dominante coloniale des organisations et institutions de l'ordre d'accès ouvert britannique. L'accès aux organisations est d'abord exclusivement réservé aux élites coloniales.

1.1. Vers l'ouverture de l'accès politique aux populations nigérianes

Entre 1914 et 1920, le *West African National Congress* basé en Gold Coast (Ghana) et constitué de la classe moyenne montante dénonça régulièrement l'inefficacité du Conseil Législatif et organisa l'opposition contre le gouvernement colonial, ce qui aboutit à la Constitution Clifford de 1922, du nom du Gouverneur du Nigeria d'alors. Pour la première fois en Afrique sous colonisation britannique, de premiers représentants locaux (quatre) furent élus au sein du Conseil Législatif (Crowder, 1962 :228)[84]. Toutefois, ces mouvements demeurèrent assez localisés, sans cohérence à l'échelle nationale, le nord par exemple restant géré directement par le *Governor-in-Council.*

La grande dépression de 1929 entraîna une chute des exportations et un ralentissement de l'économie nigériane, ce qui poussa les populations locales à la révolte contre l'administration coloniale. L'une des plus célèbres révoltes fut l'*Aba Riots* (dénommée 'guerre des femmes' par les Igbo qui vit à partir de 1928 les femmes Igbo au sud-est s'opposer au projet colonial d'imposer fiscalement les femmes. Nous reviendrons sur cet important feuilleton de l'histoire du Nigeria dans la sous-section 3 pour analyser le rôle des non-élites.

[84] Crowder M., 1962, *The Story of Nigeria*, Faber, London

Tableau 14 : Description du Nigeria de 1914 à 1922

NIGERIA	Forme et Etendue	Chef de la coalition dominante	Organisations élitaires politiques et économiques	Activités économiques majeures
De 1914 à 1922	Colonie du Nigeria	Gouvernement britannique Gouverneur Général du Nigeria	Nigerian Council avec pouvoir consultatif remplacé en 1922 par un Conseil Législatif Native Courts Organisations économiques comme African United Cie (Unilever), Ropp Tin, The Naraguta Company Organisations politiques comme le West African National Congress	Agriculture : palmier à huile, coton, cacao, noix de palme, arachides
Colonie de Lagos (1861-1922)	Colonie de Lagos	Gouvernement Britannique Gouverneur de Lagos	Conseil Législatif Advisory Council Organisations économiques comme African United Cie (Unilever), Ropp Tin, The Naraguta Company Organisations politiques comme le West African National Congress	Agriculture : palmier à huile, coton, cacao, noix de palme, arachides

1.2. Développement d'organisations politiques hors de la coalition dominante

A partir des années 1920, on assista à une multiplication d'organisations syndicales ou culturelles, destinées à fédérer des mouvements issus de la classe moyenne scolarisée au Nigeria et en Afrique de l'ouest autour d'idéaux nationalistes. Toutefois, il n'existait pas encore de conscience nationale nigériane. Plusieurs regroupements étaient contre l'aliénation économique et culturelle coloniale et pour l'autodétermination, mais la plupart luttaient davantage pour l'amélioration des rapports avec l'administration coloniale, et souvent sur une base ethnique.

Le *National Congress of British West Africa* fut créée en 1920 en Gold Coast (actuel Ghana) pour regrouper des nationalistes Africains. Le Nigérian Ladipo Solanke créa la *West African Student's Union* au Royaume Uni en 1925 et ouvrit des branches au Nigeria et en Afrique l'ouest dans les années 1930. Le *Southern Nigeria Civil Service Union* établi dès 1912 devint le *Nigerian Civil Servant's Union* à la suite de l'unification en 1914. La *Nigerian Union of Teachers* créée en 1931 devint le principal syndicat du pays. La *Mechanics' Union of Railway* se montra suffisamment forte et représentative pour régulièrement réussir à faire plier le gouvernement colonial. Nous y reviendrons au chapitre 4 pour montrer l'augmentation du pouvoir politique des non-élites grâce à la chaîne de valeur charbon-rail-industrie.

Par ailleurs, les mouvements coopératifs se multiplièrent pour défendre les métiers et notamment la production agricole : en 1947, on comptait 692 coopératives au Nigeria et 3 380 en 1959 (Ekundare, 1973 :378)[85]. La *Lagos Women's League* créée en 1936 œuvrait pour la suppression d'impôts et taxes injustes de l'administration coloniale, notamment ceux qui pesaient sur les femmes et leurs activités, et Olufunmilayo Ransome-Kuti créa l'*Abeokuta Ladies' Club* en 1944 qui fut si célèbre contre les atteintes aux droits des femmes que le mouvement gagna l'ensemble du Nigeria (Mba, 1982)[86], devenant en 1949 la *Nigerian Women's Union* qui apparut comme le plus grand mouvement nationaliste des années 1950, avec pour base Lagos (nous y reviendrons à la sous-section 3). Lagos devint naturellement la capitale du nationalisme nigérian d'où s'étaient développés les mouvements les plus influents. Herbert Macauley et ses compagnons avaient dominé le Conseil Législatif de Lagos et la scène politique avec leur parti, le *Nigeria National Democratic Party,* depuis les années 1920. Mais dès 1934, le mouvement des jeunes, le *Lagos Youth Movement* commença à s'imposer. Il se transforma en 1936 en *Nigerian Youth Movement* (NYM), puis devint le premier mouvement nationaliste pan-nigérian de l'histoire à la suite de sa victoire aux législatives de 1938 face à Macauley. Il établit des branches à travers le pays, recruta plus de 10 000 membres et institua le journal *The Daily Service* devenu célèbre par l'ampleur de son audience.

Toutes ces organisations de plus en plus complexes se développèrent dans le sillage de la grande dépression qui avait vu les exportations nigérianes chuter de 17M£ en 1929 à 9,7M£ en 1938 (Crowder, 1962 : 235)[87] et pendant la seconde guerre mondiale. Afin de diversifier les sources de rentes, le gouvernement Britannique entreprit d'explorer le pétrole et accorda une licence à la *Royal Dutch Company* qui démarra ses travaux de recherche au Nigeria en 1937 sous le nom de la joint-venture Shell d'Arcy. L'extraversion de l'économie nigériane entraîna une grande pauvreté qui toucha en premier lieu les travailleurs salariés tandis que la main d'œuvre productive diminua drastiquement, du fait de l'effort de guerre que les populations nigérianes furent amenées à fournir en engageant les plus robustes dans la seconde guerre mondiale en soutien à la coalition dominante coloniale.

Après la guerre, une grande grève organisée par 17 syndicats regroupant plus de 30 000 membres secoua la coalition dominante coloniale en exigeant l'augmentation des salaires et leur alignement sur le coût de la vie qui avait considérablement augmenté. La mobilisation fut un immense succès, et fut soutenue par Nnamdi Azikiwe, un jeune journaliste et son organisation, le *National Council of Nigeria and Cameroons* (NCNC) fondé en 1944 après

[85] Ekundare R.O., 1973, Op. cit. p.378.

[86] Mba N. E., 1982, *Nigerian Women Mobilized : Women's Political Activity in Southern Nigeria,* 1900-1965, Berkeley

[87] Crowder M., 1962. *Op. cit.* p.235.

qu'il eut quitté la NYM en 1941 (Nous reviendrons sur les conditions de ce départ au chapitre 5, section C). Le succès de la manifestation rassura les Nigérians quant à leur capacité à se mobiliser contre le gouvernement colonial au-delà de leurs appartenances ethniques. La branche militante de la NCNC fut fondée en 1946 avec comme leitmotiv l'élimination du pouvoir colonial par tous les moyens, y compris par le socialisme.

Le gouvernement britannique d'après-guerre de 1945 à 1951, mené par Clément Attlee du *Labour Party* se montra plus ouvert à l'agenda des nationalistes, surtout que l'Inde était déjà en train de réaliser son indépendance. En 1939, il y avait seulement 23 Nigérians dans la haute administration coloniale, mais ils furent plus de 2 600 en 1960, et étaient majoritairement des nationalistes, qui deviendront à l'indépendance les leaders de la nouvelle coalition dominante du Nigeria.

Tableau 15 : Description du Nigeria de 1922 à 1945

	Forme et Etendue	Chef de la coalition dominante	Organisations élitaires ou élites constitutives	Activités économiques majeures
Le Nigeria de 1922 à 1945	Colonie du Nigeria	Gouvernement britannique Gouverneur Général colonial britannique Governor-in-Council	Executive Council Legislative Council Kano Chamber of Commerce Warrant Chiefs - Native Courts Organisations économiques comme Shell D'Arcy (Royal Dutch Shell) Autres organisations comme Nigerian Union of Teachers en 1931 - Nigerian Youth Movement (NYM) en 1936 - Lagos Women's League en 1936 - Mechanics' Union of Railway – 692 coopératives en 1947	Commerce Agriculture : palmier à huile, coton, cacao, noix de palme, arachides

2. DEVELOPPEMENT DES ORGANISATIONS ET ACTIVITES ECONOMIQUES

En parallèle du développement politique, la sphère économique se structure également avec l'instauration de la fiscalité directe, et la démultiplication des organisations économiques qui diversifient les revenus de l'Etat en s'appuyant sur le secteur agricole.

Le *Colonial Mineral Ordinance* de 1914 attribue à la Couronne Britannique la propriété des ressources minières (dont les gisements de pétrole) et l'exclusivité des futures licences d'exploration aux entreprises britanniques.

2.1. Diversification des revenus de l'Etat

Après l'unification des deux Protectorats du nord et du sud qui donna lieu au Nigeria en 1914, l'administration coloniale chercha à diversifier les revenus de l'Etat.

Les dépenses de l'administration coloniale correspondant aux coûts d'installation des systèmes administratifs représentèrent pendant cette période jusqu'à 40% de l'ensemble des dépenses du pays, limitant d'autant les investissements pour le développement économique. Le *Colonial Development Fund for Nigeria* approuvé en 1932 s'éleva à 170 370£ pour financer la construction du réseau ferroviaire et l'extension des services de santé[88], mais le plan était largement en deçà des défis. Le *Colonial Development and Welfare Act de 1940*[89] donna le pouvoir au Secrétaire d'Etat Britannique aux Colonies et au Trésor, d'organiser le développement économique dans les colonies afin qu'elles ne dépendent plus des subventions britanniques. La loi prescrivit un budget de 5M£ par an pour les programmes et autant pour la recherche pour la décennie 1941-1945. Plusieurs projets furent lancés dans les transports et communications (route, rail, eau, air, poste), les services de santé, la recherche sur la mouche tsé-tsé et la peste bovine, l'irrigation, les études géologiques, et l'agriculture.

En 1930, la contribution des recettes douanières au budget du Nigeria était de 56% et celle des impôts directs représentait 14% (cf. figure 4). En 1945, la part des douanes avait chuté de 10 points, et celle des impôts directs avait augmenté de 5 points, au rythme de 6% par an. La diversification des sources de revenus était en marche, et l'agriculture prenait une part grandissante dans l'économie avec le développement des principales cultures d'exportation.

---

[88] *An Economic Survey of the Colonial Empire*, 1932, Col. N°95.
[89] *The United Kingdom Colonial Development and Welfare Acts*, COI, RFP 3400, Aug.1956.

Figure 4 : Budget du Nigeria de 1930 à 1945

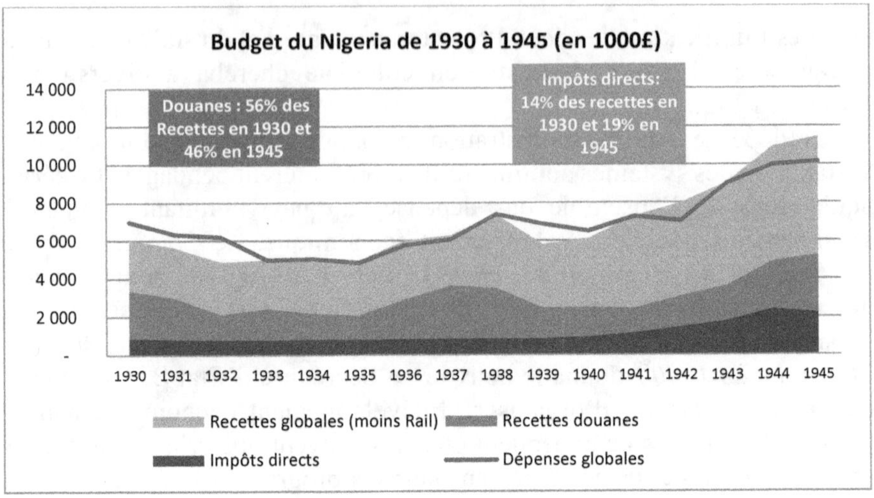

Auteur, d'après Reports on the Accounts and Finances, 1935-1936 to 1938-1939, Lagos Government Printer, and Annual Report, Nigeria, 1945-1946, HMSO.

2.2. Poussée des exportations agricoles

En 1919, avec 10,8M£ en exportations vers et 14,7M£ en importations depuis la Grande Bretagne, le Nigeria représente un tiers des échanges commerciaux britanniques avec l'Afrique et la moitié avec l'Afrique de l'ouest (Lugard, 1965 :45)[90].

Le *West African Institute of Oil Palm Research* fut établi à Bénin City au Nigeria en 1939, financé par le gouvernement Britannique. Les techniques de production agricole étaient restées largement primitives du fait du manque de soutien financier aux agriculteurs. L'implantation d'institutions de formation et de recherche agricole à partir des années 1920 et un appui aux coopératives et associations particulièrement actives dans le sud avaient permis le développement spectaculaire des principales productions agricoles d'exportation : caoutchouc, bois, cacao, huile de palme, coton, arachides (cf. figure 5).

[90] Lugard F., 1965, *The Dual Mandate in British Tropical Africa*, 5e Ed., p.45, Frank Cass & Co. Ltd.

Figure 5 : Exportations de produits agricoles du Nigeria entre 1900 et 1944

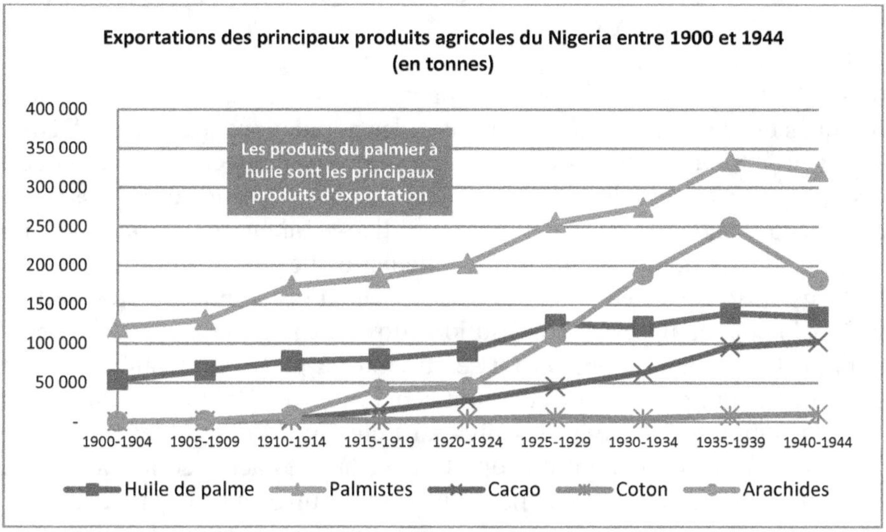

D'après Ekundare (1973 :166-172)

Les exportations de produits agricoles ont régulièrement progressé au cours de la première moitié du 20e siècle. Le cacao, le coton et les arachides en particulier ont connu des taux de croissance annuels moyens de plus de 10% sur cette période.

3. ROLE DES NON-ELITES DANS LA TRANSITION : LA COALITION DOMINANTE COLONIALE ET LES FEMMES D'ABEOKUTA

Cette sous-section est destinée à montrer que le processus de transition ne peut être maîtrisé de bout en bout par les élites qu'à la condition que les non-élites ne soient en mesure de s'organiser pour exiger des élites l'ouverture des accès.

Dans la mesure où les élites tiennent en général à conserver leurs rentes et privilèges, l'ouverture des accès politico-économiques dépend exclusivement d'elles (cf. NWW), ceci tant que le rapport de forces est systématiquement à leur avantage. Lorsque dans la dynamique des interactions, le rapport de forces bascule en faveur des non-élites, comme nous le verrons dans cette seconde étude de cas[91] où les non-élites arrivent à construire un pouvoir de négociation susceptible de défier celui des élites de manière crédible et durable, les élites peuvent concéder une ouverture des accès malgré elles, en perdant au change (cf. AR).

C'est plus largement ce qui a été observé au Nigeria à partir du début du 20e siècle lorsque la coalition dominante a commencé à ouvrir les accès politiques et économiques aux non-élites, les populations nigérianes. Dans ce second cas[92], les non-élites s'organisent progressivement et se structurent afin de se poser en groupe de pression efficace contre les élites qui finissent par céder en ouvrant les accès aux activités politico-économiques, notamment aux femmes, à l'échelle locale puis à l'échelle nationale.

Nous partons de l'émergence du mouvement des femmes d'Abeokuta en 1923 (3.1) pour analyser la mobilisation citoyenne pour les droits des femmes et contre la fiscalité coloniale qui se structure à partir du début des années 1940 (3.2) et qui débouche à Abeokuta en 1948 avec l'obtention du droit de vote des femmes (3.3), qui sera plus tard étendu à l'ensemble des femmes nigérianes (3.4). Nous montrons que l'ouverture des accès se fait malgré les élites qui, sous la pression des non-élites, sont obligées d'ouvrir les accès, à défaut de quoi l'instabilité sociale est susceptible de rendre plus couteuse, voire parfois impossible, l'exploitation des rentes élitaires (3.5).

3.1. Emergence du mouvement des femmes à Abeokuta

A la suite de la création du Nigeria en 1914, un nouveau système de fiscalité directe fut élaboré par l'administration coloniale britannique à partir de 1917, en droite ligne avec la philosophie coloniale qui voulait que chaque colonie supporte le coût de son administration et de son développement. Plus tard, la Constitution Clifford de 1922 consacra l'exclusion des femmes du droit de vote et ne le réserva d'ailleurs qu'aux hommes nantis. Dès le départ, il y eut des protestations contre l'imposition des femmes. L'une des plus célèbres révoltes fut *l'Aba Riots* (dénommée 'guerre des femmes' par les Igbo) en 1928 (Falola, 2009 :108)[93]. Il y eut destruction d'usines et de locaux de l'administration coloniale en signe de protestation contre les Britanniques, et les chefs traditionnels certifiés (*Warrant Chiefs*), considérés comme leurs suppôts. Le résultat ne fut pas la suppression du nouveau régime fiscal mais plutôt la reconnaissance de l'illégitimité du système de *Warrant Chiefs* et l'alignement de l'organisation administrative coloniale sur les systèmes traditionnels antérieurs à la colonisation. C'est véritablement avec le combat

---

[91] Le premier cas était celui du peuple Brass au chapitre précédent.

[92] Ce second cas est tiré principalement de Johnson O. C. and Mba N. E., 1997, *For Women and the Nation: Funmilayo Ransome-Kuti of Nigeria*. University of Illinois Press. Chapitres 2, 4 et 5.

[93] Falola T., 2009, *Colonialism and Violence in Nigeria*. Indiana University Press. Chap.5 : Gendered Violence (p.108-130).

des femmes d'Abeokuta que les femmes vont obtenir l'ouverture des accès politiques et économiques.

Les femmes étaient imposées dès l'âge de 15 ans contre 16 ans pour les hommes. En plus, elles étaient taxées séparément de leurs maris, qu'elles aient des revenus ou non, selon un taux fixe, et ce en plus d'autres prélèvements comme la taxe sur l'eau, les prélèvements en nature sous forme de quotas de produits alimentaires destinés à l'administration, ou la taxe destinée à financer l'administration pour personnes locales (*Sole Native Administration* ou SNA). Les femmes considéraient ce système fiscal non seulement importé et illégitime, mais en plus injuste et excessif, et jugeaient les modes de prélèvement inhumains et dégradants puisque les femmes, surtout les plus pauvres, pouvaient être déshabillées par les agents fiscaux pour déterminer leur âge, et pouvaient être emprisonnées pour non-respect des obligations fiscales. Par ailleurs, en raison de l'administration indirecte (*Indirect Rule*), la collecte était un privilège accordé ou sous-traité aux autorités traditionnelles locales.

A Abeokuta, capitale du peuple Egba[94] fondée en 1825, l'Alake, leur roi, demeurait l'autorité de référence du peuple même si l'extension de l'administration coloniale à partir de 1914 avait considérablement érodé son pouvoir. Dans les années 1930, l'Alake Ademola II fut particulièrement impopulaire, les principaux reproches que le peuple lui faisait étant le traitement réservé aux femmes au sujet des taxes, en application des mesures coloniales. L'*Abeokuta Society of Union and Progress* (ASUP), une organisation citoyenne constituée essentiellement de Nigérians de la classe moyenne, éduqués à l'occidentale, et dirigée par le révérend Israel Oludotun Ransome-Kuti protesta contre l'Alake, proposant la suppression de la taxe sur les femmes, quitte à augmenter la taxe sur les hommes. L'Alake, qui recevait ses instructions des officiels Britanniques résidents, soutint le système au prétexte que la brutalité contre les femmes dans la collecte des taxes était plus efficace que l'alternative qui était l'application d'une amende, bien que les femmes vécussent l'intrusion fiscale comme une dénégation de leur féminité et de leur humanité. En plus, des plaintes affluèrent auprès de l'administration coloniale pour dénoncer la cession illégale sans consultation du peuple des terres de la communauté aux entreprises coloniales par l'Alake. Ce dernier était encouragé par une loi coloniale qui lui avait accordé le droit de centraliser la gestion des terres dans l'intérêt de la coalition dominante.

Le révérend Ransome-Kuti, né en 1891, fils de pasteur anglican, enseignant de Yoruba et de musique européenne à l'école de filles de Lagos, avait été de la première promotion de l'école secondaire d'Abeokuta, et avait poursuivi ses études en Sierra Leone jusqu'en 1914. Lorsqu'il eut son diplôme du Bachelor, il s'envola pour la Grande Bretagne où il obtint une Licence en Théologie à l'Université de Durham puis un Master ainsi qu'un Certificat d'instituteur de première classe. Après avoir été pendant trois ans Maître-

94 Aujourd'hui, Abeokuta est la capitale de l'Etat d'Ogun créé en 1976.

Assistant à l'école secondaire de Lagos, il fut nommé Principal de l'école secondaire d'Ijebu-Ode, près d'Abeokuta. Il épousa Funmilayo en 1925 à Abeokuta[95]. Les deux s'étaient rencontrés en 1912, mais s'étaient régulièrement séparés, en particulier lorsque Funmilayo devait à son tour aller poursuivre ses études en Angleterre. Funmilayo était née en 1900, de parents anglicans de la classe moyenne, qui considéraient l'alphabétisation et l'éducation occidentale comme des moyens par excellence d'ascension sociale.

Lorsqu'elle termina ses études primaires en 1914, son père intervint auprès du staff anglican du *Church Mission Service* (CMS) pour qu'une section fût créée pour les filles. Funmilayo fut donc de la première promotion de filles de l'école secondaire d'Abeokuta. A partir de 1917, elle fut repérée pour encadrer les plus jeunes. En 1919, sa famille l'envoya donc en Angleterre puis après son retour en 1922, elle fut nommée directrice de la section des filles de l'école secondaire d'Abeokuta, enseignant algèbre, dessin, anglais, géométrie et latin. Ainsi, Funmilayo et son époux partageaient la même éducation et le même statut social, croyaient en l'égalité des genres, et ne toléraient pas l'injustice.

Dès 1923, Funmilayo créa un club de jeunes femmes (*Ladies' Club*) composé de filles et femmes à Abeokuta engagées dans l'apprentissage de l'artisanat. Toutes étaient de la classe moyenne et d'éducation occidentale. Après leur mariage en 1925 lorsqu'elle rejoignit son mari à Ijebu-Ode, elle créa un club similaire qui en plus comportait des projets communautaires et civiques. Elle fit de même en 1932 lorsqu'elle se réinstalla à Abeokuta où elle put organiser des pique-niques avec des adolescentes, des événements sportifs, des activités éducatives et de loisirs.

3.2. La mobilisation citoyenne pour les droits des femmes à Abeokuta

En 1940, l'Alake augmenta la taxe sur l'eau, ce qui provoqua un rassemblement immédiat de milliers de personnes autour des résidences de l'Alake et du Représentant résident Britannique. Quand l'Alake sortit pour confirmer l'augmentation, la foule s'enflamma en chœur en Yoruba : « *Awa ko gba !* », c'est-à-dire « Nous ne sommes pas d'accord !». La presse (le *Daily Service* du NYM) en fit un tel écho que l'administration coloniale prit pour la première fois conscience de la capacité de défiance de la population. Au cours des années qui suivirent et alors que les chefs locaux, au premier rang desquels l'Alake, bénéficiaient d'un fort soutien de la part des officiels coloniaux britanniques, plusieurs chefs furent emprisonnés pour détournement des revenus fiscaux.

En 1944, le mouvement des femmes créé par Funmilayo devint *l'Abeokuta Ladies Club* (ALC), étendit ses recrutements aux femmes commerçantes

[95] Ils eurent plusieurs enfants dont le célèbre artiste Fela Kuti, mort en 1997.

qui souffraient le plus de la pression fiscale, et s'engagea résolument sur des thèmes politiques. Dans sa charte, ALC se voulait accompagner l'amélioration de la condition de la femme à Abeokuta, et la sortir de l'illettrisme. La mère du Prix Nobel de Littérature 1986 (Wole Soyinka), Eniola Soyinka, fit d'ailleurs partie des enseignantes de l'école des adultes pour les femmes commerçantes. Suite à la décision de l'administration coloniale de contrôler les prix des produits alimentaires et de sécuriser les quotas dus à l'administration, les commerçantes s'insurgeaient régulièrement et leurs marchandises étaient fréquemment saisies. En 1945, après la saisie opérée auprès des commerçantes de riz, des délégués de l'ALC et de la NUT (*Nigerian Union of Teachers*, dont l'époux de Funmilayo avait été membre fondateur en 1931) allèrent protester auprès de l'Officier de district d'Abeokuta pour exiger l'arrêt des saisies. Plusieurs autres délégations de l'ALC se succédèrent auprès d'autres administrations coloniales sans succès. L'ALC publia en 1945 une tribune dans le *Daily Service* où l'association avertit la coalition dominante coloniale : « Nous, les membres de l'Abeokuta Ladies' Club, au nom de toutes les femmes Egba, en appelons à la presse du Nigeria pour qu'elle aide à attirer l'attention des autorités sur la position [des femmes commerçantes] avant qu'il soit trop tard[96] » (Johnson et Mba ; 1997 : 66).

Les saisies cessèrent à la suite de la parution de cet article. Ce succès boosta les adhésions à l'ALC, et Funmilayo et son équipe se montrèrent encore plus attentives aux souffrances des commerçantes. Plus tard, Funmilayo apprit d'elles que la police, des négociants et des émissaires de l'Alake avaient institué des « ventes conditionnelles ». Ce système imposait aux femmes qui voulaient acheter un article pour la revente d'acheter aussi obligatoirement un autre, probablement un de ceux qui s'écoulaient moins facilement. Par exemple, celles qui voulaient acheter du sucre devaient également acheter des couteaux. Alors qu'elles réalisaient déjà des marges très faibles, elles se plaignirent que la police et les émissaires de l'Alake leur versaient un prix en dessous du prix de marché puis revendaient les mêmes produits plusieurs fois plus chers à l'administration, et même confisquaient leurs marchandises.

Funmilayo comprit qu'elle (et la classe moyenne) avait vécu jusque-là hors du peuple. Elle abandonna symboliquement l'habillement occidental contre les tenues Yoruba qu'elle ne quitta plus. ALC intensifia des actions de protestation contre l'administration coloniale pour l'abolition de la taxation des femmes et en faveur de leur éducation. La pression se focalisa sur l'Alake qui bénéficiait de la protection de l'administration coloniale. Cette dernière considérait toujours que les accusations de despotisme et de mal gouvernance portées contre leur protégé provenaient d'une frange isolée et indisciplinée de

---

[96] Johnson O. C. et Mba N. E., 1997, *For Women and the Nation: Funmilayo Ransome-Kuti of Nigeria*. P.66. University of Illinois Press. (Traduction par l'auteur).

la population. Funmilayo rétorqua que l'Alake était le symbole du colonialisme utilisé par les Européens, et qu'en attaquant ses pratiques, c'est l'impérialisme européen qu'elle visait, ajoutant que dénoncer un roi qui abuse de ses pouvoirs était parfaitement en harmonie avec les traditions Egba.

En 1946, l'ALC devint *l'Abeokuta Women's Union* (AWU), affichant ainsi sa détermination à développer une orientation plus activiste, en s'appuyant sur une base d'à peu près vingt milliers de membres actifs. Funmilayo adopta désormais des positions ouvertement anticolonialistes, même si elle était persuadée que la fin de la colonisation ne résoudrait pas en soi le problème de l'oppression des femmes et que des éléments des traditions Egba mériteraient aussi un toilettage. L'AWU adopta une devise (Unité – Coopération – Solidarité – Démocratie) qui marquait clairement un engagement allant au-delà de l'abolition de la taxation des femmes, et visant l'obtention du droit de vote des femmes, de la représentation des femmes dans les circuits de décision et de l'égalité des genres. Elle alla encore plus loin en s'attaquant à la pratique d'investissement des fonds du Trésor colonial en bourse en Grande Bretagne, fustigeant la dilapidation du patrimoine financier Egba alors que le peuple manquait des biens de première nécessité.

A la place des taxes sur les femmes, AWU proposa l'augmentation des impôts sur les entreprises étrangères, la domestication des royalties sur les carrières exploitées à Abeokuta, et l'augmentation des investissements du gouvernement colonial dans les industries d'Abeokuta. L'AWU fit d'une exigence particulière l'essence de son combat : « Pas de taxation sans représentation ». Elle publia une revue en 1949 qui cita la déclaration d'indépendance américaine, et l'homme d'Etat Britannique Charles James Fox qui admirait les révolutions française et américaine, en soutenant le droit des gouvernés à déposer des gouvernements injustes. L'association se servit des griefs de corruption et d'abus de pouvoir contre l'Alake pour exiger son éviction par les autorités coloniales britanniques : vente de terrains aux compagnies étrangères sans l'avis de la communauté, détournement de fonds de la communauté, soutien au contrôle des prix et des produits alimentaires, corruption aggravée, viol sur des femmes placées sous sa protection et réalisation de profits indus en percevant de l'argent contre cette protection, etc. Les femmes ajoutèrent les insuffisances et défaillances criantes des systèmes d'éducation et de santé.

Un groupe de femmes nommé *Egbe Atunluse* se forma pour s'opposer à l'abdication de l'Alake, et pour faire barrage à l'AWU, mais il ne put s'imposer face à la popularité et au leadership de Funmulayo, ainsi que de son époux qui multiplia lui-même des meetings de soutien de l'action des femmes par les hommes Egba, avec leur organisation la *Majeobaje Society*. En 1946, après l'une des exactions de l'Alake qui venait d'expulser les femmes commerçantes du marché d'Itoku dont il voulait céder le terrain à la compagnie européenne Bata, l'Officier de district Britannique soutint pour une fois les femmes, et les autorisa à réoccuper le terrain. En réponse, l'Alake augmenta le taux des taxes sur les femmes, provoquant d'impressionnantes marches de protestation.

L'Alake tenta d'ébranler le mouvement en invitant toute femme opposée à la taxation par incapacité à payer à venir le rencontrer personnellement pour en discuter, arguant que ce n'était pas une affaire de groupe. En 1946, comme souvent, Funmilayo refusa de payer ses propres taxes en guise de protestation, et cette fois, elle fut traduite en justice. Le procès se tint sous la pression de plusieurs milliers de manifestants la soutenant. Elle plaida non coupable mais fut condamnée à payer 3£. Elle refusa de payer mais dut s'y plier afin d'être autorisée à embarquer avec le *National Council of Nigeria and the Cameroons* (NCNC), le mouvement citoyen de l'activiste Nnamdi Azikiwe, pour Londres où elle avait été invitée à participer à la commission Richards désignée pour rédiger la nouvelle Constitution du Nigeria.

Cette invitation de la coalition dominante apparut comme un privilège destiné à amadouer Funmulayo mais une fois sur place à Londres, elle fit montre d'une grande fermeté vis-à-vis du vote des femmes, bien que sans succès. A son retour, les femmes poursuivirent leur mobilisation et décrétèrent la désobéissance fiscale lors d'une grande manifestation qui rassembla une dizaine de milliers de personnes. Elles allèrent jusqu'à encercler la résidence de l'Alake pour lui demander d'abdiquer et défièrent les autorités Britanniques par des chansons reprises en chœur par la foule. A la suite de cette ultime manifestation où les femmes avaient clairement démontré qu'elles ne renonceraient pas, l'Alake et les autorités coloniales tinrent plusieurs réunions qui débouchèrent sur l'annonce de la suspension de la taxation, pour enquêtes. Mais des femmes arrêtées lors de la manifestation furent emprisonnées pour non-paiement de leurs arriérés. Le mois suivant, le 8 décembre 1947, les femmes organisèrent une autre grande manifestation, qui permit au bout de 48h de libérer celles qui étaient encore détenues. Ceci étant, les jours suivants, le harcèlement et le prélèvement des taxes se poursuivirent, et l'AWU continua à envoyer des pétitions aux journaux, et à interpeller les autorités.

3.3. Dénouement : l'ouverture des accès aux femmes à l'échelle locale

Au début de l'année 1948 et contre toute attente, l'Alake envoya des signaux d'apaisement en annonçant qu'il nommerait deux femmes conseillères au Palais, ainsi que des chefs traditionnels femmes. Mais en fait, c'était un leurre car il ajouta que trouver de bonnes candidates prendrait du temps. En plus, cette sortie surréaliste fut suivie quelques jours plus tard du bannissement de Funmulayo du Palais de sorte qu'elle ne puisse plus y porter la parole des femmes.

Dans la foulée, une réunion fut convoquée au Palais de l'Alake qui adressa une invitation à l'AWU via Funmulayo qui en était la présidente, et l'invitation précisait qu'il était évidemment exclu qu'elle y participe personnellement. Le jour-j, avec d'autres femmes, elle se rendit à la réunion avec pour ambition de négocier avec l'Alake sa participation à la réunion, alors que les officiels Britanniques avaient déjà pris place au Palais. L'Alake conditionna l'admission de Funmulayo à ce qu'elle lui demande officiellement et publiquement pardon, ce qu'elle refusa catégoriquement. Lorsque les officiels Britanniques tentèrent de quitter le Palais, les femmes qui s'étaient massées réagirent spontanément en bloquant les sorties. Les officiels tentèrent à plusieurs reprises de forcer le passage mais les femmes résistèrent physiquement, marquant ainsi symboliquement le renversement du rapport de forces jusque-là favorable à la coalition dominante. La presse en fit un tel écho que la cause des femmes gagna les masses, et obtint un soutien encore plus large des hommes.

Toujours soutenu par les autorités coloniales, l'Alake conditionna une éventuelle suppression de la taxation des femmes à l'acceptation par les hommes de prendre en charge les taxes des femmes, mais les hommes n'en étaient plus à un tel arrangement. Les femmes organisèrent de plus belle des manifestations et conférences de presse, et envoyèrent des lettres et pétitions listant les griefs, et ajoutant notamment que l'Alake les oblige désormais à acheter du sel à prix d'or sur ses propres stocks qu'il aurait acquis auprès de la *United Africa Company*, entretenant ainsi un monopole qui appauvrissait la population. Un jour d'avril 1948, après une marche populaire de cinq heures, Funmulayo reçut une lettre anonyme l'avertissant d'un projet d'assassinat. A la suite de cette ultime marche, l'Alake fut contraint de nommer un comité spécial composé de femmes et d'hommes pour analyser les plaintes de l'AWU. Dans la foulée, il suspendit la taxation des femmes, et en admit quelques-unes au conseil exécutif central du Palais. A la suite de cela, il partit pour Jos, en vacances. En son absence, le conseil des chefs se réunit le 4 juillet 1948, supprima le système du comité exécutif central, démit l'Alake de ses fonctions, l'accusant d'usurpation de fonctions, de corruption et détournement de fonds, et surtout abolit définitivement la taxation des femmes.

Au retour de l'Alake, les chefs traditionnels l'accueillirent en sonnant des cloches et en battant les tam-tams en signe de rejet. L'Alake accepta les décisions du conseil des chefs sauf une, son abdication. Les chefs boycottèrent alors les réunions au Palais et les femmes relancèrent les manifestations pour obtenir son abdication. Les officiels Britanniques conseillèrent à l'Alake de quitter la ville pour éviter qu'il y ait plus de désordre. A la fin juillet 1948, sous le choc, l'Alake annonça qu'il quitterait la ville, ce qu'il fit mais n'abdiqua formellement que bien plus tard le 3 janvier 1949. Dans l'intervalle, la plupart des demandes des femmes furent satisfaites : un nouveau conseil exécutif fut constitué dénommé *Egba Interim Council* où siégèrent désormais quatre femmes dont deux de l'AWU, la suppression de la taxation des femmes fut confirmée, la taxe sur l'eau fut également supprimée.

3.4. L'ouverture de l'accès aux femmes à l'échelle nationale

A la suite de ce combat pour les femmes d'Abeokuta, Funmulayo devint une héroïne nationale et internationale dans la lutte pour les droits des femmes, et devint très active au sein du NCNC de Nnamdi Azikiwe. Dès 1948, des femmes de Kano au nord étaient venues lui proposer de les aider à monter leurs mouvements locaux, et des ailes féminines des partis politiques du nord s'inspirèrent largement de son combat. En 1949, l'AWU décida de prendre une envergure nationale et se transforma en *Nigerian Women Union* (NWU). L'AWU d'Abeokuta devint donc la branche locale de la NWU et Funmulayo entreprit de mettre en place des branches locales dans tout le pays.

La NWU se déclara toutefois apolitique et sans affiliation politique, et se fixa comme objectifs, entre autres, obtenir le vote des femmes, ou encore leur allouer un quota de représentation politique. En 1953, Funmulayo rassembla à Abeokuta 400 femmes représentant les mouvements et associations féministes à ce qu'elle appela « le parlement des femmes du Nigeria » et qui donna naissance à la *Federation of Nigerian Women Society* (FNWS).

L'ouest, la région de Funmulayo, fut la première des trois régions du Nigeria à ouvrir l'accès politique aux femmes. A sa deuxième conférence à Enugu à l'est en 1954, la FNWS félicita la région de l'est d'avoir introduit le suffrage universel et appela le nord à faire de même. De 1956 à 1959, Funmulayo fut présidente à la fois de la NWU, de la FNWS et de l'aile féminine de la branche ouest du NCNC, appelant en 1957 à une représentation adéquate des femmes dans toutes les législatures, et formant des alliances stratégiques avec des partis politiques.

En 1958, Funmulayo conduisit une délégation de femmes du nord auprès du 'Premier' du nord (l'autorité coloniale britannique pour la région) pour lui demander le droit de vote pour les femmes. Face à l'hostilité du Premier, la délégation conditionna le décompte des femmes dans le recensement imminent de la région à cette attribution du droit de vote. Le Premier savait que sans la prise en compte des femmes dans le recensement, le nombre de représentants de la région au sein de l'Assemblée fédérale à Lagos à mettre en place lors de la conférence constitutionnelle de 1959 serait réduit de moitié, mais il s'opposa tout de même aux exigences des femmes, suivant ainsi l'opinion publique dans le nord finalement majoritairement défavorable aux activités politiques et publiques des femmes. La même délégation alla rencontrer le Gouverneur Général du Nigeria quelques mois plus tard, et exposa les mêmes demandes du droit de vote des femmes du nord, sans succès. A sa sortie d'audience, Funmulayo déclara qu'elle n'hésiterait pas à en appeler à des députés en Grande Bretagne qu'elle connaissait personnellement et qui soutenaient la cause des femmes.

Les femmes restèrent exclues du vote dans le nord même après l'indépendance en 1960, mais la pression ne faiblit pas jusqu'à l'obtention du suffrage universel dans le nord en 1977, un an avant le décès de Funmulayo, permettant ainsi à l'ensemble du Nigeria de basculer au suffrage universel direct et à la représentation libre des femmes en politique.

3.5. Ouverture réussie : transition contre les intérêts de la coalition dominante

Dans ce second cas, la coalition dominante est constituée des officiels Britanniques, ainsi que de l'Alake qui est leur bras séculier. Les citoyens, représentés par les femmes, veulent, à travers le problème économique de la taxation, accéder aux processus de décision politique : pas de taxation sans représentation. Le cas montre bien que la coalition dominante a dû se résigner à l'ouverture des accès sous la menace des non-élites qui ont pu renforcer leur pouvoir de négociation par l'éducation et la mobilisation citoyenne.

La coalition dominante a résisté à la pression sociale depuis l'institution de la taxe sur les femmes en 1917, ce qui lui a permis de conserver ses rentes et privilèges coloniaux. La menace de rupture est devenue plus évidente face à la détermination des femmes en 1947, qui ont forcé la coalition dominante à annoncer la suspension de la collecte de la rente sur les femmes. La reprise immédiate de la taxation est révélatrice du fait que le rapport de forces était alors toujours favorable à la coalition dominante, et que le système institutionnel n'était pas encore mature et prêt à l'ouverture. Ce rapport de forces bascule véritablement lorsque Funmulayo est bannie du Palais de l'Alake. Les événements qui suivent ce bannissement avec le blocage des officiels Britanniques chez l'Alake par une foule de femmes déterminées sont assez surprenants car malgré sa détermination à conserver ses rentes et privilèges, la coalition dominante ne parvient plus à reprendre le dessus, face aux non-élites.

Il est impossible de soutenir, comme le feraient NWW, que ce basculement du pouvoir de négociation se fit par la volonté de la coalition dominante qui aurait pris la peine de sécuriser par ailleurs ses rentes. Le basculement fut clairement le fruit de la détermination des citoyens qui avaient trouvé le moyen de se mobiliser pour faire plier la coalition dominante, et par conséquent ouvrir l'accès aux rentes et privilèges économiques et politiques à l'ensemble des citoyens :

- En libéralisant le commerce local, par la suppression des quotas, le libre choix des fournisseurs, et le libre choix des produits à acheter ou vendre.
- En rendant les commerçants libres dans leurs opérations commerciales.
- En associant les citoyens dans les choix de localisation des entreprises et de délocalisation des marchés.
- En associant les femmes dans la gestion des affaires locales.

- En ouvrant plus de possibilités d'alphabétisation des femmes, favorisant ainsi leur accès aux rentes politiques et économiques.
- En étendant le droit de vote aux femmes dans tout le pays.

La coalition dominante coloniale est sortie de ce long combat des femmes, en ayant perdu :

- En image et en sympathie auprès de la population, ce qui est une perte de rentes politiques.
- Un interlocuteur local de choix du fait que l'Alake a fini par abdiquer.
- Une partie de la rente économique directe collectée localement qui sert tout de même à stabiliser l'ensemble du système colonial. Les femmes qui étaient directement taxées ont pu bénéficier d'une rente directe en termes d'économies réparties au sein de toute la population de non-élites.
- La rente économique indirecte que représentait la facilité avec laquelle les entreprises coloniales pouvaient s'implanter et exploiter des rentes économiques locales.
- Une partie du pouvoir exclusif qu'elle avait au sein du comité exécutif local, au profit des femmes qui ont obtenu leur entrée au conseil.
- Une partie du pouvoir politique exclusif qu'elle avait dans l'expression des suffrages.

Alors, à l'interrogation de NWW : les élites renoncent-elles jamais à leurs rentes et privilèges au profit des non-élites dans le processus d'ouverture ? Nous répondons : Oui bien entendu, tout dépend du rapport de forces, les élites ne décident pas de tout, et ne sont pas éternellement toutes puissantes. Le rapport de forces que la coalition dominante et les citoyens sont en mesure d'entretenir est décisif. Les circonstances, le niveau de maturité des institutions existantes, l'état de maturation des consciences, la personnalité et le caractère des leaders, et plus largement la nature des forces en présence, créent des conditions pour l'émergence d'initiatives et réactions croisées des élites et des non-élites, et l'enchaînement de ces actions/réactions balise la trajectoire de l'ordre social, qui devient plus ou moins favorable à la transition institutionnelle. On peut éventuellement établir des probabilités sur le résultat de cette dynamique d'actions/réactions entre les élites et les non-élites, mais rien n'est écrit à l'avance.

La pression que les femmes ont maintenue en 1948 autour du Palais de l'Alake alors que Funmilayo était bannie de la cour n'était pas préméditée puisque les femmes avaient essayé de négocier la réintégration de Funmulayo au Palais, et savaient que les représailles de l'armée coloniale pouvaient être redoutables. La manifestation aurait bien pu déboucher sur un bain de sang, ou sur l'arrestation et la détention des femmes pour séquestration d'autorités coloniales britanniques. Mais après tant d'années de combats acharnés, les femmes avaient pu établir un nouveau rapport de forces suffisant pour faire plier la coalition dominante. A la différence de ce que soutiennent NWW, la coalition dominante n'a pas ouvert l'accès aux femmes après avoir sécurisé leurs propres rentes et privilèges. D'ailleurs, le combat de l'AWU aurait eu moins de sens pour les femmes si elles avaient en plus assisté à la transformation en droits des privilèges des élites coloniales. La victoire des non-élites fut clairement une concession faite par les élites malgré ces dernières.

En ce qui concerne le droit de vote des femmes, le combat fut rapidement un succès à l'ouest, puis à l'est en 1954, mais pas dans le nord. L'attribution tardive de ce droit en 1977 dans le nord pourrait laisser croire que c'est la coalition dominante coloniale britannique dans cette région qui a ouvert l'accès aux femmes après avoir pu sécuriser des rentes et privilèges acquis. Mais la réalité est toute autre. La coalition dominante coloniale britannique n'était en réalité pas hostile au droit de vote des femmes dans le nord puisqu'elle l'avait déjà entériné dans le reste du pays sous la pression des femmes. Le nord résistait à l'ouverture des accès aux femmes essentiellement pour des raisons culturelles. Les populations du nord ne s'étaient pas encore faites à l'idée que les femmes puissent prendre part à l'action publique en votant et en se faisant élire dans la même arène politique que les hommes. Il ne faut pas oublier que le nord accusait un retard en matière d'éducation par rapport au sud et était sous éducation coranique, ce qui était de nature à retarder l'intégration des populations dans le système politico-économique occidental en marche dans le sud. En d'autres termes, ce sont les citoyens du nord eux-mêmes qui étaient opposés à l'ouverture des accès aux femmes, et non la coalition dominante coloniale.

B. 1945-1960 : CONSOLIDATION DE LA COALITION DOMINANTE NIGERIANE AU DETRIMENT DE LA COALITION DOMINANTE COLONIALE

Les années 1940 et 1950 vont marquer la création par les Nigérians de diverses organisations politiques fonctionnant sous le régime de la compétition politique importée du Royaume Uni, une dynamique qui rendra l'indépendance inéluctable en 1960. Si la compétition politique est instaurée, le fonctionnement des institutions demeure toutefois largement influencé par le mode de la personnalisation que l'affirmation ethnique va entretenir.

L'Etat naturel primaire ralentira la transition vers sa forme mature en raison de la grande fragmentation ethnique qui expose encore le Nigeria à des risques d'instabilité sociale, tandis que les principales organisations économiques restent sous le contrôle de l'Etat. L'indépendance se manifestera par un transfert du pouvoir politique de la coalition dominante coloniale à la coalition dominante nigériane composée de la nouvelle élite formée à l'école et à la culture britannique.

1. TRANSITION DE LA COALITION DOMINANTE COLONIALE A LA COALITION DOMINANTE LOCALE

Les organisations politiques qui se multiplient et se consolident émergent d'associations culturelles locales ou régionales créées par des élites nigérianes éduquées en Grande Bretagne. Elles y apprennent les principes de fonctionnement de l'ordre d'accès ouvert qu'elles se mettent à transposer au Nigeria en imposant à la coalition dominante coloniale une ouverture des accès politiques.

1.1. Création des premiers partis politiques locaux et institutionnalisation de la compétition politique

Lors de ses études de droit à Londres, Obafemi Awolowo, leader du NYM jusqu'en 1944 fonda la *Egbe Omo Oduduwa* (Société des descendants d'Oduduwa) en 1945. Après son retour en 1948, il établit des branches dans tout le sud-ouest nigérian comme une association culturelle fédérant les Yoruba, avec comme bras politique créé au début des années 50, l'*Action Group.* Par ailleurs, une fédération de syndicats d'étudiants Igbo émergea à l'intérieur de la NCNC que présidait Nnamdi Azikiwe et devint la *Igbo State Union* en 1948. Dans le nord, Alhadji Tafawa Balewa et ses camarades fondèrent la *Bauchi General Improvement Union* en 1943 qui devint le *Northern People Congress* (NPC) pour lutter contre la domination sudiste. Mallam Aminu Kano se désolidarisera de l'approche jugée conservatrice de la NPC et fondera la *Northern Elements Progressive Union* (NEPU) qui s'alliera plus tard à la NCNC. Mais la branche nordiste de la NEPU fut absorbée par la NPC sous le leadership de Sir Ahmadu Bello, le roi *(Sardauna)* de Sokoto.

Trois nouvelles constitutions furent adoptées entre 1945 et 1954 (Crowder, 1962)[97] :

- La première, la Constitution Richards du nom du gouverneur Sir Arthur Richards, fut adoptée en 1946 et entra en vigueur en 1947. Elle élargit le nombre de membres Nigérians du Conseil Législatif créé par la Constitution Clifford de 1922 en leur accordant la majorité. Elle attribua pour la première fois des sièges à la région du nord, créa des chambres législatives régionales dans chacune des trois régions existantes (ouest, est, nord), posant ainsi les bases de la fédération du Nigeria. C'est ainsi

[97] Crowder M., 1962, *The Story of Nigeria*, Faber, London.

qu'émergèrent les grandes coalitions régionales ethniquement motivées suivant les trois grands groupes dominants (les Hausa Fulani au nord, les Igbo à l'est, et les Yoruba à l'ouest) qui *ipso facto* érigèrent les grandes lignes des futures batailles politiques.

- La deuxième, la Constitution Macpherson de 1951, remédia aux accusations faites à Richards d'avoir imposé la première révision sous la pression des nationalistes lors de la conférence constitutionnelle d'Ibadan en 1950. Elle créa un Conseil de ministres constitué de 12 membres Nigérians (quatre de chaque région), et six membres officiels Britanniques. L'Assemblée Législative centrale de Lagos devint la Chambre des Représentants avec la moitié des sièges attribuée au nord et l'autre moitié au sud répartie entre l'est et l'ouest. Les assemblées régionales devinrent bicamérales (avec une chambre des autorités traditionnelles en plus), sauf la chambre de l'est qui demeura unicamérale. Toutes héritèrent de pouvoirs plus étendus, avec à la clé de premières élections générales de l'histoire du Nigeria, qui consacrèrent l'organisation politique sur des lignes ethnico-régionales : la totalité des sièges pour le NPC au nord, la domination de NCNC à l'est et une solide majorité à l'ouest pour l'Action Group (AG).
- La troisième, la Constitution Lyttleton de 1954, vint concilier la pression du sud pour l'indépendance, et la résistance du nord qui estimait ne pas être prêt. Elle consacra le Nigeria comme une fédération des trois régions constituées, avec Lagos comme territoire fédéral administré par le gouvernement central. Chaque région pouvait s'autodéterminer, mais le gouvernement central devait rester sous l'autorité coloniale. Il était constitué d'une Assemblée unicamérale de 184 députés, 92 du nord, 42 de l'est et l'ouest chacune, 6 du Cameroun britannique et 2 du Territoire Fédéral de Lagos. Les ministres fédéraux (10) devaient être désignés par le leader du parti majoritaire dans chaque Assemblée régionale à raison de trois ministres de chaque et un du Cameroun. Le Gouverneur général demeurait un Britannique qui réunissait autour de lui les dix ministres, et trois ministres nommés par l'autorité coloniale, pour former un Conseil Exécutif Central.

1.2. Constitution des premières coalitions dominantes fédérales et régionales

Les élections générales de 1954, 1956 et 1959 confirmèrent les assises essentiellement régionales des trois partis NCNC, AG et NPC, exacerbant les clivages ethno-nationalistes. En 1957, Alhadji Tafawa Balewa devint le Premier ministre du Nigeria. Vice-Président du NPC, donc représentant le nord, formé à Londres, ancien Principal de collège, et Fulani d'origine modeste, il apparut plus à même que tous les autres prétendants trop ethniquement ou aristocratiquement marqués, de rassembler et d'incarner la jeune nation nigériane. De fait, il appela les trois partis à faire partie du gouvernement, qui avait auparavant été dominé par la coalition NPC-NCNC jusqu'à la Constitution de 1954.

La dernière élection de 1959 pour constituer le premier gouvernement du Nigeria indépendant se solda par la victoire de la coalition NPC-NCNC et AG passa à l'opposition. Balewa demeura Premier ministre, Azikiwe devint le premier Gouverneur Général du Nigeria et le pays devint officiellement indépendant le 1er janvier 1960.

D'importants investissements furent engagés dans le cadre du développement planifié, et le premier plan décennal démarra en 1945. En 1937, on comptait 3 500 écoles primaires pour la plupart dans le sud pour 288 000 élèves ; vers 1960, on dénombrait 6 500 écoles primaires dans le sud-ouest seulement, et plus de 2 600 dans le nord, pour un total d'1,4 million d'élèves. En 1947, on comptait 100 écoles secondaires, puis 700 en 1960 dans le sud-ouest et 40 dans le nord. En 1948, l'Université d'Ibadan fut créée comme une annexe de l'Université de Londres, avant de devenir indépendante en 1962 (Ekundare, 1973 :357)[98]. Dès 1957, le sud-ouest adopta l'école primaire universelle.

Les réformes institutionnelles et politiques furent les plus aptes à faire basculer l'administration aux mains des Nigérians, par l'intégration progressive des nouvelles élites nigérianes à partir de 1946. Mais les fondations de l'Etat fédéral étaient fragiles, à cause des rivalités ethniques, et à cause de l'extrême extraversion de l'économie nigériane dépendante des exportations et concentrée sur le secteur agricole, les principales entreprises appartenant par ailleurs aux Européens. La découverte du pétrole en 1958 devait devenir à la fois une bénédiction et une malédiction pour le Nigeria.

Tableau 16 : Description du Nigeria de 1945 à 1960

	Forme et Etendue	Chef de la coalition dominante	Org. Élitaires ou élites constitutives	Catalyseur de la stabilité	Sources de rentes économiques	Organisations élitaires ou élites concurrentes
Le Nigeria 1945 à 1960	Fédération de trois Régions : nord, est, ouest	Gouvmt britannique Gouverneur Général colonial britannique	Conseil Législatif de Lagos Warrant Chiefs Native Courts	Armée coloniale Constitutions: 1945, 1951, 1954	Commerce Agriculture : palmier à huile, coton, cacao, noix de palme, arachides	Egbe Omo Oduduwa en 1945 - Igbo State Union en 1948 Bauchi General Improvement Union
Dyna-mique élitaire	Affirmation des spécificités régionales et ethniques et émergence d'organisations politiques locales : National Council of Nigeria and Cameroons (NCNC) en 1944 de Nnamdi Azikiwe - Northern People Congress (NPC) de Tafawa Balewa et Action Group (AG) d'Awolowo. Diverses organisations économiques majoritairement contrôlées par les élites coloniales.					

98 Ekundare R.O., p. 357. Op. cit.

2. ORGANISATIONS ET ACTIVITES ECONOMIQUES DE 1945 A 1960 : AGRICULTURE, LEVIER DES EXPORTATIONS

La période 1940-1960 est celle de la montée en puissance des *Marketing Boards* en charge du développement des principaux produits agricoles. Ces organisations dépendent de l'Etat et génèrent l'essentiel de ses revenus. On observera également le développement de proto-industries mais qui appartiendront pour l'essentiel aux membres de la coalition dominante coloniale.

2.1. Création d'organisations économiques agricoles dépendantes de la coalition dominante

La planification décennale du développement économique a réellement démarré en 1946 à la suite du *Colonial Development Welfare Act* de 1945. Estimé à 55M£, il devait être pris en charge pour moitié par le gouvernement britannique et pour l'autre moitié par le Nigeria grâce aux revenus internes et aux emprunts (Ekundare, 1973 :230) facilités par le *Development Loan Ordinance* de 1946 et le *Loan Development Board*. Le *Loan Development Board* fut décentralisé en 1949 et des structures régionales furent créées avec deux démembrements : une structure de production et une structure de gestion financière, toutes étant financées par les *Marketing Boards* en charge de la vente des produits de rente. Cette organisation fut restructurée sur recommandation de la mission de la Banque mondiale de septembre 1954 pour créer l'organe central fédéral, le *Federal Loan Board*, ainsi que les agences de développement régionales, et plus tard en 1955 le *National Economic Council*.

Les *Marketing Boards* furent instituées au lendemain de la seconde guerre mondiale pour stabiliser les prix des matières premières en prenant le relais du *West African Produce Control Board (WAPCB)* qui assurait ce rôle depuis 1916 pour les colonies britanniques d'Afrique de l'Ouest. Le *Nigerian Cocoa Marketing Board* fut créé en 1947, puis suivirent en 1949 les mêmes structures pour le coton, les arachides et l'huile de palme. Au-delà de la stabilisation des prix, les *Boards* avaient pour mission de financer le développement des régions d'origine des produits ainsi que la recherche scientifique. Ils devaient allouer 70% à la stabilisation des prix en liaison avec la *Nigerian Produce Marketing Company* basée à Londres, 7,5% à la recherche et 22,5% au développement des régions productrices et les Boards avaient hérité de 8M£ du WAPCB correspondant aux excédents réalisés entre 1939 et 1947 (Ekundare, 1973 :287)[99].

---

[99] Ekundare, 1973, Op. cit. p.287.

Les *Boards* furent réorganisés à la suite de la réforme constitutionnelle de 1954 : quatre Boards régionaux furent créés, chacun s'occupant désormais de l'ensemble des produits de rente (i.e. cacao, coton, huile de palme, arachides, soja, citron, raisin), puis un Board fédéral (*Central Marketing Board*) transformé en 1958 en *Nigerian Produce Marketing Company Ltd.*

Ceci étant, le plan décennal 1945-1955 fut largement peu efficace dans l'amélioration du niveau de vie des Nigérians pour au moins deux raisons : i) les projets n'étaient pas définis avec précision et de nombreux fonds restèrent inutilisés ii) peu de fonds étaient alloués à la promotion d'une industrie locale, laissant la part belle à l'expansion agricole pour les besoins d'exportation du gouvernement colonial. L'économie reprit, tirée par les exportations agricoles : de 23,7M£ en 1946, elles s'élevèrent à 129,8M£ en 1955. A l'expiration du plan de développement en 1955, le gouvernement Britannique décida d'une extension du Plan jusqu'en 1960.

2.2. Forte augmentation des exportations et des revenus de l'Etat

Entre 1945 et 1960, les revenus de l'Etat furent multipliés par sept pour s'établir à 88 824 k£ (+14% en moyenne de croissance par an contre +4% au cours des 15 années précédentes), et ses dépenses par huit pour atteindre 81 749 k£ (+15% par an contre +2% au cours des 15 années précédentes). Le Nigeria profita largement de cette première moitié des Trente Glorieuses pour doper ses exportations vers l'Europe, ce qui résulta en un redressement des recettes douanières de 43% à 71% des recettes budgétaires (cf. figure 6).

Figure 6 : Budget du Nigeria de 1946 à 1960

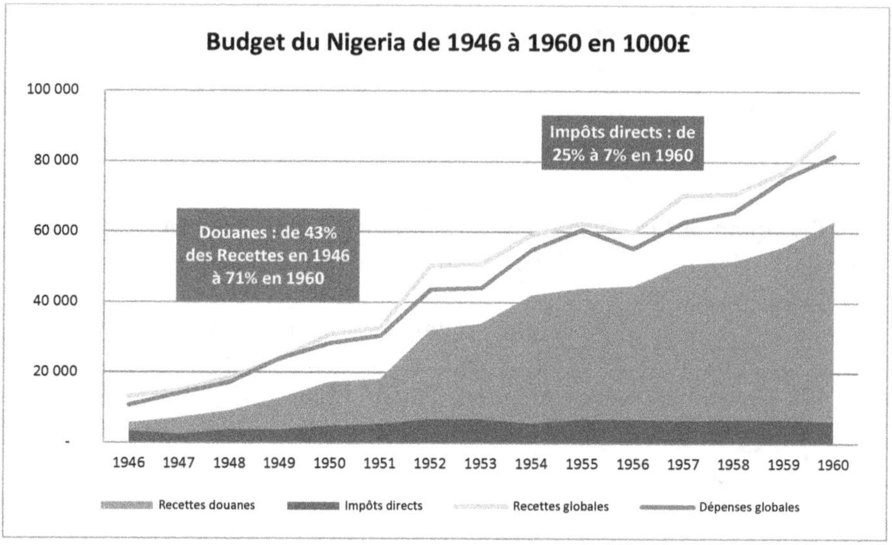

Auteur, d'après données Ekundare (1973:233-234).

De 1945 à 1960, les produits du palmier à huile (huile de palme et palmistes) furent les premiers revenus d'exportations avec plus de 24% des exportations globales estimées à 165 619 k£, rivalisant avec le coton qui représenta 22% tandis que les arachides représentèrent 14% (cf. figure 7).

En 1960, ces trois produits représentaient donc à eux seuls 60% des exportations, l'agriculture de rentes constituant ainsi la principale source de revenus autour de laquelle les dynamiques élitaires se cristallisaient.

Figure 7 : Echanges commerciaux du Nigeria de 1946 à 1960

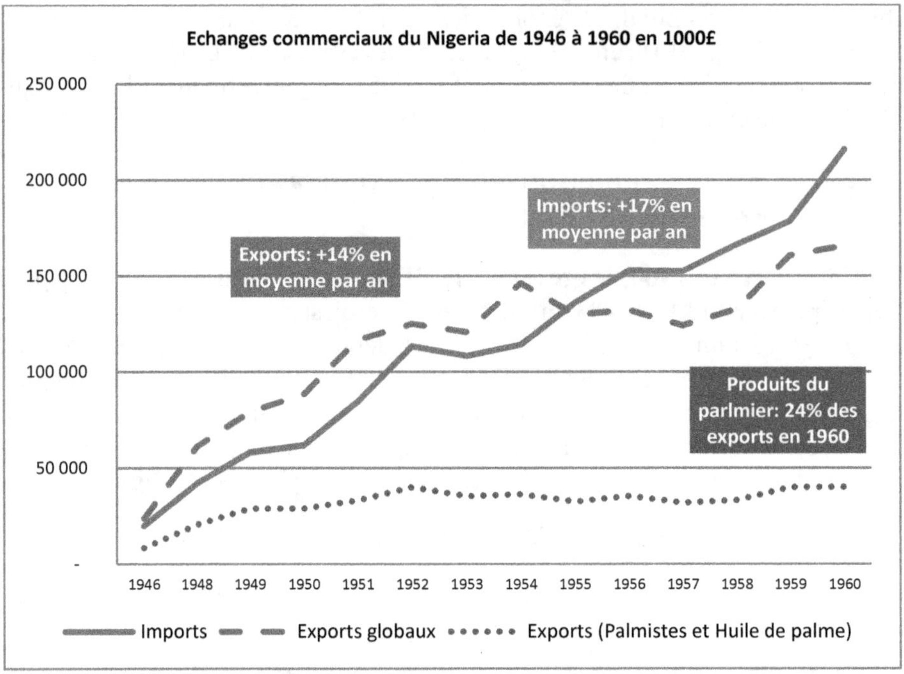

Auteur, d'après données Ekundare (1973:333)

Le PIB quant à lui passa de 688,7 M£ en 1950 à 981,3 M£ en 1960 (cf. Figure 8). Au cours de la période, il crût en moyenne au même rythme de 3% par an que l'agriculture qui en représentait 56%.

Pendant que le gouvernement incitait à l'expansion agricole aussi bien pour la consommation locale (342,6M£ en 1956-1957) que pour l'exportation (84,4M£), les coopératives agricoles et les *Marketing Boards* soutenaient les planteurs par la sensibilisation aux techniques et méthodes culturales.

Figure 8 : PIB du Nigeria entre 1950 et 1960

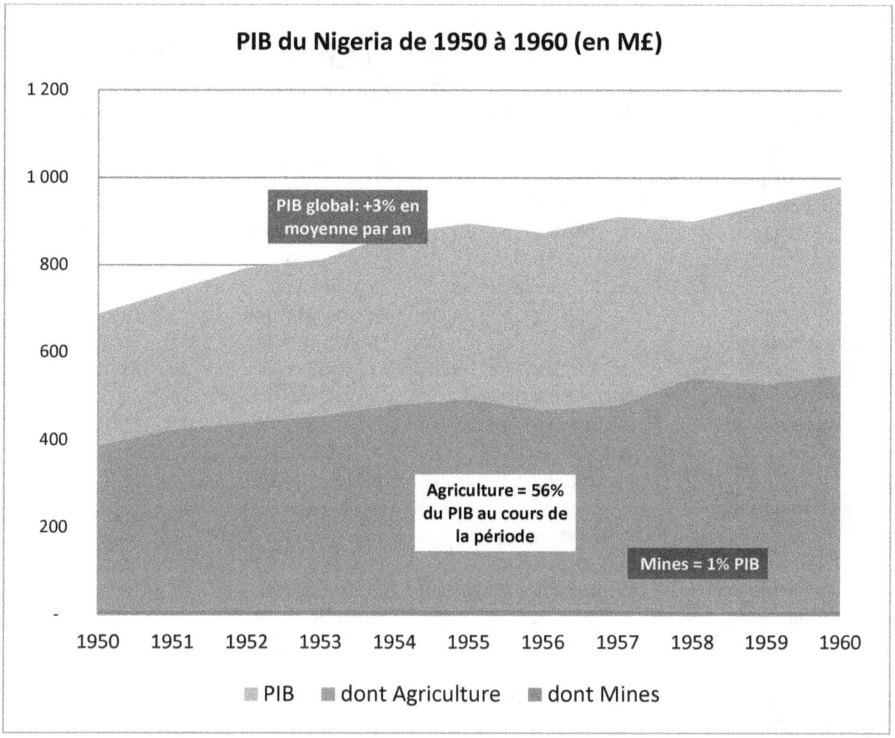

Auteur, d'après données d'Ekundare (1973:251)

2.3. Développement industriel

Avec l'activité agricole qui prenait de l'ampleur, une demande locale stable émergeait et justifiait l'installation d'usines dans divers secteurs (cf. Tableau 17).

Tableau 17 : Principales proto-industries du Nigeria créées à partir des années 1940

Industrie	Activité	Implantations	Dans les années 50
Industries alimentaires	Conserverie de fruits	Lagos, Ibadan, Port-Harcourt	A partir de 1951
	Boulangeries – Pâtisseries	De nombreuses villes	
	Production de beurre	Obudu	1954
	Brasserie	Lagos, Abeokuta	1949
	Usine d'arachides	Kano	
	Usine d'huile de palme	Calabar	
Industrie textile	Tissage industriel	Lagos, Makurdi, Kaduna, Kano	1949
	Filature de coton	Kano	
Industrie ferroviaire	Atelier de maintenance	Lagos, Zaria	
Chantiers navals	Construction de bateaux	Epe	1950
Industrie métallique	Fabrique de clous	Onitsa	
	Travail du métal	Kaduna, Kano	
	Fonderies	Jos, Lagos, Ibadan	
	Portes et fenêtres en métal	Port-Harcourt	
Industrie minière	Mines de charbon	Enugu	
Artisanat potier	Poteries	Abuja, Enugu, Ikorodu	
Industrie du cuir	Tannerie	Maiduguri, Zaria, Sokoto	
Matériaux de construction	Cimenterie	Abeokuta, Nkalagu	1957
	Tuiles et Carreaux	Enugu	
Industrie du caoutchouc	Usine de caoutchouc	Calabar, Benin City	
	Rechapage de pneus	Jos, Ibadan	
Industrie du bois	Scierie	Benin City, Calabar	
	Usine de contreplaqués	Sapele	
Imprimerie	Imprimerie	Kano, Ibadan	
Industrie du tabac	Fabrique de cigarettes	Zaria, Port-Harcourt	1949
Industrie du savon	Savonnerie	Aba	1957
Industrie plastique	Transformation de plastiques	Ibadan	1957
Industrie de pétrole	Puits de pétrole	Port-Harcourt	1956

A partir de données d'Ekundare (1973 : 300).

En conclusion de cette section,

La transformation institutionnelle observée depuis 1914 s'est intensifiée entre 1914 et 1960, toujours sous le même moteur de l'entrée des anciennes non-élites nigérianes dans le jeu politico-économique initialement exclusivement réservé aux élites coloniales. Sous la pression des non-élites nigérianes qui multiplient et perfectionnent leurs organisations et leurs modes de revendication, la coalition dominante coloniale est contrainte de céder peu à peu du terrain en ouvrant les accès politico-économiques.

NWW définitivement n'ont pas raison d'affirmer la prépondérance des élites et leur rôle exclusif dans la transition institutionnelle. C'est la thèse d'Acemoglu et Robinson, sur l'importance de la dynamique des rapports de forces entre élites et non élites, qui apparaît empiriquement vérifiée. Nous développons cela dans la section C suivante.

C. L'OUVERTURE DES ACCES EST UNE FONCTION DU RAPPORT DE FORCES ENTRE ELITES ET NON ELITES

Dans la section A avec l'étude du cas des femmes d'Abeokuta et à travers la description dans ce chapitre du mouvement d'ouverture des accès observé au Nigeria à partir de 1914, nous avons montré le rôle central des rapports de forces entre les élites et les non-élites dans la dynamique d'ouverture des accès politiques et économiques aux non-élites, confirmant ainsi les limites de l'approche de NWW.

Nous poursuivons cette analyse en mettant en lumière la grande diversité des jeux de pouvoirs qu'ils négligent (sous-section 1), et en évoquant les insuffisances qui apparaissent à l'utilisation des concepts d'élites et de coalition dominante tels que définis par NWW.

Nous postulons un principe du triple équilibre (sous-section 2), qui prend acte de l'insuffisance d'un 'simple' double équilibre postulé par NWW pour rendre compte de la dynamique qui préside réellement à l'érosion des rentes et à l'ouverture des accès politiques et économiques.

1. NWW NEGLIGENT UN LARGE EVENTAIL DE JEUX DE POUVOIRS DECISIFS

Le processus de transition décrit par NWW avec des conditions liminaires (Etat de droit parmi les élites, pérennité des organisations, centralisation du contrôle sur l'armée) suivies d'une sorte de basculement dans l'ouverture donne à penser (même s'il s'en défendent) qu'il y a un rituel scénarisé et séquencé qui, tel une levée de rideau, symboliserait l'ouverture des accès politiques et économiques.

Nous montrons ici que les jeux de pouvoirs non-élitaires comptent autant que les jeux élitaires (1.1) et nous l'illustrons en montrant la diversité des interactions qui ont présidé au changement institutionnel à Abeokuta (1.2), avant de souligner les incohérences dans la définition des concepts d'élites et de coalition dominante chez NWW (1.3) qui expliquent la négligence par ces derniers des forces non-élitaires.

1.1. Les jeux de pouvoir non élitaires comptent autant que les jeux élitaires

Même s'ils se défendent de décrire un processus téléologique et précisent que les conditions liminaires sont nécessaires mais non suffisantes, leur approche très focalisée sur la ligne de partage élites/non-élites et dominée par les élites donne mal à percevoir les tâtonnements de l'histoire et les jeux d'actions-réactions qui associent selon les cas (cf. tableau 18) :

- Chez les élites : les différentes organisations élitaires, les différentes personnalités élitaires.
- Chez les non-élites : les différentes organisations non-élitaires, des personnalités non élitaires.
- Entre les élites et les non-élites : des organisations élitaires et des organisations non-élitaires, des personnalités élitaires et des personnalités non élitaires.

Tableau 18 : Variété des jeux de pouvoirs au sein et en dehors de la coalition dominante

	Elite	Organisation élitaire	Non-Elite	Organisation non-élitaire
Elite	**Dans la coalition dominante (NWW)**	**Dans la coalition dominante (NWW)**	En périphérie de la coalition	En périphérie de la coalition
Organisation élitaire	**Dans la coalition dominante (NWW)**	**Dans la coalition dominante (NWW)**	En périphérie de la coalition	En périphérie de la coalition
Non-Elite	En périphérie de la coalition	En périphérie de la coalition	Au sein de la population	Au sein de la population
Organisation non-élitaire	En périphérie de la coalition	En périphérie de la coalition	Au sein de la population	Au sein de la population

Auteur

Le cadre conceptuel de NWW cible les jeux au sein de la coalition dominante et plus précisément ceux qui s'établissent entre organisations élitaires. En se rendant prisonniers des organisations élitaires, ils négligent toute une large gamme de jeux qui produisent pourtant des effets qui alimentent les rapports de forces entre les détenteurs de rentes et privilèges et ceux qui en sont exclus.

1.2. Les dynamiques élitaires et non élitaires à Abeokuta

Dans le cas traité dans la section A, Funmulayo (non-élite) et l'AWU (organisation non-élitaire) affrontent alternativement une ou plusieurs élites, une ou plusieurs organisations élitaires, une ou plusieurs non-élites et organisations non-élitaires chacune étant dotée de pouvoirs de négociation différents. En ce qui concerne les élites, il y a l'Alake, le Représentant résident Britannique, l'Officier de district Britannique, ainsi que ses propres contacts au sein du gouvernement en Grande Bretagne. C'est en jouant individuellement (en usant de sa personnalité) et collectivement (en usant de la force politique grandissante de l'organisation non-élitaire AWU) sur l'ensemble de ces échelons, en fonction des circonstances et des sujets, que les non-élites parviennent à contraindre la coalition dominante à ouvrir les accès.

Par ailleurs, les non-élites ne forment pas non plus une foule compacte et soumise. Funmulayo agit individuellement et collectivement avec l'AWU, avec le soutien de certains hommes (son mari) et groupes d'hommes (*The Majeobaje Society*) tout en faisant face aux railleries d'autres femmes (les individus pro-Alake) et groupes de femmes (*Egbe Atunluse*), ainsi qu'à l'opposition des hommes en général membres de groupes formels d'hommes (*The Ogboni Society* qui fait partie du Palais) qui leur reprochent leur manque de dignité et leur rejet des traditions, et qui traitent les membres de l'AWU de « *rebelles contre nature* ». En effet, les cultures locales à cette époque veulent qu'une femme laisse l'action publique à l'homme, chef de famille et porte-parole, à moins que l'homme l'y autorise expressément. Il y a également des acteurs non engagés ou engagés selon les circonstances, comme la presse, notamment le *Daily* Service (appartenant au *Nigerian Youth Movement*, le mouvement national des jeunes) qu'on peut classer parmi les organisations non-élitaires.

Par conséquent, il existe une multitude de personnalités et groupes élitaires et non-élitaires plus ou moins organisés qui se coalisent de droit ou de fait pour entretenir le statu quo ou favoriser l'ouverture, en influençant le pouvoir de négociation des différents acteurs et donc le rapport de forces dans les interactions. La ligne de fracture élites/non-élites est donc extrêmement réductrice de la grande variété de jeux de pouvoirs qui agissent sur le rapport de forces entre détenteurs du pouvoir et demandeurs d'accès. En appliquant le tableau 18 précédent au cas d'Abeokuta, on aurait le tableau 19 ci-après :

Tableau 19 : Jeux de pouvoirs élites vs non-élites à Abeokuta

	Elite	Organisation élitaire	Non-Elite	Organisation non-élitaire
Elite	Alake / Chef de District britannique	Alake / United Africa Company (UAC)	Chef de District / Funmulayo	Résident britannique / AWU
Organisation élitaire	Bata / Alake	**Parlement britannique / Bata**	Parlement britannique / Funmulayo	Secrétariat aux colonies / AWU
Non-Elite	Funmulayo / Alake	Rev. Ransome-Kuti / UAC	Funmulayo/Mme Ekpo	Funmulayo / Journal Daily Service
Organisation non-élitaire	AWU / Chef de District britannique	Majeobaje Society / Bata	Egbe Atunluse / Funmulayo	AWU / Majeobaje Society

1.3. Une définition ambigüe des concepts d'élite et de coalition dominante

Chez NWW, on ne trouve pas une définition claire de l'élite. On sait à peine qu'elle l'est parce qu'elle a un accès privilégié aux activités économiques, militaires ou politiques, qu'elle est de ce fait puissante et capable de mobiliser de la violence, et que c'est à ce titre qu'elle est membre de la coalition dominante. Qui est élite ? Qui ne l'est pas ? En existe-t-il à l'extérieur de la coalition dominante ? La coalition dominante est-elle faite exclusivement des acteurs qui détiennent le pouvoir ?

Un passage où on peut deviner une définition des élites par NWW est le suivant : « Les élites (membres de la coalition dominante) s'accordent pour maintenir leurs privilèges respectifs, comme les droits de propriété et l'accès aux ressources et aux activités économiques. En réservant ces privilèges aux membres de la coalition dominante, les élites posent des incitations crédibles à la coopération et non à l'affrontement. » (p.42). Un autre passage est le suivant : « Pour comprendre le contrôle de la violence, il nous faut commencer par un groupe d'individus puissants, liés par un ensemble d'arrangements auto-prescrits, qui parviennent à augmenter la spécialisation de leur organisation, en permettant à leurs membres de se dédier soit à la violence, soit aux activités économiques, soit aux activités politiques » (p.393). Quant à la coalition dominante, on retrouve la définition suivante : « La coalition dominante est l'organisation des organisations auxquelles sont associées les élites puissantes » (p.121). Alors les membres de la coalition dominante sont-ils des élites, des élites puissantes, ou des individus puissants ? Autrement dit, tout individu puissant est-il élite ? Et toute élite est-elle membre de la coalition dominante ?

Ces questions ne sont pas secondaires car la réponse détermine le périmètre de l'Etat et permet de repérer les acteurs internes et externes à l'Etat. Si comme on le devine à la lecture de NWW, il n'existe pas d'élite à l'extérieur de la coalition dominante, et si la coalition dominante est au pouvoir, alors affirmer que la transition institutionnelle est le fait exclusif des élites apparaît encore plus irréaliste dans la mesure où ceux qui sont au pouvoir ne peuvent décider par eux-mêmes de l'ouvrir aux non-élites sans être contraints par ces dernières. Les passages ci-dessus ne sont pas clairs à ce sujet.

Nous allons faire l'hypothèse que NWW veulent dire qu'une élite est un membre de la coalition dominante, mais cela pose problème. Si l'élite est un membre de la coalition dominante, et si la coalition dominante inclut des individus spécialisés dans diverses activités militaires, religieuses, politiques ou économiques ; et qui disposent d'un accès privilégié à des fonctions essentielles dans l'ordre social, alors, dans le cas des femmes d'Abeokuta, le couple Ransome-Kuti fait partie de l'élite, et fait par conséquent partie de la coalition dominante. Le périmètre de la coalition dominante si largement et vaguement dessiné par NWW pose problème car dans la réalité si le couple Ransome-Kuti fait bien partie de la classe moyenne d'Abeokuta par son niveau d'éducation, son métier, et son niveau de vie, voire de l'élite locale selon l'acception usuelle, il ne fait certainement pas partie de la coalition dominante au sens de ceux qui disposent du pouvoir.

NWW en rajoutent à la confusion en indiquant que « dans les Etats naturels, les élites ne sont pas homogènes, mais composées de groupes disparates qui rivalisent, coopèrent et peuvent entrer en guerre les uns contre les autres. Parce qu'elles ne sont pas homogènes, les élites ne peuvent pas se concerter en vue d'un objectif commun, et encore moins se partager le pouvoir – les membres de la coalition dominante sont rarement assez solidaires pour cela » (p.235). Ils mentionnent cela après avoir soutenu que « les élites (membres de la coalition dominante) s'accordent pour maintenir leurs privilèges respectifs, comme les droits de propriété et l'accès aux ressources et aux activités économiques. » (p.42). Alors, la coalition dominante est-elle caractérisée par la capacité de ses membres à coopérer en vue d'un objectif commun ou bien ses membres ne peuvent-ils se concerter ? Si ses membres ne peuvent s'identifier à des références communes, ou s'accorder en vue d'un objectif commun, à l'image de celui que poursuivait la coalition dominante coloniale Britannique au Nigeria (c'est-à-dire l'impérialisme et l'exploitation des ressources), en quoi est-elle une coalition ? Il apparaît que la définition de la coalition dominante ne peut se départir i) de l'identification d'un objectif commun à ses membres, plus ou moins affirmé ii) ou d'une identité commune à ses membres qui est suffisamment forte pour justifier ou sous-tendre une identité politique et/ou économique observable.

Dans l'Afrique du Sud de l'Apartheid, le Rwanda ante-1994, et le Nigeria d'avant les indépendances, l'identité ethnique sous-tendait l'identité politico-économique et déterminait l'accès aux rentes. Dans d'autres pays, c'est le pouvoir économique ou le pouvoir politique qui constitue la ligne de partage entre élites et non-élites. Au Nigeria de l'époque militaire (cf. chapitre 4 suivant), la coalition ethnique au pouvoir n'avait pas forcément un objectif commun mais avait au moins une identité commune observable (militaro-ethnique) qui en faisait une coalition :

- A chaque régime militaire, au sein du groupe ethnique qui détenait le pouvoir, il y avait des élites au sens de NWW, détentrices du pouvoir politique ou économique et véritables membres de la coalition dominante ; il y avait aussi des non-élites, en marge du pouvoir, mais le groupe ethnique tout entier n'en était pas moins considéré comme formant la coalition dominante. Le groupe ethnique qui détenait le pouvoir (coalition dominante) pouvait donc être constitué des élites et des non-élites au sens de NWW.
- De même, au sein des groupes ethniques qui n'étaient pas au pouvoir, il y avait également des élites, membres de la coalition dominante au sens de NWW et participant au pouvoir aux côtés du groupe ethnique au pouvoir, et des non-élites, en marge du pouvoir. Le groupe ethnique qui ne détenait pas le pouvoir pouvait donc être constitué à la fois d'élites et de non-élites au sens de NWW.

Par conséquent, en utilisant le critère ethnique par exemple qui caractérise les groupes qui détiennent le pouvoir dans nombre d'Etats naturels, la conception de NWW d'élites et de coalition dominante vole en éclats et devient inopérante : définir les élites comme des membres de la coalition dominante est extrêmement simplificateur de la réalité de la répartition du pouvoir au sein d'un ordre social. D'où aussi la difficulté d'envisager avec le cadre conceptuel de NWW des forces alternatives à l'extérieur de la coalition dominante susceptibles de participer au jeu politico-économique et d'influer sur la transition institutionnelle. La définition la plus proche de la réalité est celle qui conçoit une élite comme toute personne qui, au sein d'une société donnée, exerce une influence notable dans une grande organisation privée ou publique, ou sur les politiques publiques à l'échelle locale, régionale ou nationale, en étant membre ou non de la coalition dominante au pouvoir.

Au final, si le cadre conceptuel de NWW est robuste en ce qui concerne la description du fonctionnement d'un Etat naturel dans les conditions de l'entretien des rentes par les élites, leur thèse sur le rôle prépondérant des élites au moment de la transition vers l'ordre d'accès ouvert apparaît inopérante. Elle concerne finalement les situations d'ouverture des accès en trompe-l'œil où les élites ont auparavant pris soin de sécuriser leurs rentes et privilèges, alors que l'ouverture effective des accès ne peut être que le résultat d'un rapport de forces favorable aux non-élites malgré les élites.

2. DU PRINCIPE DU DOUBLE EQUILIBRE DE NWW AU PRINCIPE DU TRIPLE EQUILIBRE

Dans la dynamique des relations qui assurent la stabilité de l'ordre social, le modèle politico-économique de NWW postule un double équilibre entre le secteur privé et le secteur public, c'est-à-dire une correspondance entre la distribution et l'organisation du pouvoir politique d'une part, et la distribution et l'organisation du pouvoir économique d'autre part (p.45).

NWW invoquent ce principe pour affirmer que chaque système social connait un équilibre interne des intérêts en présence et que les structures politiques et économiques ont des systèmes incitatifs compatibles entre eux. Pour un ordre d'accès ouvert par exemple, c'est ce principe qui implique qu'il y ait compétition à la fois dans le champ politique et dans le champ économique. Mais le principe du double équilibre suffit-il à rendre compte de la complexité des interactions et incitations qui favorisent l'érosion des rentes et l'ouverture des accès ? Prenant acte du rôle important des non-élites démontré à travers la dynamique d'ouverture observée au Nigeria à partir de 1914, nous soutenons ici que la catégorisation secteur public-secteur privé qu'établissent NWW ne permet pas de rendre compte du rôle des non-élites. A l'instar du Nigeria, on observe l'action des non-élites plutôt dans un troisième pôle, celui de la société civile, que NWW n'identifient que de manière ambigüe, mais que AR distinguent clairement.

NWW envisagent deux catégories de secteurs qui entretiennent le jeu politico-économique : le secteur privé qui anime le jeu économique pour assurer le développement économique et le secteur public qui anime le jeu politique pour entretenir la stabilité politique. Tout en étant spécialisé chacun dans son champ, les deux groupes d'acteurs entretiennent des relations complexes d'interdépendance de manière à maintenir un double équilibre politico-économique. Dans l'ordre d'accès limité, le double équilibre est à l'œuvre au sein de la coalition dominante qui alloue les ressources à la fois au secteur public et au secteur privé. Dans l'ordre d'accès ouvert, il est à l'œuvre grâce à la libre compétition dans et entre les deux champs politique et économique.

Ce modèle de NWW construit autour de deux groupes d'acteurs ne permet toutefois pas de classifier des acteurs importants qui n'appartiennent ni au secteur public ni au secteur privé, c'est-à-dire ceux qui ne sont engagés ni dans la conquête du pouvoir politique ni dans la production de biens et services marchands. Or les deux cas tirés de l'histoire du Nigeria (les Brass et les femmes d'Abeokuta) donnent à voir le rôle d'aiguillon et de levier que joue ce groupe tiers dans la dynamique de transition institutionnelle, d'où la nécessité de penser le jeu politico-économique comme un jeu à trois groupes d'acteurs. NWW affirment aussi le rôle incontournable de la société civile, mais ils ne confèrent pas le même contenu à la société civile que celui que nous préconisons.

Nous nous appuyons ici sur les deux études de cas déroulés plus haut pour montrer le rôle central joué par la société civile telle que nous l'envisageons. Nous montrons comment l'absence d'une société civile organisée a été fatale chez les Brass (2.1), et par contre comment la structuration progressive de la société civile à Abeokuta a été un élément moteur de l'ouverture des accès aux femmes (2.2). Nous terminons cette sous-section en montrant l'ambiguïté de l'approche de NWW de la société civile et en précisant le contenu que nous conférons à cette catégorie d'acteurs (2.3).

2.1. L'absence d'une société civile structurée est un trait de l'échec des Brass

Dans le premier cas chez les Brass (cf. chapitre 2), le jeu politico-économique au sein de la coalition dominante s'établit entre les autorités administratives coloniales représentant le secteur public, et la *Royal Niger Company* (RNC) représentant le secteur privé.

Le peuple, représenté par les populations Brass et leurs organisations communautaires, ne correspondent à aucune de ces catégories. Le succès de l'expédition punitive de la coalition dominante coloniale dénote par ailleurs d'une réelle collusion entre le secteur privé et le secteur public. La coalition des intérêts économiques et politiques de la coalition dominante a favorisé l'écrasement des populations locales, montrant à quel point un jeu limité à deux groupes d'acteurs peut entretenir voire renforcer la limitation de l'accès aux rentes. Ce phénomène d'ententes et de connivences entre le secteur public et le secteur privé est plutôt courant lorsqu'un groupe tiers influent n'existe pas ou fonctionne mal, y compris au sein des ordres d'accès ouvert. Robert Reich (2011 :120) a mis en exergue les non-dits des plans de relance de l'économie américaine lors de la crise des *subprimes* de 2008 en montrant les connivences entre élites du secteur public et du secteur privé, y compris aux Etats-Unis, l'ordre d'accès ouvert par excellence :

« Cet énorme plan de renflouement de Wall Street fut présenté au peuple américain comme un moyen de sauver l'économie et l'emploi dans l'ensemble du pays. Mais il semble n'avoir sauvé ni l'un ni l'autre. Les banquiers de Wall Street ont surtout sauvé leur propre peau, utilisant l'argent du contribuable pour conserver une solvabilité suffisante pour repartir sur une nouvelle vague d'opérations qui leur ont permis d'empocher des milliards de dollars. [...] Le public a eu le sentiment d'avoir été floué [...]. Ces dernières années Wall Street a fait preuve d'une générosité extraordinaire envers les deux grands partis politiques américains, c'est même l'un des plus grands bienfaiteurs du parti démocrate. Entre novembre 2008 et novembre 2009, les firmes de Wall Street et leurs dirigeants ont déboursé 42MUSD en faveur d'élus des deux chambres, en ciblant surtout les membres des commissions chargées de superviser le secteur bancaire et, bien entendu, les présidents des deux chambres. Au total en 2009, le monde de la finance a consacré plus de 300MUSD au lobbying visant à influencer les représentants et les sénateurs. Pendant les élections de 2008, Wall Street a donné plus de 88MUSD aux candidats démocrates et plus de 67MUSD aux candidats républicains, ce qui plaçait le monde de la finance au tout premier rang des généreux donateurs[100] ».

Reich met ainsi en exergue les conditions dans lesquelles l'ouverture de l'accès aux rentes peut être compromise, même dans les ordres d'accès ouvert : « le silence assourdissant qui entoure tout cela est peut-être la preuve palpable que le jeu est faussé. On pourrait s'attendre à ce que les hommes politiques parlent du creusement des inégalités, et se préoccupent de la stagnation des revenus des classes moyennes. Mais les écarts ont eu beau prendre des proportions ahurissantes, vous verrez rarement un homme politique, même démocrate, insister sur ce problème. » (Reich, 2011 :127).

L'échec du peuple Brass et les dysfonctionnements observés dans les ordres d'accès ouvert montrent l'importance incontournable d'un troisième groupe d'acteurs plus neutre vis-à-vis de rentes politiques ou économiques. Il en va ainsi pour tout ordre social qui aspire à des transitions institutionnelles porteuses d'une ouverture des accès dans laquelle les non-élites n'ont pas le sentiment d'être laissées pour compte.

2.2. La société civile fut déterminante dans l'ouverture des accès à Abeokuta

Dans le second cas, le secteur public est le même, le secteur privé est quant à lui représenté par les multinationales britanniques qui s'implantent sur le territoire colonial, bénéficiant des facilités accordées par les autorités coloniales. On observe la même coalition des intérêts économiques et politiques entre le secteur public et le secteur privé, qui permet à la coalition dominante d'entretenir ses rentes tout au long de la lutte menée par des organisations communautaires structurées. Il apparaît clairement que l'ouverture a été le résultat de l'existence de forces autres qu'à but strictement politique ou à but lucratif, notamment le mouvement mené par Funmulayo. L'existence d'une telle force et la détermination qu'elle a démontrée a pu conduire à un résultat différent de celui enregistré chez les Brass.

De telles forces ne sont ni spontanées ni automatiques, elles découlent d'un processus de maturation des ressources humaines et techniques internes de telle sorte que les initiatives entreprises par les citoyens puissent s'inscrire de manière décisive dans le jeu institutionnel. L'excellente connaissance du système éducatif et du système politico-économique britannique par le couple Ransome-Kuti a été déterminante dans la mobilisation des femmes. Par leur éducation, le couple avait pu se constituer un carnet d'adresses utile pour

[100] Reich R., 2011, *Le Jour d'Après, Sans réduction des Inégalités pas de sortie de crise*, Vuibert. P.120

alerter les personnes et institutions adéquates à l'intérieur et à l'extérieur du Nigeria. Il avait surtout pu s'armer d'une formation équivalente à celle des Britanniques qui gouvernaient le Nigeria, de sorte qu'il était en mesure d'effectuer une lecture critique de l'action des Britanniques au regard des institutions et lois britanniques. Il lui était alors plus aisé d'élaborer des argumentaires et des modes d'intervention compatibles avec les institutions britanniques, sans être systématiquement accusé de subversion contre l'autorité coloniale. Funmulayo et son mari ont ainsi pu plus facilement se mouvoir dans le système institutionnel britannique colonial au Nigeria et en Grande Bretagne, en sachant mieux que les autres non-élites auprès de quelles autorités manifester, lesquelles interpeller et quand, ceci dans la mesure où ils pouvaient anticiper les réactions des élites et les résultats de leurs propres actions.

L'intrusion de ces tiers que sont les organisations de la société civile dans le jeu secteur privé-secteur public est en général perturbante pour les deux groupes classiques d'acteurs mais lorsque l'ordre social est suffisamment institutionnellement mûr pour une telle ouverture, les interactions entre les trois groupes d'acteurs s'organisent progressivement, permettant ainsi d'accélérer l'élimination de certaines rentes.

2.3. Composition de la société civile en tant que groupe tiers indépendant

En décrivant les organisations politiques, NWW s'appuient sur la classification de Duverger (1976)[101] pour distinguer quatre types de partis : les partis parlementaires issus du corps législatif (par exemple *whigs* et *tories* en Grande Bretagne au XIX^e^s.), les partis électoraux destinés à canaliser les votes populaires, les partis mixtes avec aile parlementaire et aile électorale, et les partis du quatrième type dits de création extérieure. Ces derniers, proches de la société civile, n'ont pas pour objectif de conquérir le pouvoir mais de sensibiliser l'opinion en s'inspirant de groupes idéologiquement marqués comme les syndicats, les sociétés de pensée, les Eglises, les associations et les entreprises commerciales. Le secteur public est alors constitué des organisations politiques ainsi que de l'Etat et ses démembrements.

En ce qui concerne les organisations économiques, NWW distinguent plusieurs formes de sociétés (en nom collectif, en commandite simple, anonyme) qui sont toutes contractuelles, faisant intervenir l'Etat comme tierce partie pour garantir les engagements internes et externes. Les plus pérennes (fonctionnement sur une base impersonnelle) sont les sociétés anonymes car elles sont dotées d'une identité juridique autonome différente de celle de leurs actionnaires.

---

[101] Duverger M., 1976, *Les Partis Politiques*, Colin.

NWW considèrent le secteur privé comme constitué d'organisations économiques (à but lucratif) comme des entreprises, et d'organisations à but non lucratif comme des syndicats et des organisations non-gouvernementales. Ils mêlent dès lors au sein du secteur privé des organisations à but lucratif et des organisations à but non lucratif, négligeant de ce fait la différence fondamentale qui existe entre la logique de recherche de profit d'une part, et la logique de défense de l'intérêt général d'autre part. La première instrumentalise les ressources dans un but privé tandis que la seconde instrumentalise les ressources en vue de la défense de l'intérêt général avec une cible plus ou moins large.

Pour souligner cette différence fondamentale, nous distinguons un premier groupe constitué d'organisations à but lucratif engagées dans le jeu de production de biens et services, et un second groupe constitué uniquement d'organisations à but non lucratif engagées dans la défense de l'intérêt général dites de la société civile.

Ce second groupe d'organisations est engagé à interpeller le secteur public et/ou le secteur privé pour exiger notamment l'ouverture des accès politico-économiques à l'ensemble de la population, ou la protection de la société contre la course aux rentes économiques et politiques à laquelle se livrent respectivement le secteur privé et le secteur public. Nous ne conférons donc pas le même sens à la société civile que NWW. Leur sens est aussi large qu'inopérant, mélangeant multinationales et partis politiques : « l'accès ouvert aboutit [par conséquent] à une structure dense et variée d'organisations que l'on appelle société civile. Depuis longtemps déjà, les chercheurs en sciences politiques et les philosophes soulignent l'importance de la société civile pour les sociétés ouvertes et démocratiques. [...] Qu'il s'agisse de clubs de jardinage, de ligues de football, de multinationales, d'ONG, de groupes d'intérêt ou de partis politiques, toutes les organisations fédèrent des intérêts qui peuvent avoir une influence sur le processus politique » (p.186). Même s'ils restent fidèles à la définition contemporaine de la société civile, ils confondent donc dans cette classification les organisations du secteur privé marchand et les organisations du secteur privé non marchand alors que nous considérons comme société civile uniquement les organisations à but non lucratif.

Ceci étant, nous ne sous-entendons pas que l'activité des organisations de la société civile soit exempte d'excès ou de dérives (voir Perouse de Montclos, 2007)[102]. Leur existence et leur survie économique ainsi que leurs résultats dépendent souvent de leur capacité à mobiliser l'opinion pour une cause. Il arrive alors qu'elles se livrent à une surenchère disproportionnée par rapport à l'enjeu, instrumentalisant ainsi l'intérêt général au service de leur propre

[102] Pour une analyse des insuffisances démocratiques d'ordre structurel et méthodologique des ONG, voir Perouse de Montclos M-A., 2007, « La face cachée des ONG ». *Politique Internationale* n°116 (Eté 2007).

pérennité. Le fonctionnement du trinôme public-privé-civil est donc une dynamique de contrôle mutuel, l'un pouvant attirer l'attention de l'opinion sur les excès des autres de manière à ce qu'un juste équilibre soit en permanence recherché dans la défense de l'intérêt général.

Ainsi, au lieu d'un double équilibre secteur public-secteur privé défendu par NWW, il y a plutôt un triple équilibre qui pourrait assurer et entretenir l'ouverture des accès. Nous postulons donc un principe du triple équilibre dont les trois piliers sont : secteur public (les organisations politiques, l'Etat et ses démembrements), secteur privé (les entreprises et toute association d'intérêts privés à but lucratif) et société civile (toute organisation à but non lucratif indépendante du public et du privé et dédiée à la défense de l'intérêt collectif ou général). La répartition lucratif/non lucratif présente toutefois quelques limites : il existe des organisations à but non lucratif au service d'organisations privées à but lucratif, comme les organisations patronales et professionnelles, et il en existe au service d'intérêts de groupes très restreints, comme les syndicats et les lobbies qui peuvent défendre des intérêts particuliers. Dans la mesure où ces organisations ne sont pas à but lucratif, elles demeurent des membres de la société civile telle que nous la concevons, il convient simplement d'identifier au cas par cas dans leurs plaidoyers les revendications qui tout en apparaissant comme des demandes particulières servent l'intérêt général, et y faire droit.

Ce dont il est question dans cette redéfinition de la société civile c'est bien une invitation à aller au-delà de son acception contemporaine. Comme le souligne François Rangeon[103], le concept de société civile a changé de sens au fil du temps depuis l'apparition des deux termes de l'expression au XIIIe siècle. Evoquant d'abord la société civilisée au sens de société organisée, elle a pu représenter l'Etat notamment avec Hobbes avant devenir progressivement, avec Rousseau, le champ de la propriété privée. Elle deviendra au XIXe siècle, hors de l'Etat mais contrôlée par ce dernier dans une relation complexe faite d'interdépendances, avec Hegel (puis Gramsci qui souligne sa dimension idéologique et politique), la sphère des institutions collectives privées dont associations, corporations, églises ou encore syndicats. Nous suggérons donc aujourd'hui la réduction de la société civile au champ des organisations privées non marchandes. Ce n'est qu'en la concevant ainsi qu'elle peut véritablement jouer un rôle d'acteur tiers indépendant par rapport aux acteurs politiques et aux acteurs économiques animés par la recherche de rentes respectivement politiques et économiques.

---

103 Rangeon F., *Société Civile : Histoire d'un Mot*. CURAPP-ESS. L'article, non daté, est accessible sur le site du CURAPP-ESS (Université de Picardie) au lien https://www.u-picardie.fr/curapp-revues/root/19/rangeon.pdf

En conclusion de ce chapitre,

En analysant le cas du mouvement des femmes d'Abeokuta dans l'histoire du Nigeria, nous avons apporté la preuve que la dynamique du rapport de forces et de l'asymétrie de pouvoir entre élites et non élites joue un rôle central dans le processus d'ouverture des accès politico-économiques. Nous avons alors démontré que NWW se trompent en attribuant un rôle exclusif aux élites dans la transition vers l'ouverture aux non élites.

En observant l'évolution institutionnelle au Nigeria après 1960 au chapitre 4 suivant, nous verrons que l'avènement du pétrole a reconfiguré le pouvoir respectif des élites et des non-élites au détriment de ces dernières, en contribuant à refermer les accès aux rentes politiques et économiques.

Chapitre 4
LE POUVOIR DES ELITES S'ACCROIT APRES LE LANCEMENT DES ACTIVITES PETROLIERES EN 1958

Le transfert du pouvoir à la coalition dominante coloniale nigériane à l'indépendance est pacifique, mais l'équilibre ne tiendra pas longtemps. Il sera rompu dès 1966 avec le premier coup d'Etat militaire qui sera suivi d'une série de soubresauts qui vont mettre à mal durablement l'Etat naturel nigérian et le faire régresser vers sa forme fragile, jusqu'en 1999.

Dans un premier temps, nous présenterons le processus de régression du Nigeria vers l'Etat naturel fragile à partir de 1958, date de l'entrée du Nigeria dans l'ère pétrolière. NWW expliquerait ce basculement par la médiocrité des arrangements institutionnels au sein de la coalition dominante nigériane comparée à ceux de la coalition dominante coloniale qui l'a précédée. Nous analyserons les raisons de ce retour vers l'instabilité en invoquant les propriétés prédatrices et transformatrices de la colonisation pour les institutions locales (section A).

L'activité pétrolière structurera peu à peu les dynamiques économiques et politiques du Nigeria jusqu'à s'imposer comme principale ressource économique, en phagocytant d'autres activités économiques et en introduisant les plus grandes multinationales du monde et leurs ordres sociaux d'accès ouvert dans le jeu politico-économique au Nigeria (section B).

Il est question ici de comprendre les raisons de l'instabilité des institutions nigérianes après l'indépendance, qui nous apparaissent indépendantes du pouvoir respectif des élites et des non-élites. C'est dans le chapitre 5 suivant que nous reviendrons sur les raisons structurelles pour lesquelles les non-élites n'ont pu durablement augmenter leur pouvoir face à la nouvelle coalition dominante. C'est alors que nous montrerons avec la thèse de Timothy Mitchell que l'avènement du pétrole comme source des rentes manipulées par les élites est un facteur qui compte dans l'effondrement des forces non-élitaires qui avaient entretenu l'ouverture des accès dans les deux décennies précédant l'indépendance.

A. RETOUR A L'ETAT NATUREL FRAGILE A PARTIR DE 1966

Nous décrivons dans un premier temps le processus de fragilisation des institutions de l'Etat nigérian postindépendance, avant d'analyser les raisons de cette déstabilisation. Avant tout, précisons que stabilité ne signifie pas absence de conflits. Comme l'a souligné Bétarice Hibou (1997 :130)[104], « le partage des lieux de prédation dégénère souvent en crises, conflits ouverts, éclatement de coalitions et renégociations d'alliances. ». Les conflits sont en fait inhérents à tous les ordres sociaux ; la stabilité évoque plutôt la rareté de conflits meurtriers ou celle de changements violents ou brutaux de coalitions dominantes.

En convoquant la colonisation comme facteur majeur de déstabilisation, notre analyse peut être perçue d'emblée comme un recyclage des thèses dépendantistes[105] de la construction des Etats postcoloniaux. Mais notre intention est différente car, même en affirmant l'évidente dépendance des colonisés, notre approche qui met en exergue la dynamique rapports de forces nous inscrit d'emblée dans une conception dialogique des relations entre puissances coloniales et peuples colonisés. En plus, le dépendantisme impute le défaut de légitimation de l'Etat en Afrique à une incompatibilité entre l'Etat et les sociétés traditionnelles. Nous mettons en lumière les différences entre les deux systèmes institutionnels surtout pour souligner (non pas l'incompatibilité mais) les inévitables bugs qui apparaissent dans l'hybridation des deux systèmes institutionnels (cf. Badie, 2000 ; Bayart, 2006)[106].

Ceci étant, la réalité de la déstabilisation des institutions démocratiques observée au Nigeria après le transfert du pouvoir de la coalition dominante coloniale à la coalition nigériane est aussi celle d'une crise d'adaptation politique et institutionnelle de la nouvelle coalition dominante aux institutions héritées en raison de diverses incohérences que nous aborderons aux sous-sections 2 et 3. La « *crise d'adaptation* » [107] désigne habituellement la thèse selon laquelle les Etats postcoloniaux sont devenus instables en raison de la difficulté à assumer la transition du commerce des esclaves au commerce légitime. Nous utilisons cette expression pour évoquer plutôt les difficultés d'adaptation de la coalition dominante nigériane à l'ensemble des institutions

---

[104] Hibou B., 1997, « Le 'capital social' de l'Etat falsificateur, ou les ruses de l'intelligence économique ». In Bayart JF, Hellis S. et Hibou B. *La criminalisation de l'Etat en Afrique.*, Ed. Complexe. Bruxelles. P.130.

[105] Cf. par exemple Rodney W., 1973, *How Europe Underdeveloped Africa.* Bogle-L'Ouverture Publications, London and Tanzanian Publishing House, Dar-Es-Salaam 1973

[106] Bayart J.F., 2006, *L'Etat en Afrique. La Politique du Ventre.* Nouvelle Edition. Fayard. P. XL.

Badie B., 2000, *The Imported State.* The Stanford University Press.

[107] Cf. Hopkins G.A., 1973, *An Economic History of West Africa.* London. Longman.

héritées de la colonisation, ainsi que les convulsions dues à l'inévitable hybridation institutionnelle.

Après l'indépendance du Nigeria, l'activité pétrolière prend de l'ampleur au fur et à mesure des découvertes et de l'installation des multinationales étrangères. L'enjeu économique de la guerre du Biafra qui éclatera en 1966 sera le contrôle par les belligérants des trois-quarts des réserves pétrolières du Nigeria situées dans le Delta du Niger, et tout au long des années d'instabilité sous régime militaire, les revenus pétroliers alimenteront les dynamiques politico-économiques (Section B).

1. DESTABILISATION DE L'ORDRE SOCIAL APRES L'INDEPENDANCE

A l'aube de l'indépendance, le Nigeria présente les caractéristiques institutionnelles suivantes :

- Compétition politique : une vie politique animée au niveau fédéral sur la base de la compétition politique entre de nombreux partis ayant réalisé plusieurs expériences électorales. Toutefois, la compétition se fait largement sur une base personnalisée, les lignes de partage étant essentiellement ethniques.
- Un essor économique favorisé par le développement de l'agriculture pour l'exportation, mais aussi une activité industrielle naissante. Toutefois, les fondements de la compétition économique interne ne sont pas encore installés, les principales entreprises étant gérées ou contrôlées par la coalition dominante coloniale ou par des ressortissants Britanniques.
- De nombreuses organisations de la société civile, externes à la coalition dominante, ont été constituées et ont d'ailleurs largement contribué à l'avènement de l'indépendance.
- L'armée coloniale monopolise l'usage de la violence légitime et prévient ainsi la survenance de conflits systémiques pouvant découler des frictions interethniques.

Le Nigeria est par conséquent un Etat naturel primaire en cours de maturation institutionnelle, mais le changement de la composition de la coalition dominante va rebattre les cartes et introduire des éléments d'instabilité. Les effets seront principalement l'exacerbation des fractures ethniques dans la compétition politique, et l'instrumentalisation de l'armée désormais fragilisée par le retrait de la puissance coloniale.

1.1. 1960-1999 : Les errements de l'Etat naturel fragile nigérian sous coalition dominante locale

L'Etat nigérian fut indépendant en 1960 mais la nation nigériane restait à construire. Les rivalités interethniques sous-tendues par la peur réciproque entre le sud et le nord de la domination de l'un par l'autre exacerba les tensions au sein du gouvernement au moment où l'identité ethnique avait plus de sens dans les esprits que l'identité nigériane. Le Prix Nobel de littérature Wole Soyinka (1993)[108] par exemple dénoncera le caractère démagogique et ridicule des incantations politiques en faveur d'une entité nationale dénommée Nigeria. Pendant 33 ans, le Nigeria va connaître une trentaine de tentatives de coups d'Etat, dont onze réussis, au rythme des recompositions ethnico-régionales au sein de la coalition dominante. Nous reviendrons sur les raisons de cette instabilité aux sous-section 2 et 3.

Les gouvernements régionaux avaient des pouvoirs étendus, y compris ceux de collecter des taxes à l'import et à l'export et de contrôler les grandes institutions de régulation de la production, et donc d'affecter les ressources collectées à des projets spécifiques : « Le patronage commercial, y compris des crédits au gouvernement, l'attribution des contrats d'approvisionnement par les *Marketing Boards*, et l'attribution des marchés publics, passaient par des agences publiques qui étaient quasiment politiques dans leur nature et leur composition. Dans chaque région, ces agences servaient les intérêts exclusifs du parti au pouvoir » (Nkemdirim, 1975 :46)[109]. Le parti contrôlant une région avait alors à cœur de conserver le pouvoir afin de garder le contrôle sur la rente qui garantissait sa survie politique, économique voire existentielle. « Dans ces conditions, il devint impératif pour les partis déjà au pouvoir de rester au pouvoir et à ceux hors du pouvoir de s'allier avec le parti majoritaire ou d'arracher le pouvoir à ce parti lors des élections suivantes, puisque les partis d'opposition redoutaient une marginalisation définitive[110] » (Falola et Heaton, 2008). En 1966, un groupe de militaires déposa le gouvernement de la première République.

Le coup d'Etat du 15 janvier 1966 fut mené par cinq majors dont quatre Igbo. Ils éliminèrent le Premier ministre Tafawa Balewa (originaire du nord), le Premier de l'ouest Chief Akintola et le Premier du nord Ahmadou Bello, jugés responsables des errements de la première République, et du chaos de 1964 et 1965. Le Major General John Aguiyi-Ironsi prit le pouvoir et annonça la dissolution des institutions et des partis politiques. Il nomma des militaires Gouverneurs de régions dont Lieutenant-Colonel Chukwuemeka (Emeka) Odumegwu Ojukwu, Gouverneur de l'est. Le coup d'Etat fut applaudi par les

---

108 Soyinka W., 1993, The Shape of Things to Come. *Index on Censorship*, 22, 8 (1993), 33.
109 Nkemdirim B., 1975, *Social Change and Political Violence in Colonial Nigeria.* P.46. Arthur H. Stockwell Ltd
110 Falola et Heaton, 2008. Op. cit.

Igbo à l'est et les Yoruba à l'ouest qui avaient vu l'impopulaire gouvernement NPC-NCNC tomber, mais au nord, il fut considéré comme un projet sudiste d'utiliser le pouvoir militaire pour réaliser l'ambition sudiste de domination. Les premières décisions d'Ironsi ne les rassurèrent guère puisqu'il décréta le 24 mai 1966 la fin de l'Etat fédéral et le passage à l'Etat unitaire. La coalition dominante désormais essentiellement Igbo et sudiste ne survécut pas à la colère de la coalition du nord qui organisa rapidement la même année un contrecoup.

Le 29 juillet 1966, un groupe de soldats nordistes captura et tua Ironsi à Ibadan. Après trois jours de vide institutionnel, ces soldats choisirent le Lieutenant Yakubu Gowon, âgé de 31 ans, comme Commandeur suprême des forces armées et nouveau Chef de l'Etat. Gowon réinstitua immédiatement l'Etat fédéral. Le Gouverneur de l'est, Ojukwu, questionna la légitimité de Gowon par rapport à des officiers nettement plus gradés, et la volonté des nordistes de protéger les Igbo, qui avaient depuis l'abolition du fédéralisme deux mois plus tôt fait l'objet de violences et même de massacres dans le nord, avec de l'ordre de 80 000 à 100 000 victimes. Il appela tous les Igbo de l'intérieur et de l'extérieur à retourner à la maison et ordonna aux nordistes de l'est de faire de même. Des négociations s'ouvrirent entre Gowon et Ojukwu en janvier 1967 car Gowon et le gouvernement croyaient en l'unité du Nigeria sous sa forme fédérale. Mais en mars 1967, Ojukwu déclara que le gouvernement de l'est prenait désormais en charge toutes les organisations fédérales installées dans la région pour assurer son autonomie. Gowon répondit en bloquant la côte et en instituant des sanctions économiques, et le 30 mai, Ojukwu déclara l'indépendance de la République du Biafra.

Cette partition se fit sur le manque de légitimité de la coalition dominante nordiste ressentie par la coalition Igbo, et sur la peur ressentie par ces derniers d'être non seulement marginalisés, mais aussi en voie d'extermination. La guerre ne put être évitée d'autant plus que les territoires réclamés par le Biafra couvraient 67% des réserves pétrolières connues, ressources devenues des sources majeures de revenus pour le gouvernement fédéral. La guerre du Biafra (encore appelée guerre civile du Nigeria) dura deux ans, faisant entre 1 et 3 millions de morts et 3 millions de déplacés, majoritairement à l'est, beaucoup étant morts de faim. La reddition des sécessionnistes intervint le 12 janvier 1970. Gagner la guerre rendit le gouvernement plus autoritaire mais aussi moins fragile que dans la première République, mais au moins aussi corrompu qu'inefficace en matière de gouvernance. L'armée augmenta de 10 000 soldats en 1966 à plus de 270 000 en 1970 (Falola et Heaton, 2008 :180) ; la coalition dominante devint alors essentiellement militaire.

Dans les années 1970, l'économie nigériane crût rapidement sous l'effet des exportations pétrolières mais la manne fut si inégalement répartie que l'élite se distingua nettement du reste de la population par son train de vie. La joint-venture Shell-BP avait découvert du pétrole depuis 1956 à Oloibiri dans l'est du Delta du Niger et la production avait démarré depuis 1958. De 5 100 barils par jour en 1958, la production pétrolière était passée à 417 000 b/j en 1966, et se hissera rapidement à 600 000 b/j en 1967 (cf. Falola et Heaton, 2008 :163 et 182), soit 13 fois plus en seulement six ans, tandis que les revenus pétroliers observeront une croissance de 76% en moyenne par an ! Dans les années 1970, la SPDC, filiale de Shell dominera la production avec environ 1,3 M b/j sur les 2,3 M b/j. D'à peine N200 000 en 1958, les revenus de l'Etat étaient de N166 M en 1970, N3,7 Md en 1974 et N5,3 Md en 1976 (Forrest, 1995)[111], profitant de l'embargo de l'OPEP que le Nigeria venait de rejoindre en 1971 et de la brusque augmentation des cours qui suivit le choc pétrolier. Un tel afflux de revenus renforça l'illusion de puissance des coalitions dominantes successives, fit négliger d'autres sources de revenus et surtout le soutien de l'Etat à d'autres activités économiques, rendant le pays dépendant de l'activité pétrolière, et faisant peser sur l'environnement naturel et humain des coûts sociaux parfois irréversibles.

L'essentiel des revenus venait des royalties, redevances et impôts versées par les compagnies pétrolières, ce qui facilitait les pratiques de corruption et de prévarication, puisqu'il n'y avait pas d'autre accord que celui qui prévalait entre le régime militaire, par essence autoritaire, et les compagnies pétrolières. Le gouvernement fédéral créa en 1971 la *Nigerian National Oil Company* (NNOC) pour superviser l'activité et les revenus pétroliers, puis la fusionna en 1976 avec le ministère des Mines et de l'Energie pour former la *Nigerian National Petroleum Company* (NNPC). Le premier décret de nigérianisation de l'économie fut pris en février 1972 pour favoriser les investissements de Nigérians dans l'économie alors encore dominée par les Européens et les Libanais mais ce décret ne fut efficace que pour quelques élites de Lagos. Gowon avait promis de remettre le pouvoir aux civils pour 1974, mais ne tint pas parole, et ne réussit pas non plus les réformes destinées à réhabiliter et réconcilier le pays après la guerre. Au contraire, il étendit l'administration militaire, entreprit de lourdes dépenses de manière incontrôlée tout en permettant aux gouverneurs militaires et à leurs administrations de détourner impunément le budget de l'Etat.

Le 30 juillet 1975, lorsqu'il était à un sommet de l'Organisation de l'Unité Africaine (OUA) en Ouganda, un groupe de jeunes officiers mené par son Chef de la Sécurité le déposa sans effusion de sang, et plaça au pouvoir Général Murtala Mohammed, un héros de la guerre, et le principal challenger de Gowon après la guerre. Mohammed entreprit des réformes pour tourner la page Gowon et transférer le pouvoir aux civils mais son régime ne dura que six mois. Il fut assassiné le 13 février 1976. Son second, Lieutenant General Olusegun Obasanjo qui avait lui-même été un héros de la guerre accéda au pouvoir.

Obasanjo poursuivit le plan qu'il avait élaboré avec Mohammed, et lança la purge de l'armée, forçant de nombreux officiers et hauts fonctionnaires à

[111] Forrest, 1995, *Politics and Economic Development*, Oxford Westview Press.

prendre leur retraite. Il prit le second décret de nigérianisation de l'économie. Les libertés syndicales furent restaurées et le nombre de syndicats monta jusqu'à 1 000 organisations. Mais globalement, ces mesures énergiques ne purent venir à bout de la corruption car le système clientéliste demeurait. En 1975, Gowon avait installé une commission constitutionnelle qui proposa une nouvelle Constitution à une Assemblée constituante en 1978. A la différence de la première Constitution qui était basée sur le système britannique, la nouvelle se calqua sur le système américain avec un Vice-Président, une Chambre des Représentants et un Sénat. Les pouvoirs des Etats fédérés et des gouvernements locaux (*Local Governments)* furent également encadrés, de même que le fonctionnement des partis politiques avec obligation pour les partis devant concourir aux élections organisées par la *Federal Electoral Commission* (FEDECO) de démontrer leur assise nationale, notamment dans au minimum deux-tiers des Etats. A la levée de l'interdiction des partis le 21 septembre 1978, 50 partis s'enregistrèrent auprès de la FEDECO mais seuls 5 furent agréés. A l'issue des élections de 1979, la victoire d'Alhadji Shehu Shagari du parti NPN fut contestée par Awolowo mais la Cour Suprême trancha en faveur de Shagari et le pouvoir fut transféré le 1er octobre 1979 par Obasanjo.

NPN noua une alliance avec le NPP d'Azikiwe pour former le gouvernement fédéral pendant que UPN qui contrôlait cinq Etats à l'ouest dont Lagos ne reconnut pas les résultats de l'élection. Le pouvoir de Shagari fut rude vis-à-vis des étudiants, fonctionnaires, syndicats, universitaires, et seuls les hommes d'affaires et les anciens ténors de la Première République dominèrent la scène politique. Shagari installa comme ses prédécesseurs des réseaux de patronage qui recrutèrent dans tous les partis des élites voulant accéder aux rentes économiques et politiques. Si la Première République avait été le règne des réseaux nordistes, la seconde qui fut plus cosmopolite mais néanmoins aussi corrompue échoua à définir un agenda clair et rassembleur. Elle alimenta une haute classe multiethnique d'élites clientélistes qui détournaient ostensiblement les revenus de l'Etat pendant que l'économie sombrait. L'instabilité des cours de pétrole à partir de 1979 fit chuter les revenus de l'Etat de 12,3 MNGN en 1980 à 7,3 MNGN en 1983, obligeant le gouvernement à solliciter le FMI en 1982 pour 1,5 MdNGN et l'Arabie Saoudite pour un prêt de 400 MNGN. Pendant ce temps, l'inflation crût de 30 à 50% pendant que les réserves de change fondaient, représentant à peine un mois d'importations en 1983, la production pétrolière ayant chuté de plus de 2M b/j à 1,3 M. Plusieurs Etats n'arrivaient plus à payer les fonctionnaires depuis plusieurs mois. La grande criminalité se développa, notamment à la frontière avec le Bénin, et dans le trafic de pétrole, d'alcools et de cigarettes. Des manifestations syndicales prirent de l'ampleur et, dénonçant les détournements, les musulmans exigeront l'application de la Sharia au niveau fédéral. Aux élections de 1983, Shagari et le NPN remportèrent les deux-tiers des sièges au parlement fédéral, et 13 Etats sur 19. Mais la fraude était telle que tout le monde redoutait un coup d'Etat militaire, après la prise de fonction de Shagari le 1er octobre 1983. En effet, le 31 décembre 1983, un coup d'Etat emmena Major General Muhamadu Buhari au pouvoir.

Buhari prit le pouvoir sous le signe de la réhabilitation des mœurs et de la relance économique par la réinstauration de la discipline. Il plaça son régime sous le signe de la guerre contre l'indiscipline, *War Against Indisciplin* (WAI), qui fut accueillie avec soulagement. Il utilisa alors ses larges pouvoirs pour combattre la corruption, poursuivre les ténors des anciens régimes jugés en cours martiales, combattre sans pitié toute forme de brigandage en instituant les réseaux d'espionnage les plus étendus que le pays ait connus. Il institua des journées de salubrité qui certes affichèrent un meilleur visage aux villes et quartiers mais servit surtout à masquer les maux profonds de la société nigériane à la base desquels figurait la baisse continue du pouvoir d'achat dans un climat d'état policier liberticide. Son refus de s'engager dans les plans d'ajustement structurel sonna le glas de son régime car il ne put obtenir le rééchelonnement de la dette nigériane qui était telle que 38% du budget de l'Etat était consacré au service de la dette.

Le 27 août 1985, le Major Général Ibrahim Badamasi Babangida renversa Buhari dans une révolution de palais. Babangida avait déjà été impliqué dans les coups de 1975 et 1983, et reprochait à Buhari la restriction excessive des libertés. Il libéra de nombreux prisonniers politiques, rétablit la presse dans ses droits, et ouvrit l'espace public au débat, y compris au débat sur l'opportunité de se lancer dans les Programmes d'Ajustement Structurel (PAS). Les Nigérians acceptèrent le PAS mais sans le FMI dont ils redoutaient l'ingérence. Babangida lança le PAS en juin 1986. La chute de la qualité des services publics et à l'inverse la montée des coûts de ces services détourna de nombreux Nigérians de l'Etat, démontrant son incapacité à subvenir aux besoins de base des populations. Ils se tournèrent massivement vers les organisations religieuses qui géraient de nombreux projets sociaux (dispensaires, écoles), en parallèle à des actions revendicatives. Des organisations chrétiennes, coiffées par la *Christian Association of Nigeria* (CAN), rivalisaient avec des organisations islamiques, regroupées au sein du *Supreme Council for Islamic Affairs* (SCIA) ainsi que de la *Jama'atu Nasril Islam* (JNI) qui luttaient pour la suppression des symboles judéo-chrétiens dans les espaces publics et pour l'instauration de la Sharia. En 1988, des grèves anti-PAS se multiplièrent, faisant des morts. Les syndicats furent dissouts, des partis suspendus. Le régime reporta plusieurs fois entre 1990 et 1993 la date du retour au pouvoir civil sous diverses raisons. Babangida rejeta la candidature des six partis engagés dans les élections après la levée de l'interdiction sur les partis politiques en 1989, et créa deux grands partis : le *Social Democratic Party* (SDP) de droite, et la *National Republican Convention* (NRC) de centre-gauche. En 1991, il créa neuf nouveaux Etats fédérés, faisant désormais passer le nombre à 30. Les deux partis désignèrent leurs candidats à la présidence, Shehu Yar'Adua pour SDP et Adamu Ciroma pour NRC. Les résultats des élections présidentielles de 1992 furent contestés et Babangida suspendit tous les candidats de la participation aux élections. De nouvelles consultations désignèrent pour le SDP Chief M.K.O. Abiola, un riche homme d'affaires Yoruba ayant participé à la deuxième République, et Bashir Tofa, un autre homme d'affaires du nord, pour le NRC. Abiola remporta les élections avec 58% dans un scrutin réputé libre et pacifique. Mais Babangida invalida les résultats, prétextant que l'élection avait exacerbé les tensions ethniques et que les candidats avaient acheté des voix. Des syndicats et diverses organisations de la société civile contestèrent violemment cette décision.

La crise poussa Babangida à passer le pouvoir à son ami et collaborateur Ernest Shonekan le 27 août 1993 dans le cadre d'un gouvernement intérimaire, l'*Interim Governing Council* (IGC), mais ce dernier, bien que toujours contesté, refusa de passer le pouvoir à Abiola, même après la décision de la Cour Suprême qui proclama le 10 novembre l'illégalité et l'inconstitutionnalité de l'IGC. Le 17 novembre 1993, Général Sani Abacha, membre de l'IGC, et longtemps considéré comme un président en attente parce que très ambitieux, déposa Shonekan.

Abacha se déclara Chef de l'Etat et Commandant en chef des forces armées. Il montra rapidement son hostilité à rendre le pouvoir à Abiola. Après une grande manifestation organisée à Lagos par la société civile sous la bannière de la *National Democratic Coalition* (NADECO) et à l'approche du premier anniversaire de l'élection et lors de laquelle Abiola s'autoproclama Président du Nigeria, Abacha emprisonna les principaux organisateurs, supprima NADECO et dissout les organisations syndicales. Abiola resta en prison jusqu'à sa mort en 1998, officiellement, par crise cardiaque. Du fait de ses pratiques oppressives et autocratiques du pouvoir, et de la chute de l'économie pendant son règne, Abacha fut le plus décrié des dictateurs. L'événement qui consacra Abacha comme tyran au Nigeria et à l'extérieur fut la pendaison de Ken Saro-Wiwa et de ses huit co-accusés du MOSOP le 10 novembre 1995, alors qu'ils militaient pour une répartition plus équitable des revenus du pétrole et pour la réhabilitation de leur environnement naturel pollué par l'exploitation du pétrole dans le Delta du Niger. Le peuple Ogoni, 500 mille habitants, une minorité de l'Etat de Rivers, représentait presque la moitié de la production du Nigeria. Les derniers mots de Saro-Wiwa « Lord take my soul but the struggle continues » furent le leitmotiv des mouvements de défiance qui allaient se poursuivre. Le Commonwealth suspendit le Nigeria qui devint paria sur la scène internationale, causant la fuite des investisseurs étrangers. Du fait de l'augmentation des cours de pétrole, les revenus de l'Etat demeurèrent toutefois croissants malgré la chute de la production. Le prix du pétrole à la pompe tripla sous Abacha, de 3,25 à 11 Nairas. En plus, Abacha fit tellement tourner la planche à billets que l'inflation passa à 150%, appauvrissant toujours davantage les plus pauvres qui ne profitaient déjà que marginalement de l'activité pétrolière, les réseaux clientélistes détournant l'essentiel des revenus. Impopulaire, Abacha tenta de répondre à des revendications ethnico-régionalistes en créant en 2006 six nouveaux Etats (les portant à 36), et 138 nouveaux gouvernements locaux. Il autorisa également cinq nouveaux partis politiques qui, grâce à l'intimidation, le désignèrent ensuite candidat pour les élections qui allaient suivre. Abacha fut trouvé mort, officiellement de crise cardiaque, le 8 juin 1998. Les militaires confièrent le pouvoir au Général Abdulsalami Abubakar.

1.2. Depuis 1999 : Amorce du retour à l'Etat naturel primaire

1999 marque la fin de la période militaire avec le retour à une compétition politique libre entre civils. Cette amorce du retour de l'Etat naturel fragile au primaire va apparaître relativement lent dans la mesure où il ne s'accompagne pas d'un développement spectaculaire des organisations non-élitaires même si les non-élites retrouvent leur droit de vote. Cette ouverture des accès politiques qui intervient bien plus tard que la vague de démocratisation du continent africain (1989-1995) tient à des facteurs plus spécifiques au Nigeria que nous attribuons à l'augmentation notable du pouvoir des non-élites, notamment dans le Delta du Niger. Nous le montrerons dans la section B du chapitre 5 lorsque nous analyserons de manière spécifique les dynamiques non-élitaires autour de l'activité pétrolière.

Après son arrivée au pouvoir, Abubakar dissout les cinq partis créés par Abacha, libéra de nombreux prisonniers politiques et engagea la transition. Des audits démontrèrent un niveau de corruption exceptionnel et il lança la restitution des fonds détournés par le régime Abacha qui furent évalués à 3MdUSD. 26 partis postulèrent à la reconnaissance et trois principaux émergèrent : *Alliance for Democracy* (AD) qui devint dominant dans le sud-ouest, *All People's Party* (APP) qui regroupa des supporters du régime d'Abacha, *People's Democratic Party* (PDP) qui fut le plus 'national' des partis avec des ténors de l'est comme Alex Ekwueme, et des liens avec des nordistes comme Shehu Yar'Adua et son protégé Atiku Abubakar. Obasanjo nouvellement libéré de prison et redevenu civil fut adoubé candidat du PDP. Il deviendra depuis lors sans doute la personnalité nigériane la plus influente du jeu politico-économique nigérian (cf. Adeniyi, 201 ; Iliffe, 2011)[112].

Aux élections du 9 janvier 1999, le PDP émergea avec 21 Etats sur 36, APP 9, et AD 6 tous dans le sud-ouest. PDP remporta 528 sièges aux assemblées régionales contre 251 pour APP et 166 pour AD. Aux élections du 20 février, le PDP remporta 59 des 109 sièges du sénat et 206 des 360 sièges de députés fédéraux, contre 24 et 74 pour APP, et 20 et 68 pour AD. Obasanjo

---

[112] Adeniyi O., 2011, Power Politics and Death. A front-row account of Nigeria under the late President Yar'Adua. Kachifo Limited. Lagos, Nigeria. Olusegun Adeniyi a été Porte-Parole du Président Yar'Adua tout au long de son mandat de 2007 à 2010.
Iliffe J., 2011, Obasanjo, Nigeria and the World. James Currey. UK.

remporta 62% des voix à la présidentielle du 27 février. Les accusations mutuelles de fraudes furent insuffisantes face au désir des Nigérians de tourner la page des violences et dictatures. Obasanjo prêta serment le 29 mai 1999 avec Atiku Abubakar (originaire de l'Etat d'Adamawa dans le nord) comme Vice-Président. En 2003, Obasanjo l'emporta à nouveau face à Muhamadu Buhari qui s'était présenté au nom du *All Nigerian Peoples Party*.

Obasanjo s'employa à réhabiliter l'image du Nigeria auprès des investisseurs étrangers et à faire augmenter le niveau de vie (PIB/hab.) qui passa de 280$ en 2000 à 560$ en 2005. La dette vis-à-vis de la Banque Mondiale passa de 35MdUSD à 5MdUSD en 2006. Mais les plus pauvres ne virent pas vraiment leurs conditions de vie changer. Les services publics restèrent mal organisés, notamment dans la santé, l'éducation et les infrastructures. Obasanjo se montra peu efficace dans la lutte contre les activités et organisations criminelles, comme le MEND (*Movement for the Emancipation of the Niger Delta*). La corruption ne recula pas non plus de manière notable, et de nombreux hauts fonctionnaires et gouverneurs furent accusés de détournement de fonds sans pouvoir être poursuivis, à cause de l'immunité.

Boko Haram émerge à partir de 2002 comme une secte islamiste d'inspiration salafiste fondée par Mohammed Yusuf, un Kanuri né dans l'Etat de Yobé au nord, et ayant suivi des études théologiques à Médine en Arabie Saoudite. Il prône un Islam rigoriste comme en écho à Usman Dan Fodio deux siècles plus tôt (Lado, 2015)[113], réclame une application stricte de la Sharia dans tout le Nigeria, rejette l'éducation occidentale et toute référence à la modernité (voir Perouse de Montclos, 2015)[114]. Obasanjo manque de voir en ce groupe les germes d'une déstabilisation durable du pays.

Une guerre de succession opposa Obasanjo et son Vice-Président Atiku Abubakar, notamment sur le projet de modification de la Constitution, sur fond de velléités du premier de rempiler après deux mandats. Umaru Musa Yar'Adua, frère du n°2 d'Obasanjo lors de son mandat militaire de 1976-1979 (Shehu Yar'Adua), et ancien Gouverneur de Katsina dans le nord, fut finalement le candidat PDP, par la volonté d'Obasanjo. Il remporta les élections présidentielles d'avril 2007 contre Abubakar pour *Action Congress* et Buhari pour *All Nigeria Peoples Party*. Les fraudes massives furent dénoncées mais sa proximité d'avec Obasanjo le protégea de l'hostilité générale. Le 29 mai 2007, Obasanjo passa le pouvoir à Yar'Adua après avoir ainsi réalisé le plus long mandat d'un civil à la tête de l'Etat. Le PDP remporta 26 Etats sur 36, l'ANPP cinq Etats, le *People's Progressive Alliance* (PPA) deux grands Etats Igbo, Imo et Abia, et *Action Congress* le symbolique Etat de Lagos.

---

[113] Lado H., 2015, L'histoire donnera-t-elle raison au Califat de Boko Haram ? in *Le Monde*. Lien http://www.lemonde.fr/afrique/article/2015/07/16/l-histoire-donnera-t-elle-raison-au-califat-de-boko-haram_4685611_3212.html

[114] Pour une analyse de Boko Haram et des conséquences religieuses, sociales et politiques de la secte, voir Perouse de Montclos M-A. (ed.), 2015, *Boko Haram : Islamic, Politics, Security and the State in Africa*. African Academic Press. Los Angeles. US.

Le Vice-Président de Yar'Adua était Goodluck Jonathan, ancien Gouverneur de l'Etat de Bayelsa dans le Delta du Niger, et cela apparut comme un signe de ce que le nouveau régime jouerait un rôle majeur dans la résolution des conflits en cours dans le Delta du Niger. Le choix d'un sudiste comme second confirma par ailleurs l'arrangement tacite au sein de la coalition dominante qui veut désormais que le Président et son second soient l'un du nord et l'autre du sud, ou l'inverse, afin de favoriser la stabilité politique. Mais le choix d'un sudiste du Delta du Niger pour ce poste est une première dans l'histoire du Nigeria. Jusque-là, le sud concernait soit le sud-ouest (un Yoruba), soit le sud-est (un Igbo), le Delta du Niger étant considéré comme sud-sud. La participation historique du sud-sud à ce niveau de pouvoir traduit aussi l'importance du pouvoir que cette région a pu engranger grâce aux progrès dans l'éducation mais surtout grâce à des années de lutte menées par des organisations de la société civile, mais aussi des organisations plus violentes engagées dans des activités de piraterie maritime, de trafics de produits pétroliers et de stupéfiants, et d'enlèvements dans le Delta du Niger.

En 2009, à l'issue de l'insurrection armée que Mohamed Yusuf lance sur fond d'attaques de symboles de l'Etat et d'appels au meurtre d'imams non membres de Boko Haram, 600 personnes sont tuées lors des affrontements dont le leader Yusuf. Ce dernier est remplacé par Abubakar Shekau qui précipite la secte dans le terrorisme sous la bannière d'Al Qaida à partir de 2010. Sa stratégie d'attentats visant l'Etat, les lieux publics et les autres religions depuis sa base de Maiduguri dans l'Etat de Borno au nord-est, faisant plusieurs milliers de morts, transforme cette organisation clandestine en ennemi public numéro 1.

Après le décès de Yar'Adua en mai 2010 des suites d'une longue maladie, Jonathan assura la transition jusqu'aux élections présidentielles de 2011. Il les remporta à 59%, pour un mandat de quatre ans, avec pour Vice-Président Namadi Sambo, ancien Gouverneur de l'Etat de Kaduna dans le nord. En s'appuyant sur le ministère du Delta du Niger créé avec son prédécesseur, Jonathan poursuivit l'opération d'amnistie générale (cf. Nwajiaku, 2010)[115] destinée à mettre fin aux activités militantes violentes dans le Delta du Niger. Jonathan engagea une politique de diversification de l'économie afin de réduire la dépendance du pays au pétrole. Il plaça l'agriculture, le développement de l'énergie électrique et l'industrie au cœur de son mandat et réussit à entretenir un taux de croissance de l'ordre de 7% en moyenne par an, tiré par les services et le secteur agricole. Toutefois, il demeura largement incapable de restaurer l'autorité de l'Etat dans le nord par l'éradication de Boko Haram. La secte redoubla d'ardeur dans les attentats et l'enlèvement le 14 avril 2014 des 276 jeunes Nigérianes à Chibok démontra l'impuissance des autorités. Le lancement et la multiplication des attentats hors du Nigeria,

[115] Nwajiaku-Dahou, K., 2010, *The Politics of Amnesty in the Niger Delta: Challenges Ahead*, Paris: Note de l'IFRI.

notamment au nord-Cameroun, au Tchad et au Niger ont précipité les pays voisins dans la guerre contre la secte, avec l'engagement de troupes tchadiennes sur le sol nigérian. L'ampleur des attaques a également amené ces pays à organiser une coalition militaire régionale sous l'égide de l'Union Africaine, qui a réussi à affaiblir sensiblement la secte.

Le mandat de Jonathan s'est achevé en 2015 sur fond de velléités de ce dernier de rempiler sous le prétexte qu'il n'avait pas réalisé deux mandats pleins en tant que Président. Mais les pressions en faveur de la transmission du pouvoir à une personnalité du nord ont conduit au déchirement du PDP. De nombreux cadres du PDP ont quitté le parti dont d'influents Gouverneurs comme celui de l'Etat de Rivers, Amaechi Rotimi, soutien initial de poids de Jonathan, qui a rejoint les rangs de la nouvelle coalition de l'opposition *All Progressive Congress* (APC) menée par Muhamadu Buhari. Buhari a remporté les élections présidentielles d'avril 2015 à 53,96% avec comme Vice-Président le sudiste Yemi Osinbajo, sur la promesse d'éradiquer Boko Haram, de lutter contre la corruption et les détournements de fonds publics, et de diversifier l'économie nigériane. APC a par ailleurs remporté 225 sièges sur 360 à l'Assemblée Nationale contre 125 pour PDP, et au Sénat, 60 sièges sur 109 contre 49 pour PDP.

L'annonce de Buhari au lendemain de son investiture de sa volonté de mettre fin à la politique d'amnistie dans le Delta du Niger a toutefois contribué à réveiller les mouvements criminels dans la zone à l'instar des *Niger Delta Avengers* (NDA) qui ont réalisé en 2016 une vingtaine d'actes de sabotage des installations pétrolières, faisant craindre un retour de cette région aux récentes et sombres décennies dominées par le MEND.

1.3. Récapitulatif des régimes successifs depuis 1960

En somme, entre 1966 et 1999, en dehors de la parenthèse Shagari de 1979 à 1983, le Nigeria est resté relativement instable, sous la menace permanente de coups d'Etat et sous régimes militaires. Il a alors réuni toutes les caractéristiques d'un Etat naturel fragile, avec recomposition de la coalition dominante au fil des changements de régimes.

A partir de 1999, les régimes sont devenus plus stables, la référence à la Constitution plus effective. La compétition politique a été réintroduite dans les pratiques du pouvoir avec l'avènement de la quatrième République. Désormais, l'accès à la formation des organisations économiques et politiques jadis strictement contrôlé par les régimes militaires s'ouvre à nouveau aux citoyens, mais reste encore très largement dominé par les élites.

De ce fait, le Nigeria est un Etat naturel fragile en transition vers l'Etat naturel primaire.

Tableau 20 : Description du Nigeria depuis 1959

Depuis 1959	Forme et Etendue	Chef de la coalition dominante	Principales élites politiques	Catalyseur de la stabilité	Principales sources de rentes éco	Principales org. élitaires
Première République (1959-1966)	République Fédérale avec 3 Régions : nord, ouest, est.	Gouverneur Général : Nnamdi Azikiwe Premier ministre : Tafawa Balewa	Conseils Législatifs des trois Régions Premiers des Régions	Compétition politique	Agriculture : palmier à huile, coton, cacao, noix de palme, arachides Pétrole	Partis : NCNC-NPC, AG puis NNDP-NPC et UPGA Entreprises pétrolières
Ironsi (1966)	Etat Unitaire composé de 25 provinces	Commandant en chef de l'Armée	Gouverneurs militaires dans chaque région	Armée	Agriculture : palmier à huile, coton, cacao, arachides Pétrole	Entreprises pétrolières
Gowon (1966-1975)	République Fédérale avec 12 Etats	Commandant en chef de l'Armée	Gouverneurs militaires dans chaque région	Armée	Pétrole	Entreprises pétrolières
Mohammed (1975-1976)	République Fédérale avec 12 Etats	Commandant en chef de l'Armée	Gouverneurs militaires dans chaque région	Armée	Pétrole	Entreprises pétrolières
Deuxième République Obasanjo (1976-1979)	République Fédérale avec 19 Etats	Commandant en chef de l'Armée	Gouverneurs militaires dans chaque région	Armée + Compétition politique 1978 Constitution 1978	Pétrole	NPN, NPP, UPN. Seul le NPN était national Entreprises pétrolières
Shagari (1979-1983)	République Fédérale avec 19 Etats	Président de la République	Gouverneurs civils Assemblée Nationale de 449. Sénat de 95	Armée + Police + Compétition politique	Pétrole	NPN, NPP, UPN Entreprises pétrolières
Buhari (1983-1985)	République Fédérale avec 19 Etats	Commandant en chef de l'Armée	Gouverneurs civils Assemblée Nationale. Sénat	Armée + Police + Services Secrets	Pétrole	Entreprises pétrolières
Babangida (1985-1993)	République Fédérale avec 21 puis 30 Etats	Commandant en chef de l'Armée	Gouverneurs civils Assemblée Nationale. Sénat	Armée + Police + Services Secrets	Pétrole	Partis : SDP, NRC Entreprises pétrolières
Shonekan (1993)	République Fédérale avec 30 Etats	Président du Conseil du Gouverneme nt Intérimaire		Armée + Police + Services Secrets	Pétrole	Entreprises pétrolières
Troisième République Abacha (1993-1997)	République Fédérale avec 36 Etats	Chef de l'Etat et Commandant en chef de l'Armée	Gouverneurs nommés dans les Etats	Armée + Police + Constitution de 1989	Pétrole	Entreprises pétrolières

Abubakar (1997-1999)	République Fédérale avec 36 Etats	Commandant en chef de l'Armée	Gouverneurs nommés dans les Etats	Armée + Police + Services Secrets	Pétrole	Entreprises pétrolières
Quatrième République Obasanjo (1999-2007)	République Fédérale avec 36 Etats	Président de la République	Gouverneurs Députés Sénateurs Conseillers régionaux et locaux	Compétition politique	Pétrole	PDP – APP – AP Entreprises pétrolières
Yar'Adua (2007-2010)	République Fédérale avec 36 Etats	Président de la République	Gouverneurs Députés Sénateurs Conseillers régionaux et locaux	Compétition politique	Pétrole	PDP – APP – AP Entreprises pétrolières
Jonathan (2010-2011 et 2011-2015)	République Fédérale avec 36 Etats	Président de la République	Gouverneurs Députés Sénateurs Conseillers régionaux et locaux	Compétition politique	Pétrole	PDP – ANPP PPA – AC Entreprises pétrolières
Buhari (2015-)	République Fédérale avec 36 Etats	Président de la République	Gouverneurs Députés Sénateurs Conseillers régionaux et locaux	Compétition politique	Pétrole	APC - PDP Entreprises pétrolières.

Contrairement à la relative stabilité qui a marqué l'Etat naturel nigérian pendant la période coloniale, l'Etat naturel sous coalitions dominantes nigérianes s'est caractérisé par une grande instabilité de la coalition dominante. Avant de poursuivre notre analyse de l'évolution des rapports de forces entre élites et non élites, nous allons esquisser une explication en plusieurs dimensions de l'instabilité chronique qui a gagné l'Etat naturel à partir de l'indépendance.

2. POURQUOI L'ORDRE SOCIAL EST-IL DEVENU INSTABLE, SELON NWW ?

Le basculement du Nigeria dans l'Etat naturel fragile sonne comme l'échec de la coalition dominante nigériane à entretenir l'héritage institutionnel de la coalition dominante coloniale. La logique de la stabilité politique chez NWW est celle de la qualité des arrangements institutionnels au sein de la coalition dominante : si les engagements des élites ne sont pas crédibles, ils fragiliseront les institutions. On pourrait donc supposer qu'ils justifieraient cet échec par la détérioration de la qualité des arrangements entre les nouvelles élites nigérianes.

En effet, lorsque la coalition dominante coloniale était au pouvoir, les identités élitaires au sein de la coalition étaient peu observables car elles s'alignaient dans une certaine mesure sur le fonctionnement de l'ordre d'accès ouvert britannique qui, lui, s'appuie sur les institutions et non sur les identités personnelles. Il existait certes des clivages entre les élites coloniales ne serait-ce qu'à cause des différences et oppositions politico-idéologiques. Mais ces divisions n'étaient pas essentialistes et n'étaient en tout état de cause pas de taille à mettre en péril l'ambition coloniale sans que la hiérarchie coloniale à Londres ne s'en émeuve. Nous avons à ce titre vu au chapitre 2 que la riposte de l'armée britannique contre le peuple Brass en 1894 fut organisée depuis Londres, alors même qu'au sein de la coalition dominante coloniale locale, le Consul Général britannique Claude McDonald avait vigoureusement protesté contre le monopole croissant de la *Royal Niger Company* (RNC), la principale organisation élitaire coloniale au Nigeria, et qu'il avait plutôt été favorable à l'ouverture des activités commerciales aux commerçants Brass. Il pouvait donc bien y avoir opposition de vues au sein de la coalition dominante coloniale locale.

La hiérarchie coloniale à Londres trancha en faveur de l'expédition punitive contre le peuple Brass pour restreindre son accès aux activités commerciales mais elle trancha aussi en faveur de l'expulsion de la RNC et de son remplacement par l'administration coloniale. Ainsi, les arrangements entre élites coloniales étaient susceptibles d'être crédibles puisque leur application était garantie en dernier ressort par la hiérarchie coloniale à Londres, celle-ci ayant la capacité d'arbitrer les litiges au sein de la coalition et de mettre en œuvre ses propres engagements grâce à l'autorité politique et militaire. Une telle instance institutionnelle hiérarchique qui recadre et repositionne en permanence les élites coloniales locales sur les objectifs de la colonisation a permis de limiter la portée des conflits au sein de la coalition dominante coloniale locale.

En revanche, lorsque la coalition dominante nigériane a pris le relais, deux modes de garantie des arrangements élitaires avaient changé. Tout d'abord, au sein de la coalition dominante locale, l'instance de garantie en dernier ressort des arrangements entre élites locales qu'était la hiérarchie coloniale à Londres s'était effacée avec l'indépendance. La Constitution nigériane qui aurait dû servir de référence commune aux nouvelles élites n'était pas auto-exécutoire en ce sens qu'elle avait besoin que la mise en œuvre soit garantie par la coalition dominante. Or la nouvelle coalition a vite manqué de crédibilité, probablement faute d'expérience. En second lieu, à l'époque coloniale, la constitution d'une armée par une élite, comme cela a pu arriver en 1966 dans le Biafra, n'aurait pas pu advenir car la centralisation des moyens militaires était une obsession de la coalition dominante coloniale et toute velléité était matée grâce à la supériorité militaire de la hiérarchie à Londres. Cette hiérarchie des forces militaires disparut avec l'indépendance. En soi, la Constitution ne pouvait suffire à recadrer et repositionner les élites nigérianes sur des objectifs communs de telle sorte que les arrangements élitaires demeurent crédibles. Les arrangements entre élites ont ainsi perdu en crédibilité et la coalition dominante est devenue durablement instable.

C'est ainsi qu'avant les indépendances, la coalition dominante coloniale pouvait difficilement être suspectée d'agir en juge et partie dans la répartition des rentes et privilèges entre ethnies. Après son départ, la peur nourrie par chaque groupe ethnique d'être marginalisé dans la répartition de l'exceptionnelle rente pétrolière a exacerbé les tensions en jouant contre l'unité nationale. Il n'a pas été possible de voir s'imposer au sommet de la coalition dominante nigériane une figure suffisamment charismatique à l'image d'un Kwame Nkrumah ou d'un John Jerry Rawlings au Ghana, d'un Kenneth Kaunda surnommé le 'Gandhi Africain' en Zambie, ou d'un Julius Nyerere en Tanzanie qui posa les bases d'un Etat pluriethnique pendant les 21 premières années d'indépendance ; ou encore d'un Seretse Khama puis Quett Masire qui menèrent le Botswana, le premier à l'indépendance puis comme premier Président pendant 14 ans, et le second comme second Président pendant 17 ans.

Il n'y a pas eu au Nigeria de leader charismatique surplombant la scène politique et capable de se poser en modérateur crédible du jeu politique. Avec ce dernier point sur le leadership, nous avançons un élément soutenu par les travaux de Jones et Olken (2004)[116] qui est rarement pris en compte en théorie économique comme facteur à part entière du développement politico-économique, et de fait est absent de l'analyse de NWW. Au-delà des facteurs de production classiques (capital humain, capital financier, capital technologique, institutions), les qualités intrinsèques du leader et la capacité d'un ordre social à produire des leaders charismatiques et éclairés peuvent faire la différence, et cela a clairement fait défaut au Nigeria dans sa trajectoire institutionnelle.

Cet argumentaire sur la qualité des arrangements institutionnels au sein de la coalition dominante qui s'inscrit dans la logique du cadre conceptuel de NWW est un premier pas pour comprendre l'instabilité de l'architecture institutionnelle dont la coalition dominante nigériane a hérité en 1960. NWW pourraient d'ailleurs renchérir en ajoutant que « une même institution ne produit pas les mêmes résultats selon le contexte [...] L'institution électorale n'engendre pas forcément la démocratie. Il lui faut se doter en outre d'institutions et d'organisations, de croyances et de normes avant de pouvoir engendrer un ordre social d'accès ouvert, où l'on peut qualifier de démocratique la compétition pour le pouvoir. » (p.38).

En tout état de cause, cet argumentaire semble considérer la colonisation, manifestation de la libre compétition politico-économique à l'échelle internationale, comme une donnée, et ne questionne pas ses manifestations et ses conséquences. Or les effets déstabilisateurs et prédateurs de la colonisation

[116] Jones, B. et Olken B., 2004, Do leaders matter? National leadership and growth since World War II. *Working Paper*, Northwestern University.

en soi expliquent aussi l'incapacité de la coalition dominante locale à garantir des arrangements institutionnels élitaires crédibles sous les nouvelles institutions. Nous montrons dans la sous-section suivante comment la colonisation, activité par excellence de prédation à l'échelle internationale, a joué un rôle majeur dans le basculement du Nigeria d'après 1960 dans l'instabilité chronique.

3. LA COLONISATION A CREE UN ORDRE SOCIAL STRUCTURELLEMENT INSTABLE

Le transfert des institutions politico-économiques de la coalition dominante britannique à la coalition dominante nigériane à l'indépendance en 1960 survient à l'issue d'un processus de décolonisation politique engagé dans les années 1940 avec l'émergence de mouvements non-élitaires de contestation du régime colonial, comme nous l'avons vu précédemment. Le coup d'Etat du 15 janvier 1966 ouvrira une période de trente-trois années d'un cercle vicieux fait de l'instabilité politique chronique et d'errements économiques. Un tel constat d'échec semble donner raison à la thèse selon laquelle le processus de développement mené par le colonisateur britannique et qui tendait à mener le Nigéria vers un ordre d'accès ouvert avait été un succès et celui poursuivi par la coalition dominante locale un échec. En mettant en lumière la nature prédatrice de la colonisation, nous affirmons que la coalition dominante qui a pris le relais s'est inscrite dans la même démarche politico-économique initiée par la coalition dominante coloniale, mais que l'échec était inévitable à cause des germes de destruction que portait en soi la colonisation.

Il apparaît que la libre compétition politico-économique que les ordres d'accès ouvert ont menée à l'échelle internationale a été en soi prédatrice vis-à-vis des institutions locales, surtout dans un contexte où le sentiment d'appartenance nationale restait à construire en présence de fortes identités ethniques. C'est ainsi que la colonisation a généré un Etat nigérian artificiel sans ciment idéologique ou mythique commun susceptible de servir de référentiel national. La désagrégation de l'édifice institutionnel alors monté de toute pièce n'était par conséquent qu'une question de temps.

3.1. Colonisation et instabilité structurelle

La colonisation a rassemblé, pour les besoins du Royaume Uni des centaines de peuples différents aux structures institutionnelles et trajectoires historiques diverses : les Igbo et autres peuples du centre et de l'est avec une organisation institutionnelle très décentralisée ; les Yoruba et autres peuples de l'ouest avec un référentiel divin fort et un exercice du pouvoir plus centralisé ; les Etats islamisés du nord avec une organisation centralisée, un référentiel religieux inspiré de l'islam et de l'éducation coranique et une vocation guerrière plus marquée ; et une multitude d'autres petits Etats qui n'étaient pas spontanément demandeurs d'une tutelle administrative. Soumis et assemblés par le colonisateur Britannique, ces peuples sans référents ancestraux et mythologiques communs ont été amenés de fait à vivre ensemble au prix d'une restructuration forcée sur le plan des organisations, des normes, des règles et des croyances. Venant de monarchies théocratiques dont la succession s'opérait principalement de manière héréditaire, ils devaient construire une nation en apprenant une langue commune (celle du colonisateur), un Etat laïc fonctionnant sous le régime de la compétition politique et économique, et une armée contrôlée exclusivement par l'Etat central. En un mot, ils devaient mener à partir de 1960 le processus institutionnel et mental d'apprentissage que les Européens ont eux-mêmes accompli en pratiquement un millénaire.

En effet, si nous prenons le cas de la France, c'est le 14 février 842 que le Serment de Strasbourg institue la langue française (ou plus exactement son ancêtre) par la volonté de Charles et Louis, les fils du roi Louis 1er le Pieux. Le Traité de Verdun signé en 843 entre ses trois fils Charles, Louis et Lothaire répartira entre eux le vaste territoire en confiant à Charles la *Francia Occidentalis* celui qui correspond peu ou prou à la France d'aujourd'hui. La France traversera le Moyen Age avec des institutions d'un ordre d'accès limité, et c'est à la suite de la Révolution en 1789, c'est-à-dire neuf siècles plus tard, que seront posées les bases de la République avec les débuts de la compétition politique, qui débouchera sur la compétition économique avec la révolution industrielle. En ce qui concerne la Grande Bretagne, nous avons vu plus haut que c'est avec la conquête normande en 1066 que Guillaume le Conquérant va établir les bases de l'empire Britannique. L'empire ne connaîtra la compétition politique que six siècles plus tard, au lendemain de la Glorieuse Révolution de 1688-1689 qui verra l'éviction du roi Jacques II par le parlement, et plus tard la compétition économique lors de la révolution industrielle. C'est d'ailleurs à la fin des guerres napoléoniennes que la France et la Grande Bretagne entreront de plain-pied dans l'ordre d'accès ouvert de NWW. Le Nigeria ne pouvait tout simplement pas opérer un tel bouleversement institutionnel, qui plus est, lorsqu'on sait que les transformations institutionnelles pendant la période coloniale avaient été voulues et conduites par les autorités coloniales et non les Nigérians eux-mêmes.

Un argument peut être émis contre notre raisonnement, à savoir qu'à la différence des pays européens qui avaient conduit leurs ordres sociaux à l'ouverture des accès par tâtonnements, les résultats à atteindre et la voie à suivre étaient connus de la coalition dominante nigériane. Celle-ci pouvait donc d'autant plus s'inspirer de l'expérience européenne que les élites nigérianes avaient pu s'imprégner de l'expérience européenne pendant leurs études au Royaume Uni. En fait, cet argument ignore une réalité fondamentale du fonctionnement d'un ordre social. Un ordre social, schéma d'organisation sociale, est bâti sur une matrice institutionnelle composée d'organisations, de normes, règles et croyances (cf. NWW). Les croyances tiennent une place essentielle et conditionnent la stabilité d'un changement institutionnel en ce qu'il s'agit non seulement d'un changement d'organisations et de normes, mais aussi nécessairement un changement de croyances.

C'est ce dispositif institutionnel qui constitue le ciment national pour un peuple. Il unit par exemple le peuple juif dans ce sentiment d'appartenance à la même communauté de destin et contribue à faire en sorte que malgré la jeunesse institutionnelle de l'Etat d'Israël (créé seulement en 1947), il présente déjà les caractéristiques d'un ordre d'accès ouvert. Dans le cas d'Israël, l'arrivée massive (dans le cadre du mouvement sioniste) et organisée d'un capital humain doté des apprentissages acquis dans les ordres d'accès ouvert a aidé à accélérer le développement : les sionistes partageaient la mission commune d'édifier un Etat susceptible de les protéger, et disposaient de tout le capital humain nécessaire engrangé dans les ordres d'accès ouvert dont ils provenaient. Ils étaient médecins, architectes, universitaires, militaires, inventeurs, hommes d'affaires, banquiers, etc. Ils étaient tous mus par cette mission commune qui traversait toutes les institutions de l'ordre social comme le flux sanguin traverse le corps pour irriguer l'ensemble des membres. L'existence d'un tel liant idéologique et religieux favorise la stabilité des institutions en mobilisant un peuple autour d'objectifs communs, déjouant ainsi le paradigme d'Olson (1965)[117] qui veut que l'action collective soit minée par des intérêts individuels ou particuliers. La nouvelle coalition dominante nigériane a hérité d'une matrice institutionnelle qu'elle n'avait pas désirée et qui lui avait été transmise par la force de la colonisation, sans qu'elle corresponde à ses croyances profondes. Ce nouveau référentiel hérité de la colonisation ne pouvait s'imposer au titre de ce que North (2005)[118] appelle « *Path Dependence* », c'est-à-dire le chemin contraint qu'imposent des institutions devenues une culture.

Il ne suffisait donc pas pour la coalition dominante locale qui héritait du référentiel colonial de savoir que faire et où aller, encore fallait-il l'avoir suffisamment expérimenté dans une dynamique d'apprentissage pour que cela devienne une *path dependence*. Pour North (2005), les croyances sont des constructions mentales dérivées des expériences contemporaines et historiques qui forment le processus d'apprentissage. Chaque société réalise et renouvelle sa propre expérience, et transforme par une sédimentation des comportements un référentiel institutionnel en culture, même si ce dernier demeure dynamique. Ce processus est en général lent, et est à l'échelle de générations. Il peut être accéléré si des forces sociales endogènes menées par

---

[117] Olson M., 1965, *The Logic of Collective Action. Public Goods and the Theory of Groups.* Cambridge, Massachusetts, Harvard University Press.
[118] North, D., 2005, Op. cit.

un leadership adéquat (Jones et Olken, 2004)[119] prennent le parti d'importer et d'assimiler les institutions efficaces dont l'ordre social a besoin et/ou d'inventer celles qu'il est en mesure de créer et qui sont susceptibles d'accélérer le développement politico-économique. C'est cette combinaison de facteurs faite de copiages et d'intégrations successives qui a permis aux sociétés occidentales et asiatiques chacune à son tour de connaître la révolution industrielle.

Si ce mouvement ne s'appuie pas sur des dynamiques socio-culturelles locales, la seule manière d'accélérer le processus est qu'une coalition dominante coloniale originaire d'un ordre social ouvert conquiert le pouvoir politique et économique, engage l'installation des institutions capitalistes et les gère lui-même jusqu'à ce qu'elles deviennent une culture d'ordre d'accès ouvert. Cela s'est observé dans trois cas (qui dénotent bien du caractère prédateur de la colonisation) :

- Sur des territoires coloniaux où la puissance coloniale a éliminé la population locale et l'a remplacée par sa propre population : cas des colonies de peuplement comme les Etats-Unis, le Canada, l'Australie, la Nouvelle Zélande, Israël. Dans ces pays, le processus colonial a produit des résultats institutionnels stables en seulement quelques décennies, mais au prix de l'éloignement, de l'élimination voire de l'extermination des occupants ou des populations autochtones.
- Sur des territoires où le système politico-économique s'est construit sur de fortes inégalités d'accès à la compétition politico-économique et où le groupe issu de l'ordre d'accès ouvert colonisant ou dominant est devenu majoritaire. La puissance dominante -étrangère ou ethnique- a confisqué le pouvoir économique et politique (Japon, Taiwan, Corée du Sud, Hong Kong, Singapour) de sorte que la compétition économique et politique s'est établie durablement. Dans ces pays, les ressortissants de l'ordre d'accès ouvert dominant n'ont pas systématiquement éliminé les populations locales mais ont entretenu l'essor politico-économique par la compétition presque exclusivement au sein de leur groupe qui partageait alors la même culture institutionnelle, puis ils ont fini par devenir majoritaires au sein de la population.
- Sur des territoires coloniaux où le système politico-économique s'est construit sur de fortes inégalités d'accès à la compétition politico-économique et où le groupe dominant est resté minoritaire. La puissance coloniale (étrangère, ethnique, politique ou générationnelle) a confisqué le pouvoir économique et politique (Afrique du Sud, Brésil, Inde, Chine, Indonésie, Malaisie) sans jamais devenir majoritaire au sein de la population. Elle a ainsi entretenu de fortes inégalités structurelles d'accès à la compétition politico-économique.

[119] Jones, B. et Olken B., 2004, *Op. cit.*

Ce troisième cas de figure ressemble fort au cas nigérian, à la différence près que les coalitions successives au pouvoir n'étaient pas des minorités mais des exclus des précédents régimes. Dans ces conditions, la stabilité institutionnelle reste sujette à caution car elle dure seulement tant que la coalition dominante au pouvoir est capable d'écraser toute velléité révolutionnaire, comme au Nigeria pendant la période coloniale. La domination économique par la coalition dominante coloniale Britannique s'accompagnait d'une domination politique, ce qui rendait moins probable une accession brutale au pouvoir des masses appauvries. Mais après l'indépendance, les coalitions ethnico-militaires dominantes successives n'ont pas eu toute la puissance économique et politique nécessaire pour s'imposer durablement. Lorsque la coalition dominante perd le pouvoir politique brutalement (révolution ou coup d'Etat) ou dans le cadre d'une éventuelle compétition ouverte, la coalition marginalisée est alors susceptible d'engager des opérations violentes de représailles si cette ouverture politique ne s'accompagne pas aussi d'une ouverture économique. C'est ce qui s'est passé au Nigeria dès le premier coup d'Etat en 1966 qui a vu le sudiste Ironsi se dresser contre la domination nordiste, puis le nordiste Gowon combattre le sudiste Ojukwu jusqu'à la guerre du Biafra.

Amy Chua (2007)[120] a montré comment à la faveur de la mondialisation, la minorité chinoise a dominé les économies birmane (5% de la population), philippine, vietnamienne, cambodgienne, laotiennes, malaise, indonésienne, et tout le sud-est asiatique. C'est ainsi qu'en Indonésie, la chute de Suharto en 1998 avait fait éclater des émeutes antichinoises à Djakarta qui firent plusieurs milliers de morts, poussant l'essentiel des capitaux chinois (jusqu'à 40 MdUSD) à trouver refuge à Singapour. Ainsi, la compétition politique ouverte emmenée par la mondialisation dans de tels contextes institutionnels de fortes inégalités d'accès économiques donne une chance quasi-inévitable au pouvoir de changer brutalement de camp, ouvrant la voie à des risques de représailles et d'instabilité sociale plus ou moins durables.

3.2. Différences entre les institutions traditionnelles et celles issues de la colonisation

Dans lè Delta du Niger par exemple, lorsque les chefs de communautés sont invités à déclarer le nombre d'habitants, ils donnent spontanément le nombre d'hommes adultes, avant d'évoquer les femmes et les enfants. Le nombre d'hommes est censé représenter le nombre de familles, car il s'agit du nombre d'hommes reconnus par la communauté comme mariés. Ceci montre que la cellule de base de la société n'est pas l'individu mais la famille, et que l'individu ne se conçoit pas en dehors de son appartenance à une famille. De la famille à l'Etat fédéral né de la colonisation, il a fallu enchâsser des

[120] Chua A. 2007. *Le Monde en Feu. Violences Sociales et Mondialisation*, Seuil.

institutions hétérogènes qui recherchent encore aujourd'hui une cohérence d'ensemble.

Nous n'énonçons pas ici une théorie de la pureté institutionnelle ou culturelle car celle-ci est une illusion. J.F. Bayart (2006, 2008)[121] a montré comment la colonisation, et plus largement les phénomènes d' « *extra-version* » des sociétés, ont généré en Afrique un « *assemblage baroque* » de la monarchie, de la société lignagère, du prophétisme, du nationalisme, du christianisme, de l'invisible, du marxisme, de la démocratie libérale, de la bureaucratie civile et militaire. Nous soulignons ici que le lent processus d'hybridation institutionnelle a généré l'instabilité observée.

3.2.1. Les institutions administratives importées par le colonisateur

Au Nigeria, l'Etat fédéral a à sa tête un Président de la République, commandant en chef des armées, secondé par un vice-Président, et entourés de ministres fédéraux. Les deux sont élus en ticket au suffrage universel direct et l'Etat fédéral trouve son équilibre entre le pouvoir exécutif, le pouvoir législatif (parlement bicaméral avec Chambre des représentants et Sénat) et le pouvoir judiciaire. Les Etats fédérés sont au nombre de 36, auquel il faut ajouter la capitale fédérale Abuja qui jouit d'un statut spécial et est placé sous l'autorité d'un ministre fédéral. A la tête d'un Etat fédéré, on trouve un Gouverneur élu au suffrage universel direct par les citoyens de l'Etat. Le Gouverneur est entouré de ministres nommés et le pouvoir législatif est représenté par un parlement unicaméral constitué de Conseillers (*Counselors*) élus.

Les 774 *Local Governments* -ou gouvernements locaux- composent les Etats fédérés : l'Etat d'Akwa Ibom en compte 31, le Rivers en compte 23, et le Bayelsa en compte 8 + 24 communautés autonomes[122]. A la tête d'un *Local Government* se trouve un *Chairman* élu au suffrage universel direct, entouré d'un conseil également élu représentant le pouvoir législatif, et de Commissaires (*commissionners)* nommés et répartis par secteur de compétence. Un *Local Government* est constitué d'un certain nombre de « *communities* » ou communautés. A la tête d'une communauté, on trouve un chef traditionnel qui peut être de premier, de second ou de troisième degré selon son rang protocolaire établi par l'administration publique. Le chef arrive sur le trône

---

[121] Bayart J.F., 2006, *L'Etat en Afrique. La Politique du Ventre*. Nouvelle Edition. Fayard. Et Bayart J.F., 2008, « Culture et Développement, les luttes sociales font-elles la différence ? » *Afrique contemporaine* 2008/2 (n° 226), p. 85-110.

[122] Au Nigeria, une Communauté Autonome (*Autonomous Community*) est une unité administrative qui préfigure un *Local Government*. Rattachée directement à l'Etat fédéré comme les *Local Governments*, elle n'est toutefois pas assez grande et assez structurée pour en être un. Ses ressources sont administrées par l'Etat qui nomme le Chef du Centre de Développement à la différence des exécutifs (*Chaiman* et Conseillers) des *Local Governments* qui sont élus.

par hérédité, ou par cooptation des notables, ou encore à tour de rôle d'une famille à l'autre, selon les traditions locales. La plupart du temps, c'est une combinaison des différents modes de désignation. Dans tous les cas, le chef, qui ne peut être une femme, doit être adoubé par l'administration publique qui aura vérifié que cette accession est régulière car l'autorité traditionnelle assure la continuité de l'administration publique au sein des communautés.

La communauté est composée de divers organes dont les plus usuels sont : le conseil des chefs, l'association des jeunes, l'association des femmes, le conseil des ainés (elders), le comité de développement. Cette dernière instance ou *Community Development Committee (CDC)*, a été instituée en 1992 par le régime de Babangida pour favoriser un développement autonome des communautés.

3.2.2. Les institutions traditionnelles précoloniales

A l'origine de l'établissement d'une communauté, une première famille emmenée par un homme s'installe sur un terrain vierge et le viabilisent. Ils y ont des enfants qui à leur tour se marient : les hommes mariés étendent la famille sur le même espace tandis que les femmes vont en mariage en rejoignant leurs époux sur les espaces familiaux de ces derniers. Au fur et à mesure que la famille s'agrandit, elle se structure politiquement notamment pour gérer les conflits et se répartir les ressources, le premier homme qui sera l'ancêtre assurant la gestion de la grande famille. En général, il arrive un moment où des dissensions qui augmentent avec la taille de la grande famille ne peuvent se résoudre que par la dislocation de la famille originelle qui laisse donc un de ses membres (une personne ou une famille ou toute une partie de la grande famille) s'installer sur un autre espace plus ou moins éloigné du premier. Cette nouvelle famille établit un chef de communauté qui est le chef de famille et devient ainsi plus ou moins autonome économiquement et politiquement de la première.

Dans le *Local Government* d'Onelga (Etat de Rivers, Delta du Niger) par exemple, chaque famille s'agrandit pour devenir une communauté dirigée par un chef de communauté ou *Ochi-Ohan*, puis un certain nombre de communautés venant du même ancêtre se constituent en clan avec à sa tête un *EZE*. Si le clan est assez grand, il peut être utile de le diviser en zones dirigées chacune par un *EZE* de rang inférieur. L'ensemble des clans qui se réclament d'un même grand ancêtre forment le royaume qui est l'échelon ultime de l'organisation politique traditionnelle. Le royaume rassemble les populations d'un même groupe ethnique. Le groupe ethnique se réclame d'un même ancêtre qui a fondé la communauté originelle. Mais un même groupe ethnique peut être établi sur plusieurs royaumes différents s'il est numériquement important (exemple des Obolo dans l'Etat d'Akwa Ibom, cf. infra). A leur tour, plusieurs groupes ethniques qui viennent du même ancêtre peuvent former une tribu.

Le royaume a à sa tête un roi et n'a pas d'autorité au-dessus de lui autre que les ancêtres et les dieux, ce qui ne l'empêche pas de coopérer avec d'autres rois dans le cadre d'associations régionales ou fédérales, ou d'amitiés entre trônes. Le roi et les chefs sont remplacés de manière héréditaire, par cooptation, ou à tour de rôle (clan après clan et famille après famille) selon la règle historiquement retenue. Les royaumes actuels dans le Delta du Niger (neuf Etats) se sont installés depuis plusieurs décennies ou même depuis plusieurs siècles : les historiens du royaume *Ogba* dans l'Etat du Rivers situent ses débuts par exemple au XVe siècle.

Dans le Delta du Niger, le chef de famille reporte au chef de communauté (qui reporte au chef de zone le cas échéant) qui reporte au chef de clan, qui reporte à son tour au roi. Les rois sont en général classés au premier degré. Les chefs de clan sont classés au second degré, mais quelques-uns des chefs de clans qui disposent de relais politiques influents sont classés au premier degré. Les chefs de communauté relèvent du second degré ou du troisième degré selon la taille de la communauté, et les chefs de famille sont du troisième degré (Figure 9).

Figure 9 : Organisation des chefferies dans le Delta du Niger

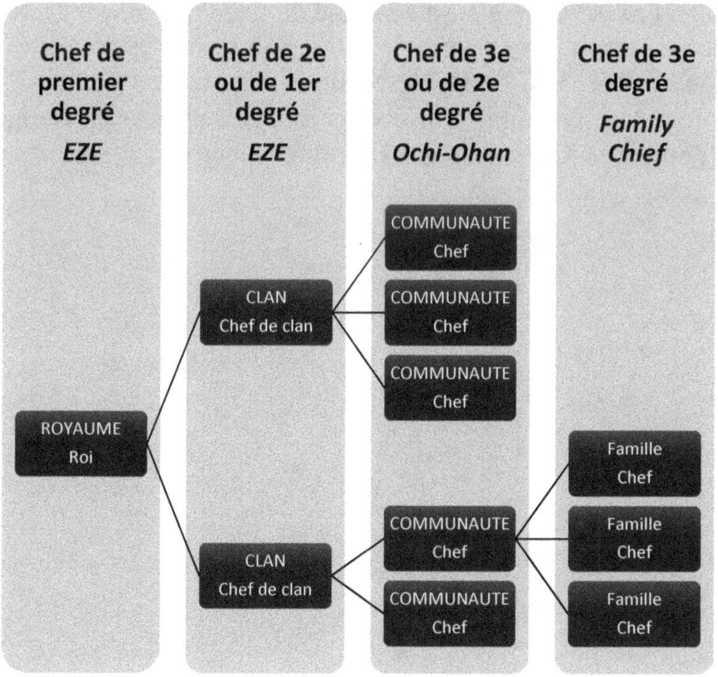

Le cas du royaume Ogba dans l'Etat de Rivers, Delta du Niger

Le royaume Ogba est réputé avoir été créé en 1460 par Akalaka, le père d'Ekpeye (nom du royaume voisin) et d'Ogba (Ohia et Onyedibia, 2003)[123]. Son siège est à Omok, capitale du *Local Government* d'Onelga. Couvrant un millier de km^2 et situé à 88 km de la côte, le territoire Ogba est entouré des rivières Sombereiro à l'est et au sud, Orashi à l'ouest, du fleuve Niger au nord-ouest, des peuples Ohajih et Ikwerre à l'est, et des Ijaw et Aboh au nord. Le royaume Ogba est composé de quatre clans : Omok, Egi, Usomini, Igburu.

- Clan Omok a à sa tête un EZE de second degré.
- Clan Usomini a un EZE de second degré, qui règne sur sept communautés.
- Clan Igburu a également un EZE de second degré, qui règne sur douze communautés.
- Clan Egi a un EZE de premier degré : précédemment de second degré, il est passé au premier degré en 2013 au prix d'une lutte de leadership avec le roi Ogba qui était jusque-là le seul chef de premier degré du royaume. En fait, les communautés Egi abritent de nombreux puits de pétrole dont l'EZE Egi tire d'importantes rentes avec la complicité des compagnies pétrolières installées (Total principalement).

Le clan Egi par exemple est composé de seize communautés réparties en quatre zones constituées chacune de quatre communautés :

- Zone Etiti : Ede – Obite – Oboburu – Akabuka
- Zone Uso-Ozimini : Obiyebe – Egita – Akabta – Obi-Ozimini
- Zone Umu-Obor : Obagi – Ogbugu – Obigbor – Ohali
- Zone Ahiahu : Erema – Ibewa – Obukegi – Itu.

---

[123] Ohia, B. et Onyedibia, H. O., 2003, *The Ogba Nation 1460-2003, Vol 1,* CharleSWortH Nigeria.

Figure 10 : Organisation du Royaume OGBA dans l'Etat du Rivers

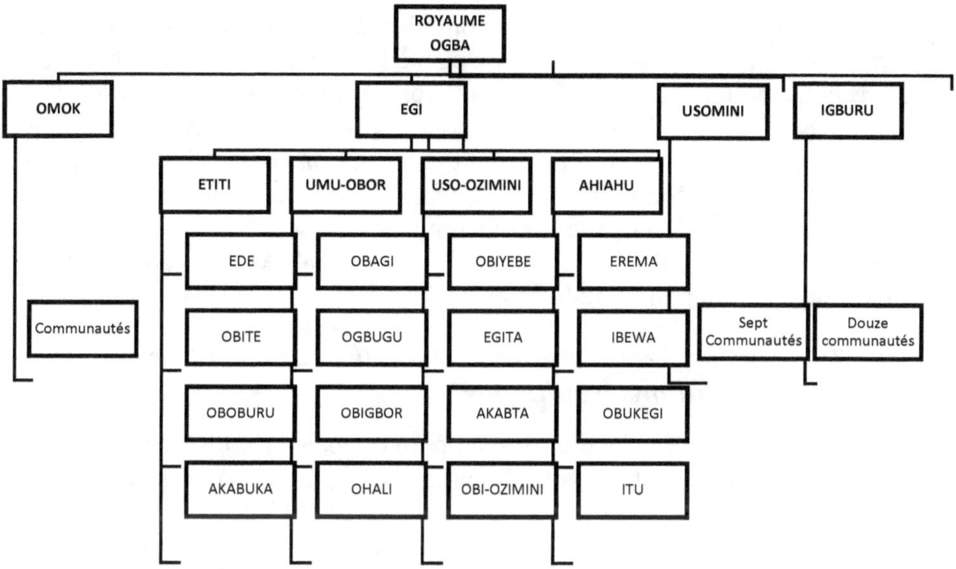

En 2014, le clan comptait 84 chefs officiellement enregistrés à savoir 10 *high chiefs* (nommés de manière honorifique mais sans communauté de souveraineté), 16 chefs de communautés ou *Ochi-Ohan*, 58 chefs de famille ou *family chiefs*. Ces 84 chefs constituent le conseil des chefs traditionnels du clan (*Council of Chiefs*) qui siègent autour de l'EZE Egi, avec les quatre autres Eze de rang inférieur qui dirigent les zones du clan.

Chaque communauté s'agrandit au rythme de la création de nouvelles familles. Pour qu'une nouvelle famille se crée au sein d'une communauté, le nouveau chef de famille doit être marié ; il doit surtout disposer d'une parcelle de terrain séparée de celle de sa famille d'origine ou au moins d'un point de pêche, de manière à pouvoir subvenir aux besoins de sa famille. L'avantage d'être une famille est que lorsqu'il y a des biens, cadeaux et opportunités à partager au sein de la communauté, ils le sont de manière égale aux différentes familles, quelle que soit leur taille : au sein de la communauté, toute famille, quelle que soit sa taille, bénéficie donc de la même attention et de la même solidarité. L'inconvénient est que toute contribution aux événements communs se fait également de manière égalitaire entre les familles. La validation officielle d'une nouvelle famille au sein de la communauté se fait lors de cérémonies traditionnelles organisées tous les huit jours par le conseil des anciens de la famille (*Council of Elders*) en présence de l'ensemble des chefs de famille de la communauté, et le cas échéant en présence des membres de la nouvelle famille qui choisissent les symboles de la famille, et font publiquement allégeance au chef de la nouvelle famille. Lors du festival annuel du clan, chaque famille participe aux rituels de purification de sa communauté qui se fait en transmettant symboliquement les unes aux autres le feu sur une torche.

L'Eze Egi accède au trône par cooptation au sein de sa zone, et selon le principe du tour de rôle d'une zone du clan à l'autre. Il en est ainsi pour toutes les responsabilités dans le clan (cooptation ou élection + tour de rôle). En 2014, l'EZE était originaire de la zone Etiti et plus précisément de la communauté Akabuka. Le précédent était de la zone Umu-Obor, plus précisément de la communauté Obagi. Le suivant devrait être de la zone Ahiahu, et ensuite de la zone Uso-Ozomini. Et lorsqu'arrivera à nouveau le tour de la zone Etiti, l'EZE ne sera pas choisi à Akabuka mais dans l'une des trois autres communautés de la zone.

3.2.3. *Fusion des institutions issues de la colonisation et des institutions traditionnelles*

La rencontre des institutions importées par la puissance coloniale occidentale et des institutions traditionnelles locales a progressivement créé cet assemblage baroque dont Van de Valle (2001 :118-129)[124] détermine les quatre caractéristiques sous l'expression wébérienne d'*Etat néo-patrimonial* :

- Le clientélisme : il découle de l'absence ou de la faiblesse de la sphère publique au sens occidental, de la puissance du clan, de l'ethnicité et des identités infranationales, de la préférence pour les relations interpersonnelles, et du besoin de mécanismes d'assurance sociale en raison de faibles revenus.
- L'accès privilégié aux ressources de l'Etat pour les élites : c'est l'extension du clientélisme aux structures institutionnelles importées.
- La centralisation du pouvoir autour du Président de la République.
- L'hybridation du régime : par la coexistence entre les institutions formelles caractérisées par la bureaucratie moderne et les institutions informelles caractérisées par les interactions personnalisées.

De fait au Nigeria jusqu'à nos jours, les institutions issues de la colonisation se mêlent aux institutions traditionnelles. Le *Local Government* couvre plusieurs communautés. Ces dernières peuvent relever d'un même royaume ou d'un même clan, ou bien de plusieurs royaumes ou clans différents.

A titre d'exemple, le *Local Government* d'Onelga (ONELGA = *Ogba-Ndoni-Egbema Local Government Area*) dans l'Etat de Rivers couvre trois royaumes : le royaume Ogba, le royaume Egbema et le royaume Ndoni. A

[124] Van de Valle N., 2001, *African Economies and the Politics of Permanent Crisis, 1979-1999.* Cambridge University Press. UK. P.118-129.

noter qu'une partie du royaume Egbema est rattachée au *Local Government* d'Ohadji-Egbema voisin dans l'Etat d'Imo voisin.

Autre exemple, le *Local Government* d'Eastern Obolo dans l'Etat d'Akwa Ibom couvre un seul royaume constitué du peuple Andoni/Obolo. Mais ce groupe ethnique Andoni fondé par Obolo et qui parle l'Obolo fait partie de la grande tribu Ijaw, la tribu majoritaire dans le Delta du Niger. Le peuple Andoni est désormais réparti en quatre royaumes différents : les *Western Obolo* établis dans l'Etat d'Imo et sur les estuaires de la rivière Bonny, les *Eastern Obolo* installés dans l'Etat d'Akwa Ibom et sur les estuaires de la rivière *Kwa Ibo*, les *Ibeno* qu'on retrouve entre la rivière *Kwa Ibo* et les estuaires de l'Etat de Cross Rivers, et les *Oron* basés dans le bassin sud de l'Etat de Cross Rivers (Enemugwen, 2006)[125]. Le groupe ethnique Andoni/Obolo est donc éparpillé à la fois dans quatre royaumes différents et dans trois Etats différents.

Ainsi, depuis le retour du régime de compétition politique en 1999, le Nigeria est déchiré entre, d'une part, la consolidation des institutions issues de la colonisation, crédo de la modernité et de la communauté internationale, et d'autre part, des préférences culturelles ancestrales et des croyances qui poussent souvent les populations à revendiquer une certaine authenticité culturelle.

Le fait qu'en Afrique, nombre de premiers dirigeants d'après les indépendances aient passé plusieurs décennies au pouvoir, l'alternance se produisant par coup d'Etat ou par mort naturelle, n'est pas étranger à cette réalité. Faire succéder le fils à la tête de l'Etat (ce qui n'est pas encore arrivé au Nigeria mais dans un certain nombre de pays africains), confirme la primauté des croyances en la monarchie, qui maintiennent le personnel politique dans des rapports ambivalents au pouvoir. Ceci étant, à la différence de l'idée selon laquelle monarchie rime avec dictature et despotisme, il faut noter que dans les royaumes traditionnels, le roi était loin d'être un despote. Son conseil restreint de notables était constitué de faiseurs de rois qui ne tenaient pas leurs redoutables contre-pouvoirs institutionnels du roi mais de leurs propres ancêtres, ce qui rajoutait à leur crédibilité une dimension mythique et sacrée. L'introduction des institutions occidentales a érodé ces contrepouvoirs traditionnels en supprimant l'hérédité, mais les nouveaux contre-pouvoirs modernes prévus par les Constitutions tardent à s'imposer dans les croyances. Cinquante ans après les indépendances, plusieurs pays Africains se trouvent ainsi entre deux univers, l'univers de la monarchie et l'univers de la république, sans pouvoir trancher dans un sens ou dans l'autre ni pour l'instant procéder à une synthèse idéologique assumée.

[125] Enemugwen, 2006, Obolo and the Peopling of the Niger Delta, Aboki Monographs.

A l'aide des cinq critères (appartenance, gouvernement, religion, économie, société) dont Jared Diamond (2000 :396)[126] se sert pour distinguer les sociétés en bande, tribu, chefferie, Etat (cf. Tableau 21), nous allons analyser la structure institutionnelle qui est à la base de la pyramide administrative dont le sommet est fait de l'Etat fédéral moderne au Nigeria. Il est à noter que l'Etat moderne évoqué ici diffère des Etats naturels qui ont émergé au Nigeria vers le Xe siècle car dans ces derniers, le lien de parenté était largement à la base de la structuration des institutions. Notre objectif ici est de montrer de quelle manière se superposent, dans l'Etat nigérian actuel qui se veut moderne, les institutions importées de la colonisation britannique et les institutions ancestrales précoloniales.

Tableau 21 : Typologie des sociétés selon J. Diamond

	Bande	Tribu	Chefferie	Etat
APPARTENANCE				
Nombre de gens	Douzaines	Centaines	Milliers	+50 000
Forme de peuplement	Nomade	Fixe : un village	Fixe : un village ou plus	Fixe : plusieurs villages et villes
Base des relations	Parents	Clans fondés sur la parenté	Classe et résidence	Classe et résidence
Ethnies et langues	1	1	1	1 ou plus
GOUVERNEMENT				
Décision, Autorité	Egalitaire	Egalitaire ou Big-Man	Centralisée, Héréditaire	Centralisée
Bureaucratie	Néant	Néant	Néant, ou 1 ou 2 échelons	Plusieurs échelons.
Monopole de la force et de l'information	Non	Non	Oui	Oui
Résolution des conflits	Informelle	Informelle	Centralisée	Lois, juges
Hiérarchie des colonies de peuplement	Non	Non	Non => Villages dominants	Capitale
RELIGION				
Justifie la kleptocratie ?	Non	Non	Oui	Oui => Non

[126] Diamond J., 2000, *De l'inégalité parmi les sociétés. Essai sur l'homme et l'environnement dans l'histoire*. Traduit de l'anglais par P-E. Dauzat. Gallimard. Folio Essais. P.396. (Guns, Germs, and Steel. The Fate of Human Societies. 1997)

		ECONOMIE		
Production de vivres	Non	Non => Oui	Oui => Intensive	Intensive
Division du travail	Non	Non	Non => Oui	Oui
Echanges	Réciproques	Réciproques	Redistributifs (tribut)	Redistributifs (impôts divers)
Contrôle de la terre	Bande	Clan	Chef	Divers
		SOCIETE		
Stratifiée	Non	Non	Oui, par parenté	Oui, mais pas par parenté
Esclavage	Non	Non	Sur petite échelle	Sur grande échelle
Biens de luxe et pour l'élite	Non	Non	Oui	Oui
Architecture publique	Non	Non	Non => Oui	Oui
Alphabétisation	Non	Non	Non	Souvent

Diamond (2000 :396)

Non => Oui veut dire qu'on retrouve à la fois les deux cas non et oui et on observe une transition de non à oui.

APPARTENANCE : Au Nigeria, l'unité administrative de base est la communauté avec à sa tête un chef qui règne sur plusieurs centaines à plusieurs milliers de personnes. La communauté est elle-même composée de grandes familles issues d'un même ancêtre fondateur. Lorsque la communauté est assez grande, elle s'organise en clan et plusieurs clans peuvent se regrouper en royaume. Toutes ces structures sont fondées sur la parenté. Et le critère de parenté ne disparaît qu'au niveau des structures administratives modernes dont la plus petite est le *Local Government Area* (LGA). Le LGA regroupe plusieurs royaumes différents et le périmètre s'établit sur des critères géographiques et selon l'influence politique des ressortissants. Alors qu'une seule langue unit les membres d'un clan et d'un royaume représentant une seule ethnie, le LGA peut regrouper plusieurs groupes linguistiques et ethniques, et plusieurs dizaines de milliers d'habitants. Selon le critère d'appartenance de Diamond, le Nigeria se situe entre chefferie et Etat.

GOUVERNEMENT : L'autorité traditionnelle accède au pouvoir par hérédité ou par cooptation et les relations sociales sont basées sur le statut personnel, tandis que l'autorité fédérale ou étatique ou même au niveau du LGA y accède par élection et que la Constitution instaure des relations impersonnelles égalitaires. Dans les deux cas, les décisions sont centralisées dans une bureaucratie à plusieurs échelons prévoyant un monopole de la force, de la justice et de l'information. Ici encore, le Nigeria se trouve entre chefferie et Etat. En effet, le mode de désignation des autorités au sommet de l'Etat s'apparente davantage à une cooptation qu'à une élection libre dans la mesure où les candidatures émergent de la volonté des personnalités publiques les plus influentes, et l'influence des chefs traditionnels à tous les échelons de la pyramide étatique est réelle. Il est par exemple de notoriété publique au Nigeria que le Président Yar'Adua (2007-2010) est devenu Président par la volonté de son prédécesseur Obasanjo, dépité de n'avoir pu se présenter pour un troisième mandat en 2007 ; Yar'Adua ayant lui-même fini par reconnaître que les élections avaient été massivement truquées, avant, pendant et après le scrutin (cf. Adeniyi, 2011)[127].

RELIGION : Au Nigeria, la religion est assez présente dans le sud chrétien et le nord musulman. Bien que le Nigeria soit officiellement laïc, la religion imprègne les institutions, oriente les décisions et la formation des coalitions politiques, et s'accommode des pratiques kleptocratiques particulièrement répandues à tous les échelons de la vie publique. L'Etat subventionne les pèlerinages pour les musulmans et chrétiens à leurs terres saintes respectives. Sur ce critère de la religion, le Nigeria se rapproche dans les faits davantage de la chefferie que de l'Etat.

ECONOMIE : Le Nigeria produit des vivres de manière intensive et extensive. Il pratique de la division du travail, mais dans les échelons en dessous du LGA un paysan est souvent à la fois commerçant, pêcheur et agriculteur. Un tribut est versé à l'autorité traditionnelle comme frais de dossier pour la justice, le mariage, et diverses cérémonies. Par ailleurs, les habitants sont constitutionnellement sujets à prélèvement des impôts directs et indirects. En ce qui concerne le contrôle de la terre, le droit coutumier qui donne autorité au chef de communauté cohabite avec le droit civil qui complète les actes coutumiers en leur apportant une caution étatique. Ici encore, on observe un mix chefferie-Etat.

SOCIETE : La société est stratifiée par parenté en-deçà du LGA, et selon l'organisation administrative au-delà. Ceci étant, dans la pratique, le clientélisme s'exprime sous la forme de l'application dans les institutions étatiques et fédérales du mode de fonctionnement des sociétés claniques. Il y a une distinction évidente entre l'élite et le reste de la société sur la base de l'accumulation des richesses. Même si dans la région du nord, l'élite se distingue d'abord par son rang religieux et traditionnel, elle se distingue aussi par ses actifs commerciaux et son patrimoine. Par conséquent, sur ce critère également, le Nigeria fonctionne à la fois comme une chefferie et un Etat.

---

[127] Adeniyi O., 2011, *Power Politics and Death. A front-row account of Nigeria under the late President Yar'Adua*. Kachifo Limited. Lagos, Nigeria. Olusegun Adeniyi a été Porte-Parole du Président Yar'Adua tout au long de son mandat de 2007 à 2010.

Globalement donc, on observe bien cette superposition, voire un début d'intégration, entre les institutions traditionnelles ancestrales et les institutions coloniales. Les Constitutions successives depuis 1922 ont conservé le rôle politique et culturel local du roi et du chef (à la faveur de l'administration indirecte, tout en développant les institutions coloniales à partir du LGA jusqu'à l'Etat fédéral. On a donc une chaîne politico-administrative et culturelle qui émerge des traditions ancestrales mais qui s'exprime au plus haut niveau dans le cadre d'institutions coloniales. Les modes de fonctionnement entre les deux systèmes étant différents, des tensions apparaissent régulièrement, par exemple en matière de préséance. Certaines élites, y compris au sommet de l'Etat, valorisent la préséance traditionnelle dans la mesure où elle est antérieure aux institutions modernes, et d'autres la préséance des institutions importées qui régissent l'ensemble de la structure étatique et fédérale.

En fait, la construction de l'Etat nigérian est beaucoup trop récente pour que les croyances et la culture institutionnelle se soient suffisamment transformées au point de favoriser la compétition politico-économique ouverte. Le système politico-économique manque cruellement de l'efficacité adaptative (Hayek, 1960)[128] qui ne vient que par l'apprentissage et l'expérience. La république mise en place a davantage consisté en la création d'organisations et de nouvelles normes constitutionnelles, l'effort de transformation des croyances et des univers mythiques reste à accomplir. En d'autres termes, la séparation des pouvoirs exécutif-judiciaire-législatif étant clairement une illusion dans le contexte postcolonial (cf. Adeniyi, 2011 ; ou encore Bratton et Van de Walle, 1997)[129], on est en présence de républiques sans contre-pouvoirs institutionnels effectifs, qui sont dirigées par des monarques sans conseils de notables.

L'instauration de la compétition politique a éliminé les contre-pouvoirs ancestraux héréditaires qui faisaient des royaumes traditionnels des Etats légitimes, le basculement en République avec un roi sans notable est un agencement institutionnel artificiel de micro-nations aux régimes monarchiques au sein desquelles chaque élite représente sa micro-nation. Les ministres et les hauts fonctionnaires sont des faire-valoir institutionnels et tribaux, envoyés en éclaireurs dans leurs communautés d'origine lors des élections pour donner un crédit politique aux opérations électorales. Une fois nommés, ils installent leurs propres circuits clientélistes à travers les réseaux familiaux, tribaux et économiques de dépendance et d'interdépendance, tout en assurant une contribution assidue au parti au pouvoir, qui est en général un véritable Etat dans l'Etat. Toutes ces dépenses sont financées par la partie du budget de

---

[128] Hayek F. A., 1960, *La constitution de la liberté*, trad. R. Audouin et J. Garello, Litec (1994).

[129] Bratton M. et Van de Walle N., 1997, *Democratic Experiments in Africa. Regime transition in comparative perspective*. Cambridge University Press. UK.

l'Etat qui est confiée à l'élite et grâce aux revenus de la corruption, provenant des réseaux clientélistes ethnico-économiques dont ils sont les parrains.

Ce qui apparaît comme un échec de la coalition dominante nigériane à entretenir les institutions de l'Etat après l'indépendance n'en était pas véritablement un, mais une conséquence inéluctable de l'instauration des institutions coloniales de compétition politique et économique dans un environnement institutionnel dont les croyances ancestrales sont celles de la monarchie traditionnelle.

3.3. Colonisation et légitimité des institutions

Acemoglu et Robinson (2012)[130] soutiennent à juste titre que l'esclavage et la colonisation ont dans de nombreux cas installé des institutions économiques et politiques dites extractives, c'est-à-dire destinées à extraire les richesses et non à les valoriser. De telles institutions ont favorisé la transformation des institutions originelles en machines dédiées au soutien aux institutions économiques et politiques des pays impérialistes et non à une construction inclusive des systèmes politiques et économiques locaux. Dans ces cas, la décrépitude institutionnelle après la fin de la colonisation était inévitable car les institutions installées étaient largement incompatibles avec la fonction de développement national qui leur sera dévolue après les indépendances. Y parvenir nécessite une refondation institutionnelle dont les successeurs des colonisateurs n'étaient pas en mesure d'inspirer car les ingrédients incontournables (capital humain, financier, technique et technologique) faisaient défaut. Cette thèse rejoint complètement notre argumentaire sur le caractère artificiel des institutions de l'Etat postcolonial.

En revanche, Acemoglu, Johnson et Robinson (2001)[131] ont établi une corrélation entre les maladies tropicales qui ont frappé les colonisateurs et les performances économiques des pays colonisés en montrant que plus le taux de mortalité des colonisateurs était élevé, moins le pays était susceptible d'enregistrer des performances économiques élevées car les colonisateurs étaient alors incités à installer des institutions non inclusives et donc extractives i.e. non favorables au développement économique local comme au Nigeria. Cette thèse laisse tout de même neutre la dimension prédatrice de la colonisation en soi, et semble la reporter sur les maladies. Nous adoptons une approche différente qui reconnaît la colonisation comme une démarche prédatrice pour les institutions locales, et un facteur d'instabilité. Il apparaît dans le cas britannique que les colonies de peuplement ont été établies dans des zones tempérées et dans celles où la densité de la population était

[130] Acemoglu D. et Robinson J., 2012, *Why Nations Fail: The Origins of Power, Prosperity and Poverty*. Ed. Clays Bungay Suffolk.

[131] Acemoglu D., Johson S. et Robinson J., 2001, The Colonial Origins of Comparative Development: An Empirical Investigation. *American Economic Review 2001,* vol.91 (5) 1369-1401.

relativement faible (Etats-Unis, Australie, Nouvelle Zélande, etc.). Cette densité démographique était suffisamment faible et le rapport de forces avec les populations locales suffisamment en faveur des forces britanniques pour que l'implantation durable et nombreuse des émigrés Britanniques soit garantie, ce qui n'était pas le cas en zone densément peuplée où le contrôle des populations locales ou leur élimination physique apparaissaient plus coûteux.

Dans les pays densément peuplés (en Afrique et en Inde), la prédation coloniale a été comparativement moins dévastatrice pour les populations locales du fait de l'importance des moyens humains et matériels qu'il aurait fallu engager pour les éloigner, les confiner par la ségrégation ou les éliminer. Timothy Mitchell (2013 :27) souligne à ce titre que « dans les pays où la population agricole ne pouvait être massivement anéantie, -l'Inde et l'Egypte en sont les deux grands exemples-, les Européens et leurs alliés locaux inventèrent une méthode de dépossession locale connue sous le nom de propriété privée des terres. L'ancien partage collectif des revenus agricoles fut remplacé par un régime où un individu, le 'propriétaire terrien', décidait seul du choix des cultures et avait sur celles-ci un contrôle exclusif. Ce dispositif colonial permit de fournir l'énorme quantité de biens agricoles issus de l'énergie solaire dont l'Europe urbaine avait besoin pour développer une production de masse intensive fondée sur le charbon[132] ». La prédation s'est alors davantage portée sur l'exploitation des biens et richesses, pour laquelle les Britanniques avaient d'ailleurs besoin de la main d'œuvre locale plus résistante face au péril des maladies. Dans ces régions, la colonisation a alors installé des institutions dont la légitimité et la cohérence avec des institutions originelles locales ne pouvait qu'être questionnée après les indépendances, puisque ce ne sont plus les mêmes colonisateurs qui devaient se charger de leur fonctionnement mais des populations locales inspirées par leurs croyances ancestrales.

Notre argumentaire ici est assez proche de celui de Pierre Englebert (2000) [133] qui s'appuie sur le concept de légitimité pour expliquer l'instabilité politique et les contre-performances économiques des pays africains. Ces pays n'étant pas le fruit de transformations historiques endogènes mais de création extérieure, il se pose un problème de légitimité horizontale (entente durable entre groupes sociaux autour d'un projet commun) et de légitimité verticale (dans la chaîne administrative, cohérence entre les institutions précoloniales et les institutions importées). Ceci étant, à trop focaliser sur la légitimité institutionnelle, Englebert néglige d'autres déterminants de la stabilité politique et sociale comme les inégalités et le leadership. En ce qui concerne

---

[132] Mitchell T., 2013, *Carbon Democracy. Le pouvoir politique à l'ère du pétrole.* (Traduit de l'Anglais par Christophe Jaquet. *Carbon Democracy. Political Power in the age of Oil.* Verso, Londres, New York, 2011). Ed. La Découverte.

[133] Englebert P., 2000, *State Legitimacy and Development in Africa.* pp 105-115. Lynne Rienner Publishers. UK.

le leadership par exemple, Englebert ne prend pas assez en considération le rôle du leadership individuel du chef de la coalition dominante au pouvoir qui peut, indépendamment des questions de légitimité institutionnelle, impulser une dynamique fédératrice suffisamment charismatique pour, comme évoqué plus haut, faciliter voire accélérer la légitimation des nouvelles institutions. Sa comparaison entre les trajectoires politico-économiques du Congo et du Botswana (Englebert, 2000:105-115)[134] montre pourtant nettement l'impact différencié du leadership individuel du chef de la coalition dominante : un leadership charismatique mais prédateur au Congo et un leadership visionnaire et inclusif au Botswana (Acemoglu et Robinson, 2012)[135] qui ont contribué à dessiner des destins opposés à ces pays pourtant originellement comparables en ressources minières, et ayant tous les deux connu la colonisation.

Ainsi, en conclusion de cette sous-section, la colonisation a installé des institutions essentiellement extractives, et donc fragiles de leur manque de légitimités verticale et horizontale qui, en l'absence d'un leadership capable d'assurer une gouvernance inclusive à l'échelle du Nigeria après l'indépendance, étaient vouées à une instabilité et à une inefficacité chroniques.

Ces arguments sur le caractère artificiel ou fragile des alliances entre les élites, l'immaturité institutionnelle, l'absence d'un leadership crédible, et le poids institutionnel de la colonisation avec des problèmes de cohérence et de légitimité institutionnelle expliquent pourquoi l'ordre social est devenu instable.

On observe par ailleurs qu'au cours de la période, les élites (militaires) ont largement dominé les accès politiques et économiques. Nous allons à présent montrer le rôle crucial que l'activité pétrolière a joué dans cette domination.

B. DEVELOPPEMENT DE L'ACTIVITE PETROLIERE

1. DE L'ACTIVITE AGRICOLE A L'ACTIVITE PETROLIERE

A partir de 1960, la production pétrolière (pétrole + gaz) s'intensifie et s'établit à 9% du PIB en 1971 pour atteindre 12% en 2015, après le pic de 64% en 1993 (cf. Figure 11). En 2015, le PIB pétrolier était estimé à 58 Md USD pour un PIB total nominal de 481 Md USD, et le PIB par habitant était de 2 640 USD.

---

[134] Englebert P., 2000, *State Legitimacy and Development in Africa*. pp 105-115. Lynne Rienner Publishers. UK.
[135] Acemoglu D. et Robinson J., 2012, *Op. cit.*

Figure 11 : PIB du Nigeria de 1961 à 2015

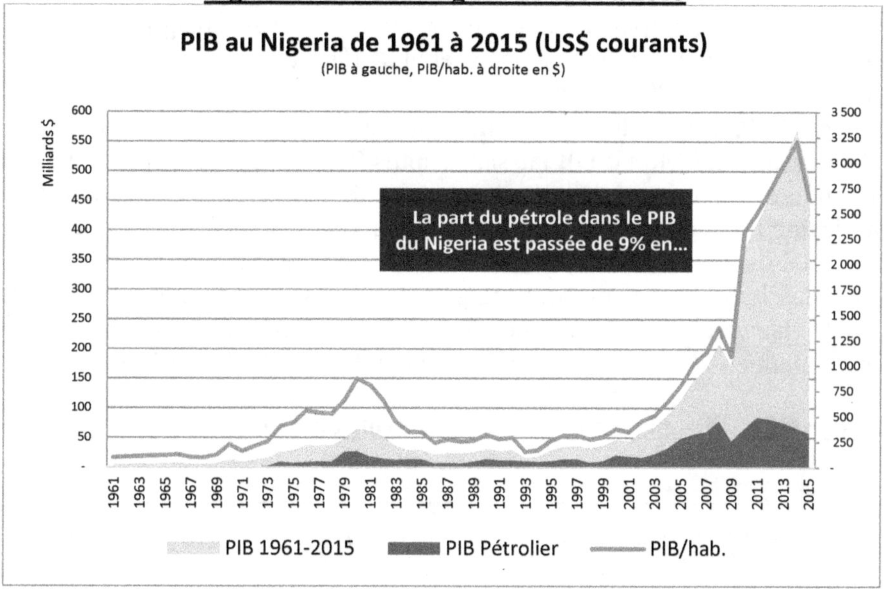

Auteur, d'après les données de la World Bank Database: http://data.worldbank.org/

D'une contribution de 30% aux exportations globales dès 1967, les produits pétroliers (pétrole + gaz naturel) sont passés à 91% en 2014 (cf. Figure 12), et en moyenne 90% sur la décennie 2005-2014 avec des pics de 95% en 2006 et 2007. Ils s'établissaient en 2014 à 92 Md USD pour des exportations globales de 101,4 Md USD.

Figure 12 : Exportations du Nigeria entre 1967 et 2010

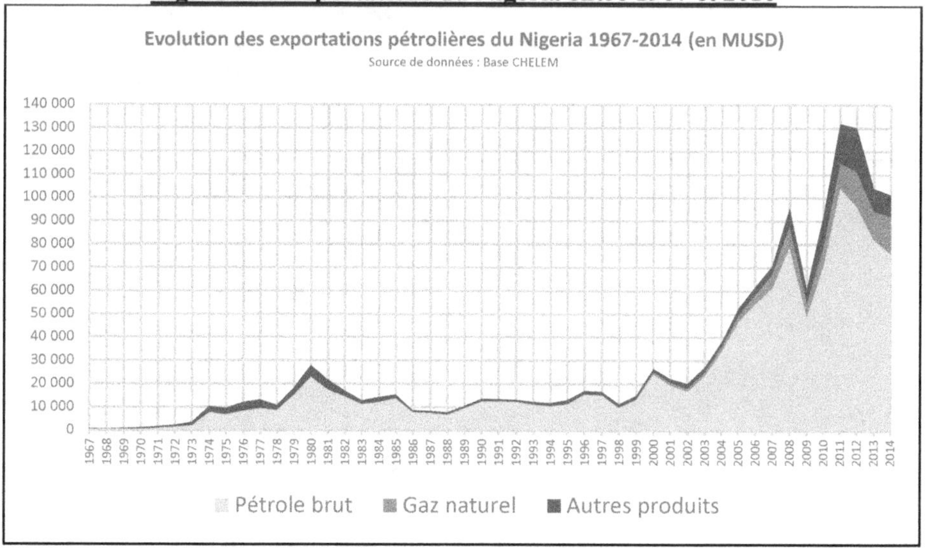

Les Etats-Unis ont été le principal client du Nigeria depuis le premier choc pétrolier en 1973, surpassant ainsi le Royaume Uni, l'Allemagne et la France qui avaient été les premiers depuis le début de l'activité pétrolière. Après avoir atteint un pic de 59% des achats pétroliers en 1977 (43% en 2008 sur la décennie 2005-2014), les Etats-Unis ont chuté jusqu'à la sixième place en 2014 (à peine 2,6 Md USD), laissant depuis 2012 la première place à l'Inde sans doute en raison du développement de la production domestique américaine (cf. Figure 13). Les achats indiens ont ainsi presque triplé en dix ans, s'établissant en 2014 à 14,4 Md USD. Cette tendance à l'augmentation rapide des importations du brut nigérian a été observée chez l'ensemble des BRICS (hors Russie), y compris en Chine, même si les achats chinois demeuraient en 2014 à un niveau relativement modeste de 1,4 Md USD.

<u>Figure 13 : Principaux pays clients du pétrole brut nigérian de 1967 à 2014</u>

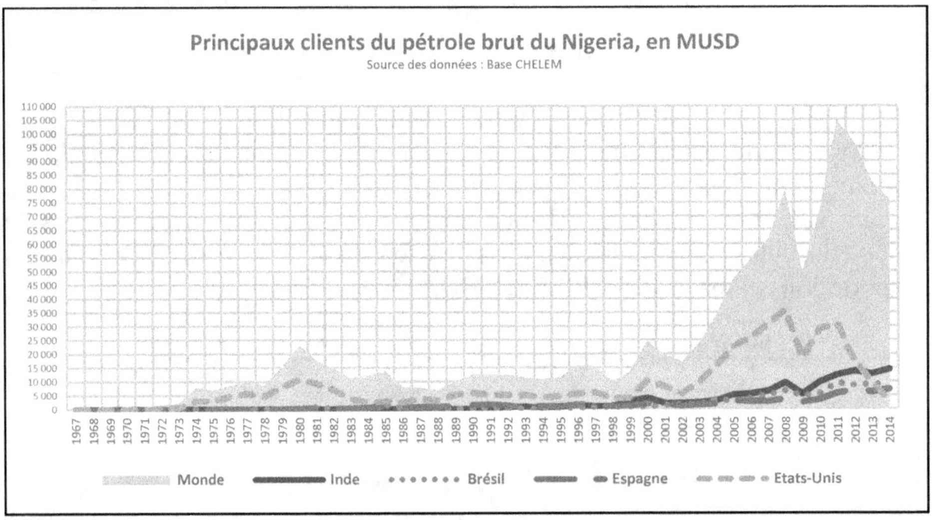

Figure 14 : Principaux pays clients du gaz naturel nigérian de 1996 à 2014

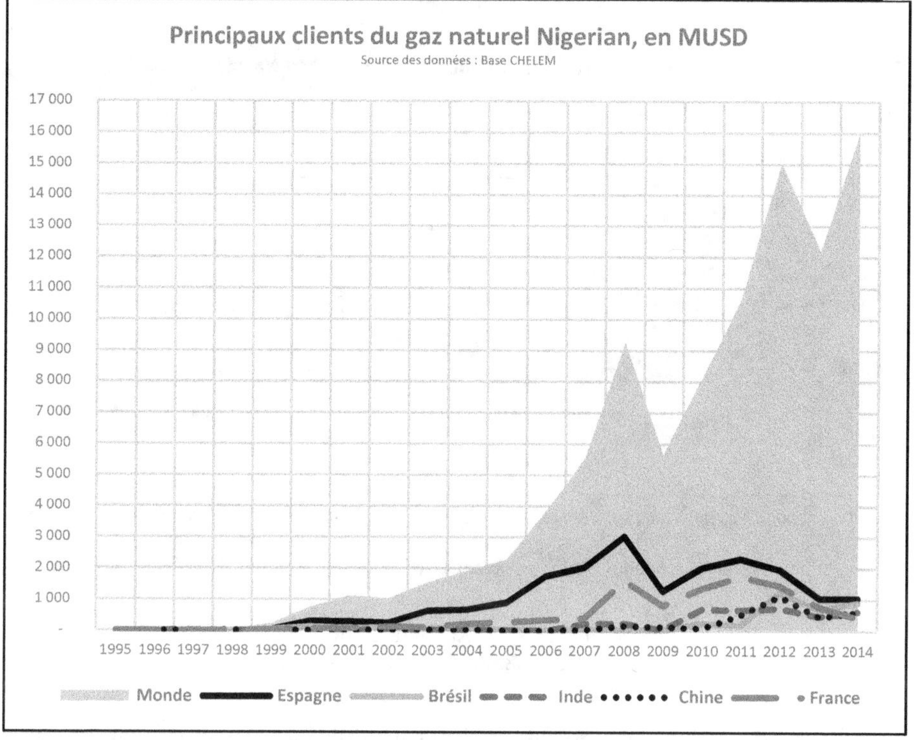

Les exportations de gaz ont véritablement démarré en 1997 puis les premières cargaisons vers les Etats-Unis en 2000. Les Etats-Unis sont restés deuxième client avant de décliner à partir de 2007. Désormais très éclatées entre les pays, les exportations étaient en 2014 majoritairement destinées à l'Espagne (1,1 Md USD, 7%), puis suivent le Brésil (903 MUSD), l'Inde (620 MUSD), le Chine (599 MUSD) et la France (424 MUSD), les six premiers clients ne représentant plus que 23% des exportations de gaz contre les deux-tiers en 2010 (cf. Figure 14).

Figure 15 : Budget du Nigeria de 2000 à 2011

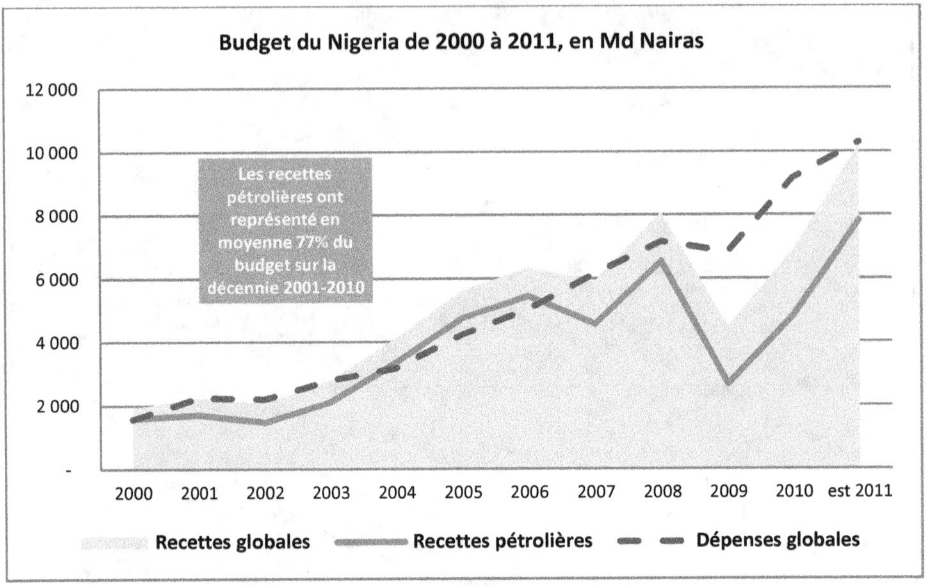

D'après les données des Rapports Article IV du FMI 2003, 2005, 2008, 2009, 2012 sur le Nigeria.

A partir de 1958, date du début de la production pétrolière, les produits pétroliers sont progressivement devenus les principales ressources économiques, aux dépens des produits agricoles.

Au cours de la dernière décennie, le pétrole a représenté en moyenne 77% du budget de l'Etat, estimé à 10 226 Md Nairas en 2011[136]. Le budget a ainsi connu une forte croissance de l'ordre de 16% par an en moyenne de 2000 à 2011 (cf. Figure 15), mais la crise financière de 2008 a entrainé en 2009 une chute des recettes globales de -45% à cause de la chute des revenus pétroliers de -59%.

2. RESERVES ET PRODUCTION AU NIGERIA

2.1. Evolution des réserves

Le Nigeria dispose des deuxièmes plus importantes réserves africaines de pétrole avec 29% soit 37,1 Md barils en 2015 (cf. Figure 16), après la Lybie (37%) ; les réserves africaines étant estimées à 129,1 Md barils, soit 7,6% des réserves mondiales.

136 En février 2013, 1 USD = 163,6 Nairas. Depuis 2011, le dollar a oscillé entre 155 et 165 Nairas.

Figure 16 : Evolution des réserves prouvées de pétrole en Afrique 1980-2015

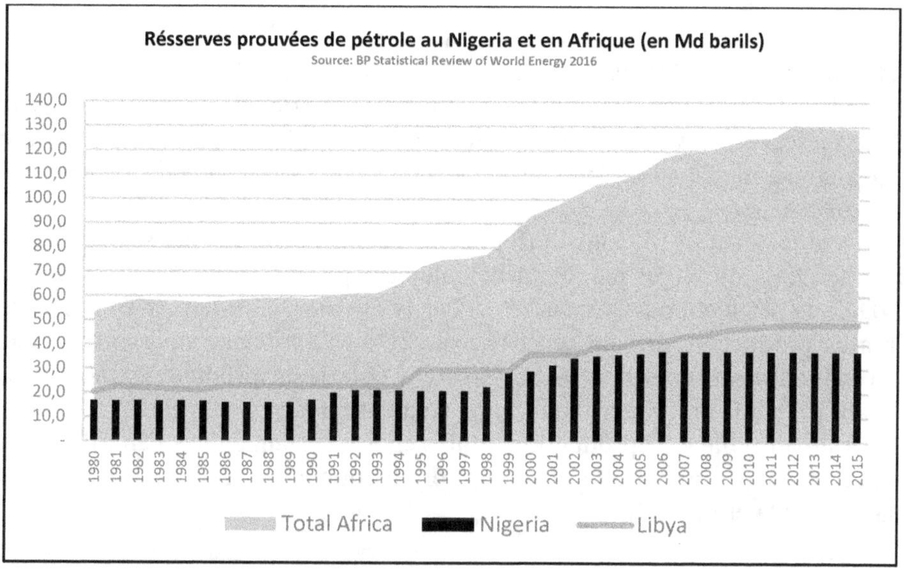

En ce qui concerne le gaz, l'Algérie disposait en 1980 des plus importantes réserves prouvées en Afrique c'est-à-dire 62% des 6 trillons m³ contre 20% pour le Nigeria. A partir de 2001, le Nigeria a réalisé d'importantes découvertes et devance désormais l'Algérie avec des réserves s'établissant en 2015 à 5,1 trillons m³ (cf. Figure 17), soit 36% des réserves africaines et 2,7% des réserves mondiales.

Figure 17 : Réserves prouvées de gaz au Nigeria et en Afrique de 1980 à 2015

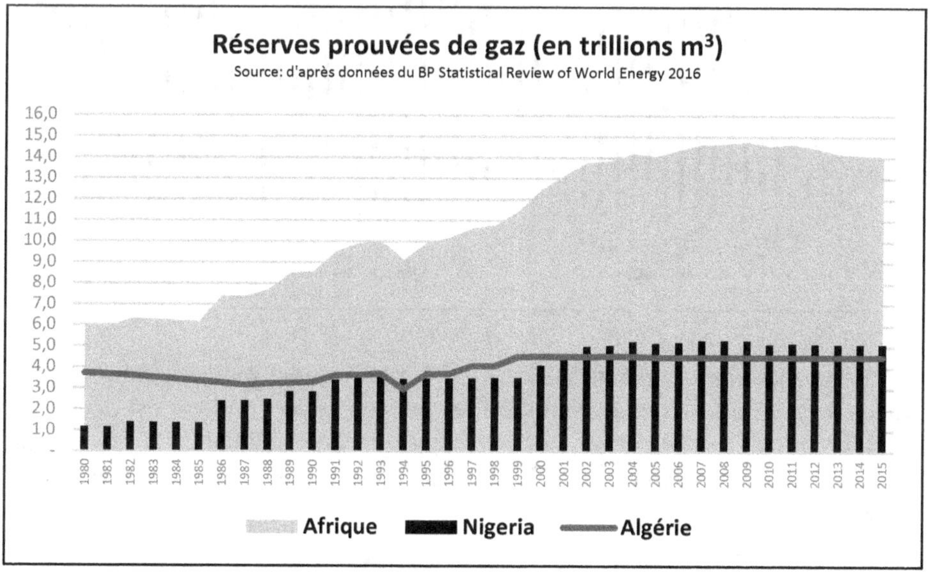

2.2. Evolution de la production

La production de pétrole au Nigeria a atteint les 2 M barils par jour dès le début des années 1970 avant de connaître une baisse significative à la suite du second choc pétrolier de 1979 et de l'instabilité sociale chronique dans le Delta du Niger, puis de se stabiliser autour de 2,2 M barils par jour (cf. Figure 18), atteignant même le record de 2,7 M à l'été 2012 (moyenne de 2,4 M barils par jour).

Depuis début 2016, sous l'effet de la recrudescence de l'activité militante dans le Delta du Niger menée principalement par les *Niger Delta Avengers* (NDA), la production a chuté à 1,9 M barils par jour en juillet 2016. Il était le premier producteur africain en 2015 avec 2,35 M barils par jour, soit 28% de la production du continent (c'est-à-dire 2,6% de la production mondiale) devant l'Angola et l'Algérie qui représentaient respectivement 22% et 19%.

A un tel rythme de production, toutes choses restant égales par ailleurs, le Nigeria a encore quelque 43 années de production, c'est-à-dire deux fois plus que l'Angola et l'Algérie.

Figure 18 : Production pétrolière au Nigeria et en Afrique entre 1965 et 2015

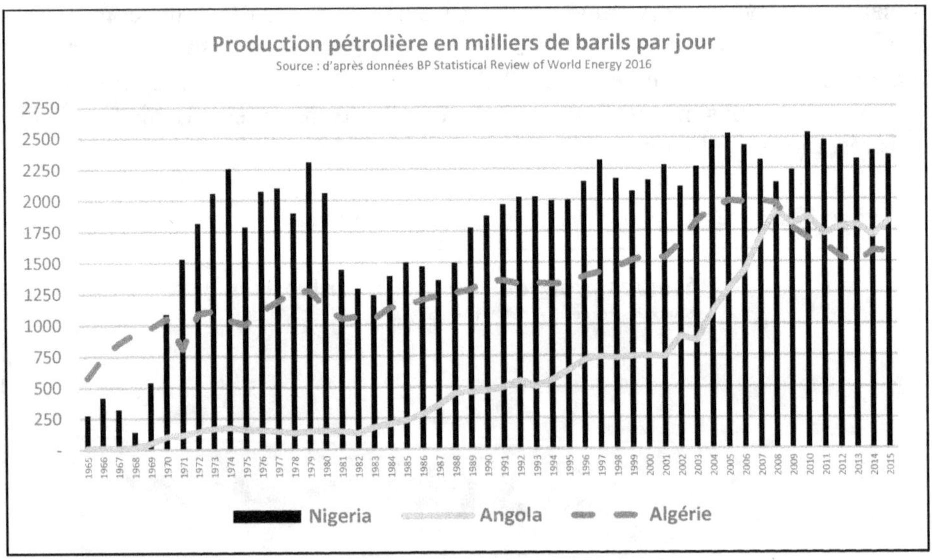

La production de gaz au Nigeria a été relativement modeste (autour de 5 Md m^3) jusqu'à la deuxième moitié des années 1990 où elle s'est accélérée pour atteindre 50,1 Md m^3 en 2015 (cf. Figure 19), soit 24% de la production africaine, derrière l'Algérie et l'Egypte qui représentent respectivement 39% et 22%.

Figure 19 : Evolution de la production de gaz au Nigeria entre 1970 et 2015

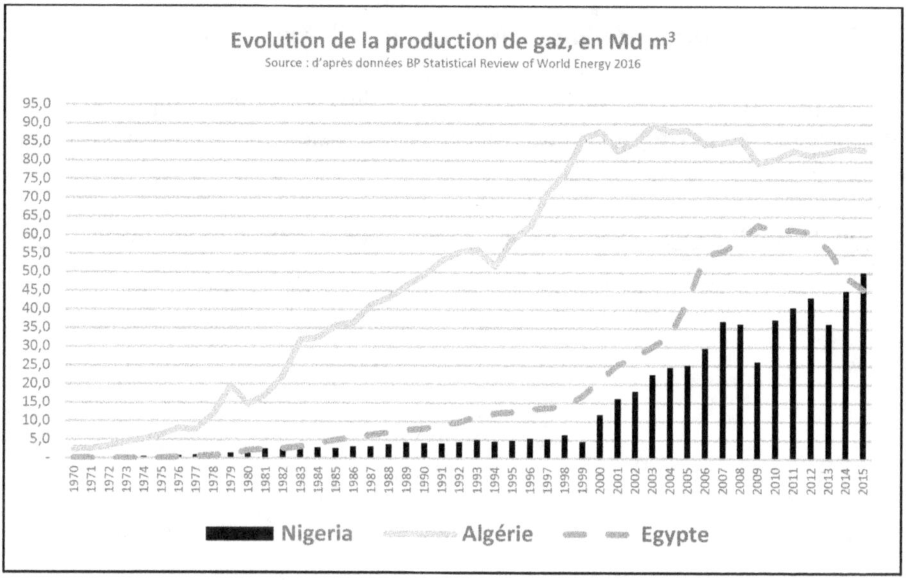

Tableau 22 : Principales réserves prouvées et productions en Afrique en 2015

	Pétrole				Gaz			
	Réserves (Md barils)	%	**Production (barils/jour)**	%	**Réserves (trillions m³)**	%	**Production (Md m³)**	%
Nigeria	**37,1**	**2,2%**	**2 352 000**	**2,8%**	**5,1**	**2,7%**	**50,1**	**1,4%**
Lybie	48,4	2,8%	432 000	0,5%	1,5	0,8%	12,8	0,4%
Angola	12,7	0,7%	1 826 000	2,0%				
Algérie	12,2	0,7%	1 586 000	1,6%	4,5	2,4%	83,0	2,3%
Egypte	3,5	0,2%	723 000	0,8%	1,8	1,0%	45,6	1,3%
Afrique	**129,1**	**7,6%**	**8 375 000**	**9,1%**	**14,1**	**7,5%**	**211,8**	**6,0%**
Monde	**1 697,6**	**100,0%**	**91 670 000**	**100,0%**	**186,9**	**100,0%**	**3 538,6**	**100,0%**

Source: d'après données BP Statistical Review of World Energy 2016

2.3. Producteurs et types de contrats au Nigeria

2.3.1. Evolution de la production des différentes compagnies

Le pétrole et le gaz au Nigeria sont exploités par une vingtaine d'opérateurs sous divers régimes de contrats avec l'Etat nigérian via la société nationale NNPC.

Figure 20 : Production pétrolière par compagnie pétrolière de 2004 à 2014

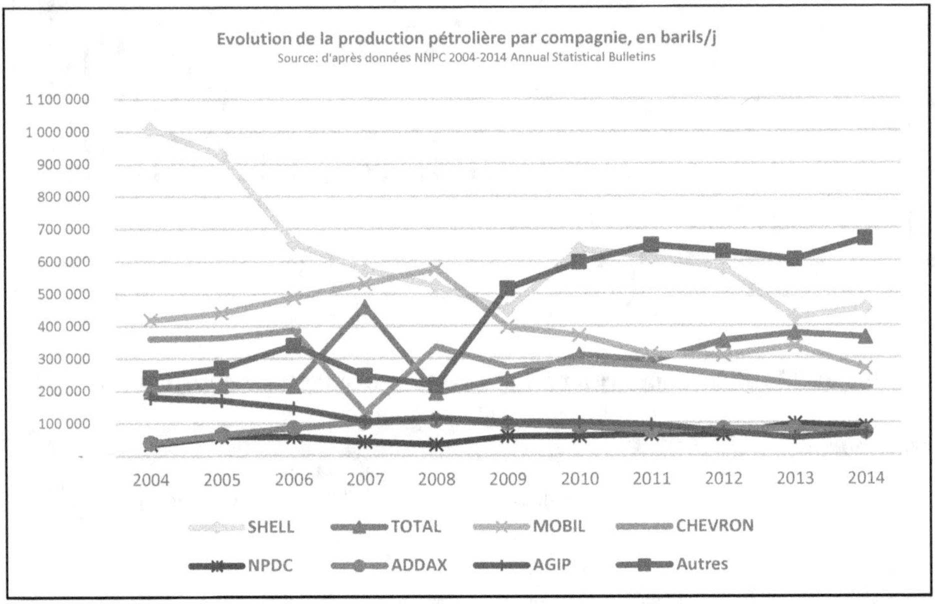

La production devient de moins en moins concentrée avec l'entrée sur le marché de petits opérateurs locaux encouragés par le gouvernement : alors qu'en 2012, les cinq premiers producteurs représentaient 90% de la production totale et étaient toutes des filiales de multinationales étrangères (Figures 20 et 21), en 2014, ils ne représentent plus que 63% de la production et la filiale NPDC de la société nationale NNPC figure désormais dans le top 5.

Globalement, la production des différentes compagnies est assez variable, modifiant ainsi d'une année à l'autre le classement des compagnies (Figures 20, 21 et 22). Shell a connu une baisse relative de sa production tout comme Mobil et Chevron. La part relative de Shell dans la production globale est par exemple passée de 40% en 2004 à 20% en 2014. Par ailleurs, NPDC, la filiale amont de la compagnie nationale NNPC, augmente rapidement sa production, représentant désormais avec ses nombreux partenaires locaux 4% de la production totale contre 1,4% il y a dix ans.

Figure 21 : Evolution de la production des principaux acteurs de 2004 à 2014

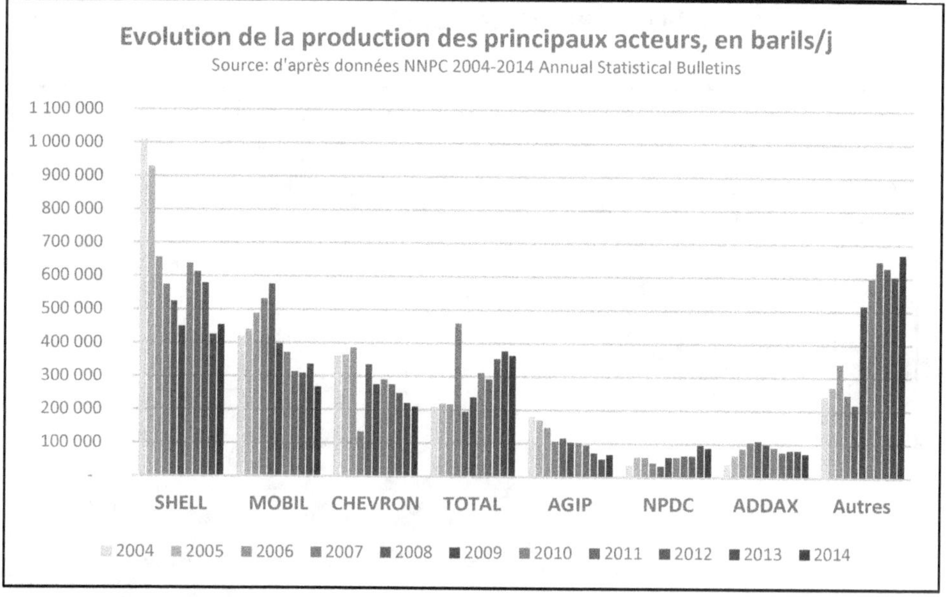

Les cinq principales multinationales étrangères opérant au Nigeria depuis au moins trois décennies sont invariablement Shell, Mobil, Chevron, Total et Agip. Elles interviennent à travers de nombreuses participations, parfois croisées, diverses formes de contrats pétroliers, et soit comme opérateurs soit comme simples actionnaires sur les différentes licences d'exploitation.

En 2014, le groupe Shell est resté premier producteur de pétrole brut avec 453 666 barils par jour en moyenne soit 20% de la production totale, suivie de Total (17%), Mobil (12%) et Chevron (10%). Agip a vu sa production régulièrement baisser ces dernières années de 7% en 2004 à 3% de la production totale en 2014 (Tableau 23).

Tableau 23 : Les principaux producteurs du pétrole brut au Nigeria en 2014

Compagnies	Barils/jour	%
SHELL	453 666	20%
TOTAL	363 771	17%
MOBIL	267 534	12%
CHEVRON	208 898	10%
NPDC	87 550	4%
ADDAX	81 061	4%
AGIP	66 962	3%
Autres	668 621	31%
TOTAL GENERAL 2014	**2 187 785**	100%

D'après données *NNPC Annual Statistical Bulletin 2014*

Figure 22 : Les principaux producteurs du pétrole brut au Nigeria, en moyenne sur la décennie 2005-2014

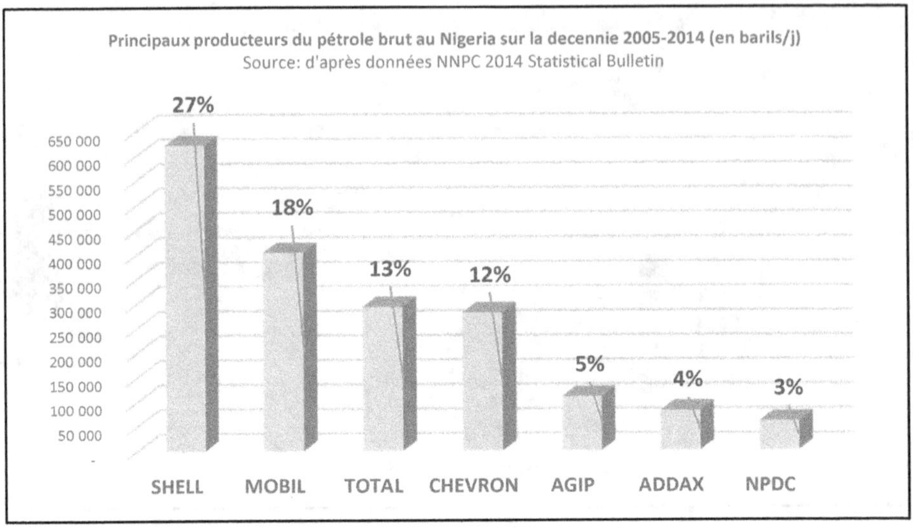

2.3.2. Les principaux producteurs

SHELL au Nigeria

Shell opère au Nigeria à travers diverses filiales, les principales étant SPDC et SNEPCO.

SPDC, *Shell Petroleum Development Corporation of Nigeria Limited*, est la descendante de la plus ancienne compagnie pétrolière créée au Nigeria en 1936 par The Royal Dutch et Shell Group, dénommée Shell D'Arcy. La licence lui fut accordée par l'administration coloniale britannique en 1938 mais la mise en exploitation ne démarra que 18 ans plus tard en 1956 sur le premier champ d'Oloibiri. Shell D'Arcy changea de nom la même année pour devenir *Shell-BP Petroleum Development Company of Nigeria Limited.* SPDC est détenue à 55% par NNPC, 30% par Shell, 10% par Total et 5% par Agip. Elle opère au régime de Joint-Venture.

Shell a créé en 1993 la SNEPCO (*Shell Nigeria Exploration and Production Company*), filiale à 100% opérant sous le régime de partage de production (*Production Sharing Contract*). Snepco engage alors de nouvelles explorations à Bonga dans lequel elle détient 44%, et qui sera le premier forage en eaux profondes avec une capacité de 200 000 barils par jour. En 1995, Shell s'engage dans la production de gaz en participant à la création de *Nigerian Liquified Natural Gas* (NLNG).

SPDC opère 50 champs pétroliers, des puits historiquement *onshore* en majorité, 5 000 km de pipelines, et 5 usines de gaz. Shell au Nigeria emploie moins de 6 000 employés directs et de sous-traitants. Le groupe déclare avoir reversé des impôts, taxes et royalties de l'ordre de 42 Md USD à travers ses filiales SPDC (42 Md USD) et SNEPCO (6 Md USD) de 2011 à 2015[137]. Par ailleurs, en 2014, les entreprises dont Shell est opératrice auraient consacré 314 M USD pour le financement de projets de développement dans les communautés du Delta du Niger[138], dont 202 M USD via la *Niger Delta Development Commission* (NDDC) à qui chaque compagnie doit reverser 3% de son budget annuel.

MOBIL au Nigeria

ExxonMobil Upstream est présente au Nigeria à travers deux principales filiales : MPN et EEPNL[139].

Mobil Producing Nigeria Unlimited (MPN), opérateur de la joint-venture NNPC/MPN avec 40% des parts et 60% pour NNPC, est la deuxième compagnie pétrolière au Nigeria après Shell. MPN démarra ses activités au Nigeria sous le nom de *Mobil Exploration Nigeria Incorporated* avant de changer de nom en 1969. La production démarra en 1970 dans le champ d'Idoho sur les côtes de l'Etat d'Akwa Ibom. MPN est la seule des multinationales à opérer uniquement offshore au Nigeria. La production vient de 90 plateformes pétrolières et de 353 puits. MPN produit également du gaz naturel liquéfié sur le champ Oso dans lequel elle détient 51% en partenariat avec NNPC. MPN dispose par ailleurs d'un contrat de partage de production avec NNPC sur le champ offshore profond d'Erha dans lequel elle détient 56,25% de parts.

Esso Exploration and Production Nigeria Limited (EEPNL) opère sous le régime de partage de production avec NNPC. Créée en 1993 comme filiale d'Exxon, elle détient des intérêts dans six blocs en offshore profond représentant le deuxième champ de cette nature au Nigeria en superficie. EEPNL est opérateur du champ d'Erha dans lequel elle dispose de 56%, et Snepco (Shell) 44%. Elle détient également 20% dans le champ Bonga opéré par Snepco (Shell), 20% dans une découverte toujours en offshore profond réalisée en 2002 sur Bolia et opérée par Snepco (Shell), 47,5% dans le projet Chota opéré par Conoco, et 30% dans le champ Usan opéré par Total.

Mobil emploie 1980 personnes, dont 80% locaux.

---

[137] Cf. site Internet de Shell Nigeria au lien http://www.shell.com.ng/aboutshell/media-centre/annual-reports-and-publications/economic-contribution.html, accès le 19 juillet 2016.
[138] Cf. site Internet de Shell Nigeria au lien http://www.shell.com.ng/aboutshell/at-a-glance.html, accès le 19 juillet 2016.
[139] Site de ExxonMobil : http://www.exxonmobil.com/Nigeria-English/HR/HR_Homepage.aspx, accès le 28 juillet 2016.

TOTAL au Nigeria

La présence de Total au Nigeria remonte à 1962 avec la SAFRAP. Elle démarre les opérations de forage à Obagi dans l'Etat du Rivers en 1964 et la production en 1966 sur ce site onshore dénommé 0ML58 et qui demeure jusqu'à présent l'unique installation onshore qu'elle opère au Nigeria. Sa première production offshore démarre en 1993 sur OML100. Aujourd'hui, elle est partenaire de plus de cinquante licences d'exploitation dont elle opère directement neuf, et participe à ces licences à hauteur de 10 à 60% en partenariat avec d'autres compagnies. Ses principales filiales au Nigeria sont :

- Total Exploration & Production Nigeria Limited (TEPNG), opérateur de la joint-venture NNPC/TEPNG qui gère les champs OML58, 99, 100, 102.
- Total Upstream Nigeria Limited (TUPNI) détenue à 100%
- TOTAL E&P Deepwater A to H Ltd
- Total LNG pour la production de gaz, qui détient 15% de cette filiale de la société nationale Nigeria LNG.

Les filiales amont de Total au Nigeria emploient plus environ 1 600 personnes.

CHEVRON au Nigeria

Chevron opère sur des champs onshore, offshore et offshore profond notamment dans le champ Agbami (67,3%) découvert en 1998 et qui est le plus grand champ en offshore profond au Nigeria. Elle détient également 30% des parts dans le projet Usan opéré par Total. La principale filiale de Chevron au Nigeria est Chevron Nigeria Ltd qui détient et opère 40% de parts de 13 concessions sous le régime de joint-ventures avec la NNPC qui en détient 60%. Chevron détient des parts allant de 18 à 100% dans 10 blocs onshore. Elle opère également le champ Nsiko dont elle détient 95% dans l'OML140.

Chevron est opérateur et détient 75% du projet Escravos Gas-to-Liquids (EGTL) avec NNPC, l'usine de production de gaz liquéfié qui sera approvisionnée par *Escravos Gas Plan* (EGP) dans laquelle Chevron détient également 40%. Le projet Sonam quant à lui opéré et détenu à 40% produit du gaz naturel. Chevron détient aussi 20% du champ Assa-North/Ohaji South Development dans l'OML53, destiné à fournir du gaz naturel au marché domestique. Enfin, Chevron est l'actionnaire principal avec 36,7% de la West *African Gas Pipeline Company Ltd* qui détient et opère 678 km de pipeline entre le Nigeria, le Bénin, le Ghana et le Togo.

AGIP au Nigeria

Le groupe ENI est au Nigeria depuis 1962, et fut en 1973 la première compagnie à entrer en joint-venture avec le gouvernement nigérian[140]. Elle intervient à travers trois filiales.

La *Nigerian Agip Oil Company* (NAOC) est opératrice de la joint-venture NNPC/NAOC dans laquelle elle détient 20%, Philips 20% et NNPC 60%. Elle emploie un millier de personnes dont 90% de nationaux. Les deux autres filiales sont la *Nigeria Agip Exploration Ltd* (NAE) et l'*AGIP Energy and Natural Resources Ltd* (AENR).

ENI détient par ailleurs 10,4% de parts dans Nigeria LNG Ltd. Dans les services pétroliers, ENI opère à travers la SAIPEM qui depuis 1965 a créé la Saipem Nigeria pour les opérations de forage, Saipem Contracting Nigeria Ltd pour des constructions *onshore*, et Saibos pour les constructions offshore. Snamprogetti, une filiale d'ENI, construisit la raffinerie de Warri dans les années 1970, ainsi que le gazoduc Escravos-Lagos de 450km, puis fournit de l'assistance technique pour la construction d'Escravos-Warri.

2.4. Les régimes de contrats en vigueur au Nigeria

2.4.1. La production par type de contrat

Tableau 24 : Types de contrats au Nigeria et production en 2014

Régime de production (nombre de compagnies)	Production de pétrole en b/j	%
Joint-Venture (7 entités)	1 087 275	50%
Partage de production (8)	877 262	40%
Contrat de service (1)	8 232	1%
Indépendants / Sole Risk (24)	161 094	7%
Champs marginaux (10)	53 923	2%
Production 2014	**2 187 785**	**100%**

D'après données NNPC - Annual Statistics Bulletin 2014

Ainsi, les contrats les plus courants sont le contrat de joint-venture et le contrat de partage de production (Tableau 24). Les autres contrats engagent essentiellement des investisseurs nationaux sans partenariat avec la NNPC.

[140] Document "*Eni's Way*" : http://www.eni.com/en_IT/attachments/publications/brochures-booklets/countries/NIGERIA_Brochure_UK_2002.pdf

2.4.2. *Le régime de Joint-Venture (JV) avec Joint Operating Agreement (JOA)*

Le régime de *Joint-Venture*[141] qui représente 50% de la production nigériane actuelle est le contrat standard dans l'industrie pétrolière nigériane et consiste en un accord pour une exploitation conjointe d'un champ pétrolier. Différente du MoU pétrolier signé avec le gouvernement et simplement destiné à fournir des incitations fiscales spécifiques au contrat, la joint-venture présente les caractéristiques suivantes :

- Un des partenaires est désigné comme opérateur, NNPC, la compagnie nationale, se réservant le droit de se désigner comme tel.
- Toutes les parties partagent les coûts des opérations à concurrence des apports.
- Chaque partenaire peut enlever et disposer de sa quote-part de la production soumise au paiement de la taxe sur les profits pétroliers et des royalties.
- L'opérateur a la responsabilité d'établir le plan d'actions et le budget annuels, partagés entre les partenaires au prorata de la participation de chacun au capital.
- Les questions techniques sont discutées entre les partenaires et les décisions stratégiques prises au sein du comité conjoint.

Il y a sept joint-ventures dont six opérées par des filiales de multinationales étrangères, et toutes les sept associent NNPC à différents niveaux de participation au capital (Tableau 25).

Tableau 25 : Principales Joint-Ventures au Nigeria

	Opérateur	Part	Part NNPC	Autres partenaires	Onshore/ Offshore
Shell Petroleum Development Company of Nigeria Ltd (SPDC)	Shell	30%	55%	Total (10%) Agip (5%)	Onshore et mangroves
Chevron Nigeria Limited (CNL)	Chevron	40%	60%		Offshore à Warri
Mobil Producing Nigeria Unlimited (MPN)	Mobil	40%	60%		Offshore Akwa Ibom
Nigeria Agip Oil Company Ltd (NAOC)	Agip	20%	60%	Philips (20%)	Onshore
Total Exploration and Production Nigeria Ltd (TEPNG)	Total	40%	60%		Onshore et offshore
Texaco Overseas Petroleum Company of Nigeria Unlimited (TOPCON)	Texaco	20%	60%	Chevron (20%)	Offshore
Pan-Ocean Oil Corporation	Pan-Ocean	40%	60%		Onshore

[141] Site de la Nigeria Investment Promotion Commission (NIPC) : http://www.nipc.gov.ng/venture.html, accès le 19 juillet 2016.

2.4.3. Le contrat de partage de production (Production Sharing Contract – PSC)

A la différence des joint-ventures, le contrat de partage de production (PSC)[142], dont le premier fut signé en 1973, transfère les risques à l'entreprise concessionnaire. L'essence du contrat c'est le recrutement d'un opérateur disposant de l'expertise et des financements nécessaires pour explorer et exploiter un champ appartenant à NNPC à ses risques et périls, le retour sur investissement étant réalisé s'il y a découverte et pendant l'exploitation. Sous le régime PSC, le concessionnaire a le droit de prélever :

- Le *cost oil*, part de la production destinée à compenser le coût d'exploitation.
- L'*equity oil*, quote-part de la production en remboursement des investissements consentis.
- Le *tax oil*, en défraiement des impôts et royalties versés et soumis à validation par NNPC.
- Le *profit oil*, quote-part des bénéfices à partager avec NNPC, après prélèvement des défraiements ci-dessus.

La durée du contrat est de 30 ans dont 10 ans d'exploration en OPL (*Oil Prospecting License*) au cours desquels un minimum de 114 MUSD doivent être investis, et 20 ans d'exploitation en OML (*Oil Mining Lease*). Huit compagnies dont Chevron, Esso, Addax, TUPNI/Total, SNEPCO/Shell et NAE/ENI, opèrent au Nigeria sous le régime de partage de production essentiellement en offshore et offshore profond et génèrent 40% de la production globale.

3. LA REPARTITION DES REVENUS PETROLIERS DEPUIS 1960

Au cours de la première décennie d'exploration pétrolière, l'ensemble des activités de production, de transport, de marketing et d'exportation étaient organisées par les multinationales occidentales au nom de l'Etat, qui se contentait de percevoir royalties et prélèvements fiscaux. Le régime militaire de Yakubu Gowon sortit de la guerre du Biafra en 1970 raffermi dans son contrôle des ressources, et décida de participer au contrôle des revenus pétroliers conformément aux recommandations de l'OPEP.

Le *Petroleum Profit Tax* (PPT), impôt sur les sociétés pétrolières, établi en 1959 s'élevait à 50% du résultat avant impôt tandis que le taux des royalties était de 12,5%. Après plusieurs révisions, le PPT fut fixé en 1975 à 85% et les royalties à 20% (Khan, 1994 :17)[143].

---

[142] Site de la NIPC : http://www.nipc.gov.ng/contract.html, accès le 19 juillet 2016.

[143] Khan S.A., 1994, *Nigeria, The Political Economy of Oil*. Oxford University Press. P.17

Le Nigeria adhèra à l'OPEP dès 1971, et le gouvernement crée la *Nigerian National Oil Company* (NNOC) pour superviser toute l'activité amont et aval. En 1973, il entra au capital de la filiale d'ENI/AGIP à hauteur de 33%, et étendit cette prise de participations aux autres compagnies pétrolières, en application de la Résolution n°XVI.90 de l'OPEP qui en 1968 avait invité les pays membres à aller le plus loin possible dans la maîtrise de la production pétrolière. La participation de l'Etat à leur capital atteindra 60% en 1979. Le régime de Mohammed/Obasanjo va fusionner la NNOC et le ministère des Mines et de l'Energie en 1976 pour former la *Nigerian National Petroleum Company* (NNPC), la régulation du secteur relevant désormais de son département '*Petroleum Inspectorate Department*'. Cette institution régulatrice sera renommée *Department of Petroleum Resources* (DPR) en 1988.

Le pétrole aura présidé à une grande partie des réformes institutionnelles au Nigeria depuis l'indépendance. Tout d'abord, la guerre du Biafra peut largement être reliée à la lutte pour le contrôle de la rente pétrolière. Lorsque Ojukwu déclare l'indépendance de la République du Biafra en 1967, la partition se fait certes sur le rejet par la coalition Igbo de la nouvelle coalition dominante nordiste au pouvoir menée par Gowon, et sur la peur ressentie par les Igbo d'être non seulement marginalisés, mais aussi exterminés. Mais les Igbo furent d'autant plus déterminés à faire sécession que les territoires réclamés par le Biafra représentaient les deux-tiers des réserves pétrolières connues à l'époque au Nigeria, et la guerre fut d'autant plus inévitable que le pétrole était devenu la source majeure de revenus pour le gouvernement fédéral. La réponse immédiate de Gowon de diviser la région de l'Est en trois Etats fédérés trahit à ce titre la volonté de réduire stratégiquement le territoire et les revenus pétroliers auxquels Ojukwu prétendait tout en l'étouffant économiquement. La guerre civile à laquelle participeront les soutiens internationaux des deux protagonistes se dénouera sur l'impossibilité pour le régime d'Ojukwu de survivre sans accès aux revenus pétroliers et sous embargo. Ce fut le principal grand conflit entre les factions ethniques de ce pays autour du pétrole, et le pays en connut de nombreux autres, de moins grande ampleur, au cours des années suivantes au titre de la répartition de la rente au sein des coalitions dominantes fédérales, régionales et locales. De nombreux autres conflits naquirent entre les différentes factions élitaires ethnico-régionales avec en toile de fond la répartition de la rente pétrolière entre l'Etat fédéral et les Etats fédérés.

Avant l'avènement de l'activité pétrolière, la Commission Philipson de 1946, première grande commission mise en place pour traiter de la répartition des revenus, avait consacré l'autonomie interne des régions et fixé la répartition comme suit : 15% à verser au Gouvernement fédéral, 50% retenus par la région ayant produit le revenu, et 35% à partager entre toutes les régions.

Depuis lors, et au fil des réorganisations de la structure étatique avec création de nouvelles régions, la répartition ne cessera d'évoluer. La

Constitution fédérale de 1954 accordera l'entièreté des revenus miniers à la région les ayant générés ; le gouvernement fédéral devant rétrocéder 100% des royalties miniers à la région d'implantation de la mine. Puis, la Constitution de 1960 réduisit le taux à 50%, 30% étant reversés au fonds commun redistribué à toutes les régions, et 20% étant retenus par le gouvernement fédéral (Elias, 1967 :253)[144].

Plus tard, la Constitution de 1999 instituera un compte fédéral commun dénommé *Federation Account* qui accueillera l'ensemble des ressources collectées sur le territoire, à l'exception (Art.162) des impôts directs des forces armées et police, des revenus collectés par le ministère des affaires étrangères et de ceux provenant des résidents de la capitale fédérale Abuja. La redistribution se fit selon une formule intégrant la taille de la population et la superficie de la région ainsi que l'effort de génération de revenus internes fourni par chaque région. Depuis la Lettre[145] n°AGF/TRY/796/VOL.IV/41 de la ministre des Finances (Mme Okonjo-Iweala) datée du 15 janvier 2004, la formule s'établit comme suit :

- Etats producteurs de produits miniers : 13% des revenus miniers au titre de la *dérivation* (Art.62 Constitution 1999) alloués aux régions productrices avant la répartition ci-dessous.
- Gouvernement fédéral : 48,5%
- Etats fédérés : 26,72%
- Gouvernements locaux : 20,6%
- Fonds spéciaux gérés par le gouvernement fédéral : 4,18%
    - ✓ Fonds écologique : 1%
    - ✓ Fonds de développement minier : 1%
    - ✓ Fonds national de réserve : 0,5%
    - ✓ Fonds national de développement de l'agriculture : 1,68%

Le plus récent rapport[146] de la *Nigerian Extractive Initiative for Transperence in Extractive Industries* (NEITI), la branche nigériane de l'EITI, publié en 2016, porte sur les flux financiers entre les compagnies pétrolières et l'Etat au cours de l'année 2012. Il révèle que l'Etat a encaissé au total 62,944 Md USD soit :

- 30,4 Md USD de recettes venant de la vente par l'Etat de sa quote-part de la production.

---

144 Elias, T.O., 1967, *Nigeria: The development of its Laws and Constitution.* P.263. Steven and Sons, London.

145 Cf. Iliyasu A., 2011, *Revenue allocation formula in Nigeria: issues and challenges.* Discours prononcé par ce membre de la Commission RMAFC (Revenue Mobilization Allocation and Fiscal Commission) chargée depuis 1999 (créée en 1988) de proposer annuellement à l'Assemblée Nationale d'éventuels ajustements à la formule de répartition des revenus.
Voir aussi l'article « *Understanding the new revenue formula* » de Yushau A. shuaib rédigé en 2006 accessible sur son blog http://yashuaib.com/2006/10/understanding-the-new-revenue-formula/ (accès le 08 fev 2013).

146 NEITI, 2016, *NEITI 2012 Oil and Gas Audit Report.* Lien http://www.neiti.org.ng/index.php?q=documents/audit-report-2012. Accès le 26 juillet 2016.

- 26,9 Md USD d'impôts, taxes et royalties.
- 3,7 Md USD de dividendes, et remboursement de prêts de la NLNG.
- 2 Md USD de taxes payées directement aux Etats fédérés, Local Governments et diverses agences gouvernementales.

Chapitre 5
LE PETROLE
ET LES DYNAMIQUES ELITAIRES

A. DYNAMIQUE DES GRANDES ORGANISATIONS ELITAIRES

Figure 23 : Principaux groupes d'élites influentes au Nigeria

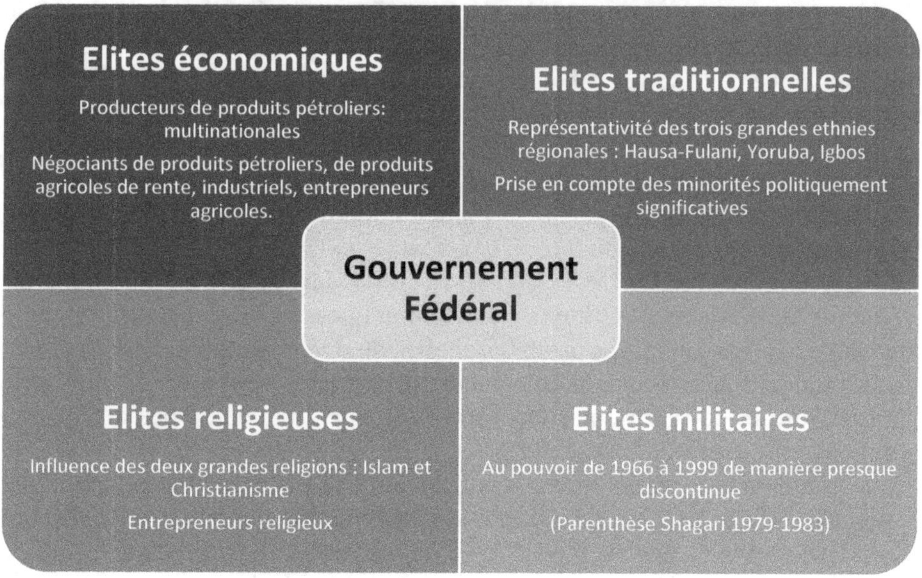

Cette structure se décline aux différents échelons : Etat, Gouvernement Local, Royaume et Communauté. Les différentes coalitions dominantes fédérale, étatique, locale, royale ou communautaire sont chaque fois pilotées par les chefs des coalitions dominantes que sont respectivement le Président de la République, le gouverneur, le Chairman du *Local Government*, le roi, et le chef de la communauté.

1. ORGANISATIONS ECONOMIQUES

L'organisation patronale représentative du secteur privé formel au Nigéria est la *Nigeria Employers' Consultative Association* (NECA). Fondée avant l'indépendance en 1957 et basée à Lagos la capitale économique, elle regroupe des entreprises ou organisations économiques de l'ensemble des secteurs d'activités et constituées d'au moins cinq salariés. Elle compte comme membres affiliés des associations sectorielles d'employeurs et associations professionnelles, nombre d'entre elles étant des associations syndicales. La NECA compte environ 500 membres, 16 organisations professionnelles ouvrant sur un potentiel de 2500 membres de tous les secteurs. La NECA s'est donné pour mission d'agir sur les politiques et pratiques socioéconomiques et en matière de renforcement du capital humain afin de créer un environnement des affaires favorable pour les affaires au Nigeria. Elle a pour ce faire participé à l'ensemble des comités consultatifs public-privé mis en place par le gouvernement. Il s'agit par exemple du Comité présidentiel sur les émoluments dans le secteur public depuis 2005 ou du Comité de la Stratégie nationale pour le développement économique.

Implantée dès 1888, la Chambre de Commerce de Lagos (*Lagos Chamber of Commerce and Industry*) fut la première chambre de commerce du Nigeria, et fut de ce fait pendant plusieurs décennies la principale organisation élitaire économique du Nigeria. Constituée au départ de 14 membres, elle en compte aujourd'hui 1 500, et fait partie de l'association des chambres de commerce nigérianes, la *Nigerian Association of Chamber of Commerce, Industry, Mines and Agriculture* (NACCIMA). Créée en 1960, la NACCIMA regroupe 47 chambres de commerce régionales ou communales, 5 chambres de commerce bilatérales et 7 associations professionnelles de divers secteurs. Elle se donne pour mission d'agir sur la réglementation affectant le commerce, l'industrie et l'agriculture et de représenter les intérêts de la communauté des affaires en promouvant l'esprit de libre entreprise.

Par ailleurs, le mouvement syndical au Nigeria remonte à la période coloniale avec la création du premier syndicat de fonctionnaires en 1912, qui devint en 1914 la *Nigeria Union of Civil Servants*. La *Nigerian Union of Teachers* créée en 1931 et la *Nigerian Railway Workers Union* furent de puissants mouvements parvenant à faire plier l'administration coloniale dans les années 1930 et 1940, avant que le mouvement politique ne se constitue. Ces organisations syndicales ont joué un rôle catalyseur dans la formation de la conscience politique au Nigeria et pour l'avènement de l'indépendance (Ihonybere, 1997)[147]. Depuis le décret de 1978 (*Trade Union Decree 22*) sur l'activité syndicale sous Obasanjo devenu ensuite le *Trade Unions Act* (Cap 437) en 1990, le *Nigeria Labour Congress* (NLC) coordonne le mouvement

[147] Ihonybere J.O., 1997. Organized Labor and the Struggle for Democracy in Nigeria. *African Studies Review*, Vol. 40, No. 3 (Dec., 1997), pp. 77-110

syndical au niveau fédéral. Le NLC est constitué de 45 syndicats affiliés qui totalisent 4 millions d'adhérents. Par ailleurs, une fédération d'associations, le *Trade Union Congress* (TUC), a été créée en 1986, pour rassembler au niveau fédéral les 24 associations de cadres. Le NUPENG (*Nigeria Union of Petroleum and Natural Gas Workers*), membre du NLC, et le PENGASSAN (*Petroleum and Natural Gas Senior Staff Association*), membre du TUC, tous deux créés en 1978 représentent le secteur pétrolier et ont notamment montré leur capacité de mobilisation des masses contre le projet gouvernemental de suppression des subventions au prix du carburant à la pompe en janvier 2012 (Elgabir, 2012)[148].

L'élite économique nigériane (entrepreneurs ou cadre supérieurs des principales organisations économiques) est relativement influente sur le plan politique, comme dans la plupart des Etats naturels. A l'échelle africaine, les niveaux de revenus brassés au Nigeria apparaissent particulièrement élevés, ne serait-ce que parce que le pays est l'une des plus grandes économies du continent au regard du PIB. Depuis 2012, le Nigérian Aliko Dangote, géant africain du sucre, de la farine, du ciment et du sel, occupe par exemple la tête du classement Forbes des fortunes africaines avec plus de 13,9 Md USD en juin 2016. Le poids économique de ces élites est particulièrement important dans le secteur pétrolier où les niveaux de rémunération sont les plus élevés.

En ce qui concerne le secteur pétrolier, les dynamiques élitaires les plus marquantes sont observées autour des organisations publiques ou semi-publiques, notamment la NNPC et l'ensemble de ses filiales et démembrements régionaux, ainsi que la NDDC et ses représentations dans chaque Etat du Delta du Niger. Les compagnies pétrolières participent également à cette dynamique élitaire car dans le cadre de la mise en œuvre de la politique d'indigénisation des emplois, de plus en plus de postes de cadres supérieurs ont été attribués aux Nigérians[149]. La course à ces sources de rentes a fait l'objet de jeux de manipulation de rentes et privilèges au sein des coalitions dominantes locales successives.

2. ORGANISATIONS TRADITIONNELLES

Le Nigeria s'est fait en 1914 sur la base de régions ethniquement constituées : la région Nord avec les Hausa-Fulani, la région Est avec les Igbo et la région Ouest avec les Yoruba. Les premiers partis politiques constitués

---

[148] Elgabir N., 2012, Two Nigerian unions suspend strike after president cuts fuel prices, Accès en ligne le 27 juillet 2016: http://www.cnn.com/2012/01/16/world/africa/nigeria-strike

[149] La ministre fédérale des ressources pétrolières, Mme Diezani Alison-Madueke estimait début 2013 que le *Nigerian Content* a augmenté la participation des Nigérians à l'industrie pétrolière de 87%, et créé 30 000 emplois en 30 mois. Cf. article Vanguard en ligne du 22 janvier 2013 consulté le 28 juillet 2016 : http://www.vanguardngr.com/2013/01/local-content-policy-has-created-30000-jobs-for-nigerians-alison-madueke/

dans les années 1940 sont également des émanations ethnico-régionales : le NPC du nord, le NCNC de l'est et l'AC de l'ouest. Le jeu politique n'a donc pu se défaire des dynamiques élitaires ethniques, l'équilibre de l'ordre social devant s'établir en tenant sans cesse compte des revendications à la fois des majorités et des minorités ethniques, à partir du moment où elles sont politiquement significatives (démographie, niveau d'éducation des élites, influence historique des chefs traditionnels, etc.).

S'appuyant sur des principes démocratiques, des élections se tiennent régulièrement depuis 1999 à tous les échelons, de l'Etat fédéral, des 36 Etats fédérés, et des 774 gouvernements locaux (*Local Governments*), pour désigner les coalitions politiques dominantes. Mais la forte influence des élites traditionnelles maintient la personnalisation des rapports avec les institutions dans un rapport complexe d'assujettissements et de déférences croisés entre élites politiques qui détiennent le pouvoir formel (administratif, économique et militaire) selon le référentiel occidental, et élites traditionnelles qui détiennent le pouvoir informel (religieux, ancestral) : le pouvoir formel pouvant obliger le pouvoir informel et vice-versa. Il s'est ainsi établi un double système de gouvernance qui officiellement attribue la préséance aux autorités politiques, mais reconnaît le pouvoir de fait des autorités et élites traditionnelles et leur influence en tant que leaders d'opinion dans les communautés, en particulier en milieu rural. La recherche effrénée par les élites politiques des titres traditionnels de 'Chief' n'est de ce fait pas un phénomène social banal, elle traduit une quête de la valeur éminente que les sociétés nigérianes confèrent à ce statut social.

L'influence des élites traditionnelles se manifeste à travers le soutien qu'un roi apporte de manière individualisée à un candidat ou à un parti dans un marchandage politique où les voix de ses sujets sont promises aux élites politiques contre compensation en rentes et privilèges. La compensation peut se faire sous forme individuelle (par exemple le don par le gouverneur de l'Etat d'Akwa Ibom de véhicules en 2011 à tous les rois de l'Etat pendant la campagne électorale) ou plus clientéliste en transformant de manière plus permanente les élites traditionnelles en suppôts d'intérêts politiques ou à l'inverse en transformant l'élite politique en suppôts d'intérêts ethniques. La compensation peut aussi être collective par l'exigence faite aux élites politiques de réaliser des projets de développement pour la communauté, par exemple la construction d'une école ou d'une salle communautaire ou l'attribution de bourses d'études, mais ce mode de compensation est plus rare au Nigeria. L'influence des élites traditionnelles se fait aussi de manière institutionnelle à travers les associations de chefs traditionnels dont l'instance représentative dans chaque Etat est le Conseil des chefs et autorités traditionnelles (*Council of Traditional Rulers and Chiefs*), très courtisé au Nigeria en période électorale.

Pour Olufemi Vaughan (2000)[150], « à l'intérieur d'une structure étatique aussi clientéliste et rentière, les chefferies traditionnelles ont entretenu (ou sapé) les fragiles coalitions dominantes aux niveaux régional et fédéral. ». Ainsi, les institutions des chefferies traditionnelles n'ont pas seulement résisté parce qu'elles sont d'incontestables émanations sociales locales mais aussi parce qu'elles ont structuré et entretenu les coalitions dominantes, en particulier au niveau des régions puis des Etats. Dans un tel contexte, les élites ont usé de divers leviers pour faire pression sur leurs adversaires. Parmi ces leviers, la jeunesse a joué un rôle majeur, mobilisée par des compensations alimentaires ou des promesses d'ascension sociale, elle a apporté un appui décisif dans l'intimidation voire l'élimination des adversaires politiques et dans la sécurisation des rentes économiques qui alimentent les réseaux de patronage : pétrole, blanchiment de fonds, trafics en tous genre (Ikelegbe, 2005)[151].

3. ORGANISATIONS RELIGIEUSES

La religion constitue l'une des lignes de tensions au Nigeria avec comme protagonistes les musulmans (majoritaires au nord) et les chrétiens (majoritaires au sud). Les lignes de fractures sont aussi distribuées selon la religion : le nord musulman redoutant à la fois la poussée islamiste et la domination des chrétiens au sud. Les musulmans ont le pouvoir du nombre sachant que la moitié des Yoruba au sud-ouest est également musulmane. Au sein de la coalition dominante, de grandes organisations religieuses structurent et canalisent l'influence des élites religieuses :

- La *Christian Association of Nigeria* (CAN), un regroupement de cinq associations chrétiennes : le *Christian Council of Nigeria*, le *Catholic Secretariat of Nigeria*, le *Pentecostal Fellowship of Nigeria*, l'*Organization of African Instituted Churches*, l'*Evangelical Fellowship of West Africa*. La CAN fut créée en 1976 initialement par des catholiques et protestants avant d'accueillir plus tard des églises pentecôtistes.
- Le *Supreme Council for Islamic Affairs* (SCIA) ainsi que la *Jama'atu Nasril Islam* (JNI).

Les organisations religieuses sont fortement implantées dans le tissu socio-économique et culturel du pays. L'activité économique de certains mouvements religieux chrétiens évangéliques ou pentecôtistes est tellement florissante avec de nombreux signes extérieurs de richesses et d'opulence (lieux d'offices flamboyants, moyens de transport rutilants, etc.) que nombre

[150] Vaughan O., 2000, *Nigerian Chiefs: Traditional Power in Modern Politics, 1890s-1900s*, University of Rochester Press.

[151] Ikelegbe A., 2005, The economy of conflicts in the oil rich Niger Delta region of Nigeria, *Nordic Journal of African Studies*, Vol. 14 No. 2, pp. 208-34.

de Nigérians les considèrent comme des entrepreneurs religieux, c'est-à-dire des hommes d'affaires qui instrumentalisent la religion et la foi à des fins économiques. Par ailleurs, au sein des communautés, des mouvements religieux pourvoient à divers services sociaux dans l'éducation et la santé, et sont un recours naturel pour les personnes en détresse. Les populations ont largement recours à ses mécanismes de solidarité et de socialisation qu'aucun service public n'est en mesure d'apporter. Elles jouent de ce fait un rôle politique et social majeur.

Dans les années 1970, le SCIA et la JNI avaient fait pression pour que la semaine aille de dimanche à vendredi, que les symboles judéo-chrétiens soient enlevés des espaces publics et que les lois de la Sharia entrent en vigueur. En réponse, la CAN entra en alerte pour contrer toute démarche d'islamisation du pays et obtint le soutien financier de l'Etat pour l'organisation des pèlerinages chrétiens dans leurs lieux saints à l'étranger en écho au soutien accordé par l'Etat depuis 1975 au pèlerinage musulman. Lorsque Babangida annonça sans consultation l'adhésion du Nigeria à l'Organisation de la Conférence Islamique, l'opposition de la CAN fut telle qu'il suspendit sa décision mais il se donna de fait vis-à-vis des chrétiens l'image de promoteur de l'islamisation du pays.

Aujourd'hui au Nigeria, la religion est perçue comme un facteur d'instabilité dans la mesure où des mouvements islamistes comme Boko Haram sèment la terreur parmi la population et menacent les institutions en réclamant l'extension de la Sharia à toute la république[152]. L'opinion publique soupçonne aussi certaines des élites musulmanes, militaires et économiques de sponsoriser certaines factions de cette secte[153].

4. ORGANISATIONS MILITAIRES

Les militaires ont dirigé le Nigeria pendant trois décennies, ils constituent de ce fait une composante essentielle de l'équilibre institutionnel de ce pays. Depuis 1999, ils ont cédé le pouvoir aux civils et le fait que le premier civil à prendre le relais soit un militaire converti au civil n'est pas anodin. Obasanjo ayant quitté le pouvoir en 2007 seulement, l'expérience civile du pouvoir est relativement récente et les nombreux anciens dirigeants militaires qui sont encore vivants exercent une influence encore décisive sur le fonctionnement des institutions à travers les réseaux clientélistes qu'ils ont installés lorsqu'ils étaient en fonction. Il n'était de ce fait pas étonnant que Buhari soit parvenu à revenir au pouvoir.

---

[152] En 2016, la Sharia est en vigueur dans 12 Etats dans le nord.

[153] Cf. Article de presse du 29 août 2015 au lien http://www.frontiersnews.com/ex-gov-sheriff-ihejirika-named-boko-haram-sponsors-el-rufai-also-implicated/. Accès le 19 juillet 2016.

Les militaires sont régulièrement accusés (Ikelegbe[154], 2005 ; Nwajiaku-Dahou[155], 2010 ; Uzondu[156], 2012 ; Ojogo[157], 2012) de participer activement à l'économie des conflits au Nigeria à travers l'entretien des réseaux de trafics d'armes, de produits illicites et de pétrole, et de former des pirates qui ont sévi ces dernières années dans le sud du Nigeria et dans le Golfe de Guinée.

5. AUTRES ORGANISATIONS INFLUENTES

Sur le schéma des organisations élitaires présenté en introduction à cette section A n'apparaissent pas les ordres sociaux d'accès ouvert qui ont de forts liens avec le Nigeria (Etats-Unis, Royaume Uni, France, etc.) ni les organisations internationales de financement du développement (ONU/PNUD, FMI, Banque Mondiale/SFI, UE, CEDEAO, BAD, AFD/Proparco, etc.). Ces acteurs ne font pas partie de l'élite mais elles influencent de manière significative les dynamiques politico-économiques depuis l'indépendance du Nigeria.

Olusegun Adeniyi (2011)[158] rapporte par exemple comment les Etats-Unis et le Royaume Uni sont directement intervenus dans diverses affaires internes au Nigeria dont celle opposant le Président Yar'Adua et le Président de l'Autorité de lutte contre la criminalité financière, l'EFCC (Nuhu Ribadu), dans le cadre de l'affaire Ibori, du nom d'un ancien Gouverneur de l'Etat de Delta accusé de corruption. Les investigations de Ribadu l'avaient amené à épingler un proche de Yar'Adua, et en parallèle (ou en conséquence), Ribadu était lui aussi devenu la cible d'une enquête pour détournements. Les Etats-Unis, qui avaient financé la mise en place de l'EFCC, y avaient vu une manœuvre de l'exécutif visant à intimider Ribadu et affaiblir l'EFCC. Ils avaient alors menacé de réduire l'aide au développement, de convaincre les autres partenaires du Nigeria d'en faire autant, et de révoquer les visas d'officiels Nigérians. Ce qui a fait plier le Président Yar'Adua.

En conclusion de cette section, l'activité pétrolière, qui a produit des revenus exceptionnels au Nigeria au point de représenter en 2014 plus de deux-tiers du budget de l'Etat, a représenté la source rente autour de laquelle

[154] Ikelegbe, A., 2005, Op. cit.

[155] Nwajiaku-Dahou, K., 2010, *The Politics of Amnesty in the Niger Delta: Challenges Ahead*, Paris: Note de l'IFRI.

[156] Uzondu, J., 2012, Why Niger Delta militancy may not stop, *Nigeria Newsworld*. Accès en ligne le 08 février 2013 : http://www.nigeriannewsworld.com/content/why-niger-delta-militancy-may-not-stop

[157] Ojogo D., 2012, Revealed: Those behind illegal oil bunkering? *Saturday Tribune Newspaper*. Accès en ligne le 08 février 2013 : http://tribune.com.ng/sat/index.php/front-page-articles/8250-revealed-those-behind-illegal-oil-bunkering.html

[158] Adeniyi O., 2011, Power Politics and Death. A front-row account of Nigeria under the late President Yar'Adua. Kachifo Limited. Lagos, Nigeria. Olusegun Adeniyi a été Porte-Parole du Président Yar'Adua tout au long de son mandat de 2007 à 2010.

nombre d'organisations élitaires ont gravité. Irriguant l'ensemble des structures économiques et politiques, elle a aussi généré d'importants coûts sociaux[159] de nature environnementale, sociale, économique ou politique, faisant de ce pays un cas d'école particulièrement intéressant en matière d'échec dans la prise en charge des impacts négatifs de l'activité des entreprises sur la société (Lado et Renouard, 2013)[160].

B. LES RESPONSABILITES VIS-A-VIS DES COUTS SOCIAUX DE L'ACTIVITE PETROLIERE DANS L'HISTOIRE DU NIGERIA

L'histoire de la prise en charge des coûts apporte des éléments supplémentaires en termes de dynamique des rapports de force changeants entre élites et non-élites. Ces éléments permettent d'étayer davantage l'hypothèse selon laquelle la démocratie émerge en réponse à une menace révolutionnaire crédible des non-élites. En d'autres termes, les élites ouvrent les accès politiques et économiques malgré elles face à la pression des non-élites, par peur de perdre davantage que s'ils maintenaient le statut quo (cf. Acemoglu et Robinson, 2006). Nous analysons ici étape par étape l'évolution de la prise en charge des coûts sociaux de l'activité pétrolière au Nigeria depuis 1958 et en explorant la dynamique des rapports de forces entre élites et non-élites qui explique la trajectoire empruntée par les institutions.

Pour cela, nous considérons trois temps historiques qui se distinguent par l'ampleur de l'asymétrie de pouvoirs entre les parties prenantes. Le premier régime, démocratique, de 1958 à 1966 a conféré avec quelque succès à l'Etat la responsabilité de la gestion des coûts sociaux de l'activité pétrolière (1). Les régimes militaires successifs, de 1966 à 1997, vont faire de l'Etat l'actionnaire majoritaire des compagnies pétrolières, et conforter l'asymétrie de pouvoirs entre, d'une part le régime militaire et les compagnies pétrolières (la coalition élitaire), et d'autre part les populations (les non-élites), ce qui s'est traduit par une accentuation des coûts sociaux sur les non-élites (2). Sous la pression croissante des populations qui vont faire émerger des organisations de la société civile, les régimes qui prendront le relais à partir de 1999 deviendront plus démocratiques en s'inscrivant dans la dynamique internationale de lutte

---

159 Le terme 'coût social' désigne les effets négatifs d'une activité sur la société. C'est la partie du coût de l'activité qui n'est pas supportée par l'auteur mais transférée consciemment ou non à la société qui la supporte volontairement ou non. C'est ce coût social qui est traité par Pigou (1932) puis Ronald Coase (1960).

160 Lado H. & Renouard C., 2013, Y a-t-il une malédiction des matières premières ? in 'L'entreprise dans tous ses Etats', *Archives de Philosophie du Droit*, Tome 56. Dalloz.

contre la prédation, inaugurant au Nigeria l'ère du développement durable et de la responsabilité sociétale des entreprises (3).

1. PREMIER TEMPS (1958-1966) : LES COUTS SOCIAUX SONT PRIS EN CHARGE PAR L'ETAT

En 1958, lorsque Shell d'Arcy, rebaptisée *Shell-BP Petroleum Development Company of Nigeria Limited*, démarre la production au Nigeria, l'Etat attend de l'entreprise pétrolière i) qu'elle réalise les performances de production tout en développant de nouveaux champs ii) qu'elle reverse les redevances et royalties et iii) qu'elle paie ses impôts : la première version de la loi sur les résultats pétroliers, le *Petroleum Profit Tax Act*, est rédigée en 1958. De fait, l'Etat endosse seul la responsabilité des coûts sociaux générés par l'activité pétrolière et du développement des communautés locales.

La première tentative de concilier production pétrolière, protection de l'environnement et bien-être des populations dans les zones de production est engagée dès 1960 avec la création du *Niger Delta Development Board* (NDDB). Cette organisation dédiée au développement de la région du Delta du Niger faisait suite aux travaux de la Commission Willink qui avait été mise en place à l'aube de l'indépendance en 1957 pour étudier les revendications des minorités ethniques, en particulier celles du groupe Ijaw -minorité nationale majoritaire dans le Delta du Niger- qui réclamait la création d'au moins un Etat dans cette région productrice alors écartelée entre les régions est et ouest (Enemugwem, 2006)[161].

Le NDDB reçut la mission de canaliser l'expertise et les financements du gouvernement fédéral pour le développement économique des zones de production pétrolière. Il devait, pour ce faire, engager des études sur les modes de vie locaux, les productions agricoles, les activités de pêche, l'exploitation forestière, le génie civil et hydraulique, les industries, et la gestion foncière, afin d'élaborer des plans de développement régionaux et locaux. En 1962, le NDDB envisagea l'expansion des activités déjà pratiquées par les populations locales.

Des plantations expérimentales furent par exemple établies à Bori sur le territoire Ogoni pour cultiver du soja, des arachides, du maïs, avec des semences importées d'Inde, de Philippines, de Singapour et d'Amérique du Sud. Les premiers résultats probants encouragèrent le NDDB à s'engager dans la production d'huile de palme, du caoutchouc, du cacao, du café, du sucre de canne et du riz, notamment à Peremabiri où 300 ha de plantations mécanisées et irriguées de riz furent établis en 1965 ainsi qu'une usine de traitement (Enemugwem, 2006).

[161] Enemugwen, 2006, Obolo and the Peopling of the Niger Delta, Aboki Monographs.

Deux observations se dégagent de ce premier temps au regard des rapports de forces entre élites et non élites :

- Tout d'abord, en 1958, le contexte politico-économique de l'exploitation pétrolière est favorable à une certaine égalité de pouvoirs entre les parties prenantes. En effet, dans la perspective de l'indépendance envisagée pour 1960, la coalition dominante coloniale est en train de céder le pouvoir politique aux Nigérians. L'accession du Nigeria à l'indépendance le 1er janvier 1960 représente ainsi l'aboutissement, dans un climat apaisé, des revendications populaires enregistrées depuis la création des premiers syndicats dans les années 1920. Sur le plan économique, le formidable développement agricole a suscité la création de *Marketing Boards,* organismes publics destinés à faciliter l'exportation des trois principales productions que sont les produits du palmier à huile, le coton et les arachides. Même si l'économie demeure dominée par les Britanniques et a pour moteur les exportations, elle est florissante et génère des emplois, contribuant ainsi à ouvrir des opportunités socioéconomiques à toujours plus de Nigérians.
- Par ailleurs, au cours de ce premier temps, et dans ces conditions favorables à l'égalité des droits et pouvoirs, les non-élites ont pu obtenir que les coûts sociaux qui découleront de l'activité pétrolière soient traités et compensés par l'Etat via le NDDB.

Ceci étant, la production pétrolière passera rapidement à 600 000 barils/jour en 1967, soit 13 fois plus en seulement six ans, et les revenus pétroliers observeront une croissance de 76% en moyenne par an ! (Cf. Falola et Heaton, 2008 :163 et 182).

L'afflux exceptionnel de la rente pétrolière renforcera l'illusion de puissance des coalitions élitaires émergentes qui feront peser sur l'environnement naturel et humain les coûts sociaux de l'activité pétrolière.

2. SECOND TEMPS (1966-1997) : LES REGIMES MILITAIRES FONT PESER LES COUTS SOCIAUX SUR LES POPULATIONS

Le début du second temps correspond à l'expansion rapide de l'activité pétrolière dont la production atteint les deux millions de barils par jour dès les années 1970. Les rivalités interethniques sous-tendues par la peur réciproque de la domination du nord par le sud vont exacerber les tensions au sein du gouvernement au moment où l'identité ethnique avait encore plus de sens dans les esprits que l'identité nigériane créée de toutes pièces en 1914.

L'instabilité sociopolitique chronique sera à la fois la cause et la conséquence des coûts sociaux de l'activité pétrolière qu'on peut classer en trois catégories :

- La pollution environnementale qui frappe les populations locales en détruisant leurs lieux de vie et leurs moyens d'existence.
- Le syndrome hollandais (Lado et Renouard, 2013)[162] qui attaque les structures de l'économie en la polarisant autour de l'activité pétrolière, générant ainsi un chômage endémique, et entretenant la pauvreté.
- Le développement de trafics de produits pétroliers et d'activités criminelles autour du pétrole et qui déstabilisent les institutions sociopolitiques locales et nationales.

Sous la domination des coalitions élitaires successives, la prise en charge des coûts sociaux de l'activité pétrolière sera très partielle et irrégulière. Nous subdivisons ce second temps en trois moments selon la nature des institutions mises en place.

2.1. Moment I (1966-1980) : Pas d'organisation spécifique en charge des coûts sociaux de l'activité pétrolière

Les deux premiers coups d'Etat de 1966 et la guerre du Biafra (1967-1970) qui suivra sous le régime de Yakubu Gowon vont conduire à l'arrêt des financements du NDDB et donc de ses activités. En 1969, le code pétrolier (*Petroleum Act*) organisera la gestion de l'exploration et de l'exploitation du pétrole ainsi que la perception des revenus pétroliers mais n'envisagera pas pour les entreprises de responsabilité autre que fiscale.

Pendant ce premier moment, le budget de l'Etat va augmenter rapidement grâce à l'expansion de l'activité pétrolière et sous l'effet du premier choc pétrolier de 1973. L'instabilité économique qui suivra le second choc pétrolier de 1979 sera caractérisée par la chute de la production pétrolière, et des revenus de l'Etat, obligeant le gouvernement à solliciter le Fonds Monétaire International en 1982 et à lancer de nouveaux puits pétroliers alors que l'inflation grève chaque jour le pouvoir d'achat des populations, et que certains Etats ne parviennent plus à payer leurs fonctionnaires.

Les militaires ne traiteront pas les coûts sociaux de l'activité pétrolière pas plus qu'ils n'engageront les entreprises à les prendre en charge. De plus en plus de syndicats défieront alors le pouvoir, et même les employés du secteur pétrolier -interdits de grève en 1975 par le régime du Général Murtala Mohammed sous peine d'exécution ou d'emprisonnement- s'associeront aux manifestations. Les grandes religions du pays, christianisme et islam, s'en mêleront pour dénoncer les détournements, et les musulmans exigeront même l'application de la Sharia au niveau fédéral. Plus largement, c'est alors qu'on

[162] Lado H. & Renouard C., 2013, Y a-t-il une malédiction des matières premières ? in 'L'entreprise dans tous ses Etats', *Archives de Philosophie du Droit*, Tome 56. Dalloz.

observera un développement exponentiel des organisations de la société civile de diverses natures pro et anti-régime (Tar, 2009)[163].

2.2. Moment II (1980-1992) : Création de la *Presidential Task Force on 1,5%*

Les opérations de défiance et de protestation organisées par les populations du Delta du Niger vont pousser le régime de Shagari et la coalition élitaire à mettre en place en 1980 une institution : la '*Presidential Task Force on 1,5%*', dotée d'un budget représentant 1,5% des revenus pétroliers fédéraux pour réaliser des projets de développement dans le Delta du Niger.

Les projets engagés sous cette institution seront envisagés comme une compensation faite aux populations en raison des coûts sociaux mais aussi comme une juste redistribution des bénéfices de l'activité pétrolière. Par ailleurs, un plan fédéral de gestion des pollutions (le *National Oil Spill Contingency Plan* - NOSCP), qui va être mis en place en 1981 sous la pression des ONG internationales et des populations locales, consacrera le principe Pollueur-Payeur.

Pendant ce deuxième moment, les populations n'observeront pas de trêve dans la contestation des pratiques de la coalition élitaire. Toutefois, la PTF 1,5% enregistrera peu de réalisations dans le Delta du Niger car gérée exclusivement par la coalition élitaire qui dilapidera l'essentiel de ses ressources dans les réseaux clientélistes. Les mouvements de revendication populaires se radicaliseront en s'étendant dans tout le Delta du Niger dans le cadre d'organisations citoyennes de plus en plus structurées, de diverses natures : pacifiques, violentes, voire criminels.

L'instabilité sera favorisée par une perte de repères chez les jeunes, qui se sont retrouvés happés par des réseaux criminels ou occultes dont des groupes cultistes (Lado et Renouard, 2012)[164]. Confréries culturelles et élitistes, les groupes cultistes sont apparus dans les années 1970 dans les universités pour afficher, par un comportement exemplaire des membres, leur attachement à des valeurs. Peu à peu, le cultisme a mêlé pratiques ésotériques et violentes, qui l'ont transformé en véritable fléau social. D'après l'enquête réalisée par Oyefusi (2009)[165], les jeunes sont d'autant plus enclins à rejoindre ces groupes violents que leurs revenus sont faibles et leur niveau d'éducation bas. Nombreux et concurrents, les leaders cultistes promettent aux jeunes une ascension sociale rapide par l'accès à la rente pétrolière et au pouvoir. C'est

---

163 Tar U.A., 2009, *The Politics of Neoliberal Democracy in Africa. State and Civil Society in Nigeria*. Tauris Academic Studies. London.

164 Lado H. et Renouard C., 2012, RSE et Justice Sociale : le cas des multinationales pétrolières dans le Delta du Niger, *Afrique et Développement*, Vol. XXXVII, N°2, 2012. Codesria.

165 Oyefusi A., 2009, ''Oil and the propensity to armed struggle in the Niger Delta region of Nigeria'', Post-conflict Transitions Working Paper n°8, World Bank, Washington, DC.

ainsi qu'ils ont trusté les principales responsabilités au sein des communautés et installé une véritable économie de la violence autour de l'activité pétrolière.

2.3. Moment III (1992-1997) : Consolidation des mouvements non-élitaires jusqu'au renversement des régimes militaires

Le troisième moment va être marqué par la multiplication d'organisations, institutions et normes en matière de gestion des coûts sociaux de l'activité pétrolière, sous la pression des populations locales et des organisations non-élitaires.

Arrivé au pouvoir en 1985, le Général Babaginda remplacera en 1992 la PTF 1,5% par *Oil Mineral Producing Areas Development Commission* (OMPADEC) dont il relèvera le budget à 3% des revenus pétroliers fédéraux. Mais les non-élites ne parviendront pas à s'imposer aux côtés des élites comme partie prenante à la gestion d'OMPADEC qui souffrira des mêmes maux que la PTF 1,5%. Le Général Abacha, originaire du nord du pays, arrivé au pouvoir en 1993 remplacera OMPADEC par le *Petroleum Trust Fund* (PTF) qui sera accusé de détourner vers le nord du pays les fonds destinés au Delta du Niger. En réponse, Abacha convoquera la Conférence constituante de 1994 qui décidera du principe de *dérivation*. Ce principe veut que le gouvernement fédéral rétrocède à un Etat producteur 13% des revenus miniers avant répartition des revenus fédéraux à tous les Etats. Ceci étant, si cet effort de décentralisation offre aux Etats producteurs d'importantes marges de manœuvre dans la gestion des revenus pétroliers et des coûts sociaux, la gestion de ces fonds et son contrôle demeureront dans chaque Etat sous la responsabilité exclusive des coalitions élitaires.

En ce qui concerne les normes environnementales, les régimes militaires institueront des normes en matière de rejets d'effluents dangereux dans le cadre du *Harmful Wastes Act* de 1988, de l'évaluation d'impact environnemental avec l'*EIA Act* de 1992, ainsi que des normes environnementales spécifiques au secteur pétrolier avec l'*Environmental Guidelines and Standards for the Petroleum Industry in Nigeria* (EGASPIN). En outre, la version de 1990 du code pétrolier précisera les responsabilités fiscales des entreprises pétrolières sans leur reconnaître d'autres responsabilités que celles contenues dans les normes environnementales.

Pour ce qui est de la mobilisation populaire, le régime de Babangida tentera de canaliser les énergies non-élitaires en créant une organisation sur laquelle il maintiendra le contrôle : la Mobilisation de masse pour l'autonomie, la relance économique et la justice sociale (*Mass Mobilization for Self-reliance, for Economic Recovery, and for Social Justice* ou MAMSER). Cette entité publique remplira peu ses objectifs mais elle servira tout de même de catalyseur pour le développement de mouvements communautaires autonomes (Watts, 2004)[166]. L'activiste Ken Saro-Wiwa quitta le MAMSER, en critiquant l'immobilisme et le contrôle exercé par les militaires, pour fonder en 1990 l'emblématique Mouvement pour la survie du peuple Ogoni *(Movement for the Survival of the Ogoni People* ou MOSOP) qui devint le mouvement populaire de référence, inspirant d'autres initiatives comme le *Movement for the Survival of the Izon (Ijaw) Ethnic Nationality in the Niger Delta* (MOSIEND), le *Movement for Reparation to Ogbia* (MORETO), ou encore le *Council for Ikwerre Nationality* en 1992.

La violente répression contre ces mouvements et l'exécution par pendaison de Ken Saro-Wiwa avec ses huit co-accusés par le régime d'Abacha en 1995 contribuera à radicaliser les contestations, alors que se développeront des initiatives criminalisées autour de l'activité pétrolière (sabotage des installations, siphonage de pétrole brut sur les oléoducs, trafics de produits pétroliers en contrebande, développement de raffineries sauvages dans les mangroves). La demande sociale vis-à-vis des entreprises pétrolières par ailleurs soupçonnées par la population de complicité active avec les régimes militaires prédateurs[167] deviendra alors si forte au cours des années 1990 que le gouvernement appellera les entreprises à contribuer directement au développement des communautés où elles sont implantées.

3. TROISIEME TEMPS (DEPUIS 1997) : LA RESPONSABILITE DES ENTREPRISES EST SUSCITEE PAR LA MOBILISATION SOCIALE

Après remplacement du Général Abacha en 1998 par le Général Abubakar et le retour au régime civil avec l'élection d'Olusegun Obasanjo en 1999, le cadre réglementaire de la responsabilité sociétale dans l'industrie pétrolière va se préciser, sous la pression des populations.

Le fait qu'un militaire arrivé au pouvoir par coup d'Etat ait conduit le Nigeria au rééquilibrage des pouvoirs entre élites et non-élites et à des élections libres en 1999 suggère que la qualité de militaire du chef de la coalition dominante n'implique pas automatiquement la confiscation des

---

[166] Watts, M., 2004, The Sinister Political Life of Community: Economies of Violence and Governable Spaces in the Niger Delta, Nigeria. *Working Paper n°3*. Institute of International Studies, University of California, Berkeley, USA.

[167] A la suite de l'exécution de Ken Saro-Wiwa et de ses co-accusés, l'affaire fut portée devant la Cour fédérale de New York au titre de l'*Alien Tort Statute et du Torture Victim Protection Act* par des ressortissants Ogoni contre Shell. Le *Center for Constitutional Rights et EarthRights International* font partie des organisations qui portèrent l'affaire. Shell fut accusée de conspiration avec le gouvernement contre le peuple Ogoni et de complicité dans la violation des droits de l'homme. C'est en 2009 que Shell a mis fin à l'affaire par un règlement à l'amiable en versant 15,5 MUSD aux victimes et en abondant un fonds de 5 MUSD destiné au financement de projets de développement sur le territoire Ogoni.

droits des non-élites. Cela montre surtout que les non-élites avaient suffisamment arraché du pouvoir aux élites pour s'imposer comme parties prenantes incontournables aux processus politico-économiques.

Dans ce troisième temps caractérisé par la tendance au rééquilibrage des pouvoirs entre les élites et les non-élites, on observe deux moments qui se distinguent par l'intensité de la participation des entreprises à la prise en charge des coûts sociaux de l'activité pétrolière.

3.1. Moment I (1997-2000) : Engagement direct de quelques entreprises dans la prise en charge des coûts sociaux et création de la NDDC

Alors que les populations maintiennent la pression sur la coalition élitaire, quelques entreprises pétrolières prennent progressivement conscience que réduire la domination de l'industrie pétrolière sur les communautés locales est la seule garantie d'un retour durable à la stabilité. Encouragées par le gouvernement, les entreprises s'engageront dans des projets de développement au sein des villages en construisant des infrastructures et en offrant des bourses d'études aux jeunes. La prise en charge des coûts sociaux de l'activité pétrolière par les entreprises aura quelques succès mais elle restera ponctuelle, désorganisée, et non concertée (cf. Lado et Renouard, 2012)[168].

Inaugurant l'ère du dialogue avec les populations, quelques entreprises pétrolières opérant en offshore vont initier des partenariats de long terme avec les communautés locales. Texaco et Statoil contribuent en 1997 à la mise en place d'une fondation communautaire à Akassa, village riverain de leurs installations offshore. Les organes de gouvernance de l'*Akassa Development Foundation* (ADF) -assemblée générale, conseil d'administration, comité exécutif- sont paritaires au regard du genre, et composées de représentants de l'ensemble des parties prenantes locales : chefs, jeunes, femmes, comité de développement communautaire (CDC). L'ADF se saisit des sujets qui émergent de la concertation entre les parties prenantes dans une démarche visant le développement économique, la préservation de la cohésion sociale et la protection de l'environnement. ADF bénéficie du soutien financier des entreprises pétrolières et de l'appui technique d'une ONG internationale (Pro Natura International) spécialisée dans le développement participatif. Dans ces conditions, les populations locales ont le sentiment de prendre une part active à leur propre développement et de bénéficier des fruits de l'activité pétrolière, avec l'assurance que leurs plaintes relatives aux pollutions sont enregistrées et traitées. Statoil et Texaco contribuèrent ensemble pour 52 M Nairas (300 000 USD) par an. L'ADF lança avec 63 salariés ses premiers projets,

---

[168] Lado H. et Renouard C., 2012, *Op. cit.*

d'une valeur unitaire de 300 000 (1 700 USD) à 1 M Nairas (6 000 USD), et dota les communautés :

- D'un réseau interne de rues bétonnées praticables en motos en toutes saisons, ainsi que des jetées et des bateaux pour le désenclavement de cette zone accessible principalement par voie fluviale
- D'un atelier de couture pour l'apprentissage et la réalisation de travaux de confection
- D'un atelier informatique pour l'apprentissage et la réalisation de travaux informatiques
- D'un centre multimédia de loisirs pour regarder la télévision et pour le cinéma
- D'un système local d'épargne associant les femmes des communautés pour financer des micro-projets individuels ou collectifs, sur garantie collective
- D'un projet de conservation de la biodiversité et de l'environnement, notamment des tortues marines et des sols dégradés par les marées (Joab-Peterside, 2007)[169]
- De plusieurs écoles maternelles et primaires
- D'une salle polyvalente pour des événements culturels locaux.

Par ailleurs, le ministère de l'environnement est créé en 1999 et commence l'élaboration du cadre fédéral de gestion de l'environnement. En remplacement du PTF qui ne fonctionnait déjà plus, la *Niger Delta Development Commission* (NDDC) est créée en 2000 pour faciliter un développement durable du Delta du Niger. La NDDC est basée à Port-Harcourt et financée principalement par le gouvernement fédéral, et les entreprises pétrolières (3% du budget annuel de chaque entreprise).

3.2. Moment II (depuis 2000) : Renforcement de la réglementation sur la gestion des coûts sociaux et engagement direct des entreprises

Ce moment II voit la domination de l'industrie pétrolière décliner davantage même si l'asymétrie de pouvoir entre élites et non-élites reste forte. En effet, les populations locales tiennent désormais à voir toutes les dimensions des coûts sociaux de l'activité pétrolière prises en compte par l'Etat et les compagnies pétrolières.

Le modèle d'intervention indirecte via des fondations locales lancé par Texaco et Statoil à Akassa (Frynas, 2009 :114)[170], qui montre des résultats

---

169 Joab-Peterside S., 2004, Green Governance: The case of Akassa Community Forests Management and Development Plan. Working Paper n°19. Institute of International Studies, University of California, Berkeley, USA.

170 Frynas J.G., 2009, *Beyond Corporate Social Responsibility. Oil Multinationals and Social Challenges.* Cambridge University Press. UK. P114.

encourageants en termes d'appropriation du développement par les populations, va inspirer d'autres entreprises pétrolières (Idemudia, 2009)[171] dont le groupe Total pour ses communautés riveraines d'Opobo Nkoro dans l'Etat du Rivers et d'Eastern Obolo dans l'Etat d'Akwa Ibom (Giraud et Renouard, 2010).

Les compagnies opérant en *onshore* comme Total, Shell et Agip expérimenteront au début des années 2000 le mode d'intervention directe participative par la mise en place de *Memoranda of Understanding* (MoU), c'est-à-dire des accords non contraignants signés pour trois à cinq ans avec les représentants des communautés locales pour définir les attentes de part et d'autre en vue d'une cohabitation harmonieuse. Les entreprises demandent la paix sociale en vue d'une poursuite ininterrompue de la production, tandis que les populations demandent la prise en charge des coûts sociaux de l'activité (prise en charge de la pollution et traitement des zones polluées, indemnisations des personnes affectées, projets de développement communautaire) ainsi que des avantages individuels (emplois, sous-traitance, formations) en guise de compensation des impacts négatifs de l'activité, d'une juste répartition des profits pétroliers ou d'une contribution volontaire au développement local (Renouard et Lado, 2013)[172].

Les projets contenus dans les MoUs sont presqu'invariablement des projets d'infrastructures de transport (routes, ponts, appontements, jetées, etc.), de santé (centres de santé, équipements sanitaires), éducatives (salles de classe, centres de formation professionnelle, logements d'enseignants, matériel didactique), sociales (salles de fêtes, foyers communautaires, terrains de sport), d'adduction d'eau (puits, forages d'eau, etc.). Il s'agit aussi d'engagements à augmenter l'emploi local, de transferts permanents aux propriétaires fonciers ayant cédé les terres abritant des puits, de bourses d'études, de bourses de formation professionnelle aux métiers pertinents pour la région, d'accompagnement à l'entreprenariat, de dons de médicaments à des centres de santé, de campagnes sanitaires périodiques, de soutiens divers aux manifestations culturelles, sportives, éducatives ou professionnelles. Pour Shell, la première entreprise au Nigeria avec un tiers de la production nationale, un tel engagement a représenté 112 MUSD en 2014[173], sans compter le coût direct de la gestion des pollutions et accidents.

Ceci étant, les MoUs ne sont pas signés avec toutes les communautés affectées, toutes les compagnies n'y font pas recours, et les compagnies les plus actives mettent en œuvre à peine la moitié de leurs engagements. Elles soulignent souvent la désorganisation de certaines communautés qui favorise

---

171 Idemudia U., 2009, "Oil extraction and poverty reduction in the Niger Delta: a critical examination of partnership initiatives", *Journal of Business Ethics* (2009), 90:91-116.

172 Renouard C. et Lado H., 2013, Les multinationales et l'impasse du développement par la croissance. *Ethique Publique*. Vol.15, n°2, 2013.

173 Cf. Site Internet de Shell Nigeria au lien http://www.shell.com.ng/aboutshell/at-a-glance.html, accès le 19 juillet 2016.

le laxisme, les détournements de fonds et la corruption ; l'absence de profils locaux qualifiés pour remplir les engagements en emplois ; ou encore l'incompétence des sous-traitants locaux sélectionnés. Les communautés locales soulignent de leur côté le laxisme des compagnies dans le suivi des projets puisque les engagements sont non contraignants, la corruption et le clientélisme entretenus par certains employés, le caractère modeste des engagements des entreprises au regard des besoins, et le défaut de transparence dans les relations avec les communautés.

Au sujet de la transparence, le Nigeria a adhéré en 2004 à l'Initiative pour la Transparence dans les Industries Extractives (ITIE ou EITI, cf. Chap.2 Section B-3). Ce mécanisme international vise l'audit indépendant et la publication de comptes publics relatifs à l'activité pétrolière et minière de sorte que l'ensemble des parties prenantes puisse vérifier qu'aucune partie ne constitue des rentes au détriment des autres. Un audit réalisé en 2013 par l'EITI nigériane (NEITI) a révélé des sous-déclarations d'impôts (principalement l'impôt sur les sociétés pétrolières) de l'ordre de 600 M USD sur la seule année 2013[174]. Par ailleurs, en septembre 2016, le gouvernement nigérian a lancé des poursuites contre Total, Eni et Chevron pour des sous-déclarations de production évaluées à 12,7 Md USD sur la période 2011-2014[175].

En 2006, le dispositif fédéral de gestion des coûts sociaux de nature environnementale s'est étoffé avec la création de la NOSDRA (*National Oil Spill Detection and Response Agency*) dont la mission est de coordonner la politique fédérale en matière de fuites et pollutions par hydrocarbures, et notamment piloter le Plan national de gestion des pollutions pétrolières (NOSCP) de 1981 qui avait institué le principe Pollueur-Payeur. En 2007, une autre agence voit le jour, la NESREA (*National Environmental Standards and Regulations Enforcement Agency*), pour élaborer les normes environnementales applicables au Nigeria. Ce dispositif est renforcé en 2009 par la création d'un ministère en charge du Delta du Niger qui a la responsabilité de coordonner la stratégie fédérale sur cette région. Le ministère prend en charge notamment les grands projets d'infrastructures inter-Etats que ne peut financer la NDDC, organise les programmes fédéraux de formation professionnelle des jeunes du Delta du Niger, et coordonne le programme fédéral d'amnistie générale lancé en 2009 (voir Nwajiaku-Dahou, 2010)[176] qui a incité plusieurs milliers de jeunes militants engagés dans des activités criminelles à déposer les armes en échange d'une réhabilitation socioéconomique et morale. La NDDC a conservé un rôle d'agence de développement avec en 2015 un budget

---

[174] Cf. Site Internet de l'EITI au lien https://eiti.org/fr/node/7112. Consulté le 08 octobre 2016.

[175] Cf. Article Jeune Afrique du 23 septembre 2016 au lien http://www.jeuneafrique.com/359547/economie/petrole-nigeria-reclame-127-milliards-de-dollars-a-total-eni-chevron/ . Consulté le 08 octobre 2016.

[176] Nwajiaku-Dahou, K., 2010, *The Politics of Amnesty in the Niger Delta: Challenges Ahead*, Paris: Note de l'IFRI.

de 299,5 Md Naïras (1,38 Md EUR) dont 53% abondé par les entreprises pétrolières.

La pression sociale restant forte sur les entreprises pétrolières, qui génèrent peu d'emplois locaux dans un contexte de chômage endémique, le gouvernement a engagé en 2009 une réflexion sur la participation des Nigérians à l'industrie pétrolière. Il a élaboré une politique d'inclusion sociale dite de *Local Content,* en attendant qu'aboutisse le nouveau code pétrolier (*Petroleum Industry Bill*) en débat à l'assemblée fédérale depuis juillet 2012. Ce projet, particulièrement contesté par les compagnies historiques, incite à la participation des investisseurs locaux à l'amont pétrolier et vise l'augmentation des versements des compagnies à l'Etat. En attendant, des lois *ad hoc* ont été votées en 2010, et une agence publique, la *Nigerian Content Development and Monitoring Board*, a été créée pour mettre en œuvre la politique nationale de contenu local (*Local Content*). Par exemple, la loi de contenu local spécifique au secteur pétrolier, la *Nigerian Oil and Gas Industry Content Development Bill*, prévoit pour chaque métier du secteur des exigences de 30% -pour la Logistique marine ou le dédouanement des cargos par exemple- à 100% d'emplois de Nigérians ou de sous-traitance aux entreprises locales.

4. LE POUVOIR DES NON-ELITES S'ACCROÎT MAIS L'ACTIVITE PETROLIERE EN SOI FERME LES ACCES

L'histoire de la prise en charge des coûts sociaux de l'activité pétrolière au Nigeria montre une évolution contraire du pouvoir des élites (Etat et compagnies pétrolières) et de celui des non-élites (populations locales) en fonction des rapports de forces : dans le premier temps, la dynamique de l'indépendance est favorable à l'équilibrage des forces, ce qui catalyse la prise en charge des coûts sociaux de l'activité pétrolière et le développement des zones de production ; dans le second temps, le rapport de forces est fortement déséquilibré en faveur d'une coalition élitaire écrasante qui expose les populations aux coûts sociaux de l'activité ; et dans le troisième temps, la dynamique post-militaire ramène lentement mais progressivement le jeu politico-économique vers l'équilibre au fur et à mesure que les non-élites désinhibent à travers diverses organisations leur capacité à participer à la conception et à la mise en œuvre des institutions.

La domination des élites continue, même au troisième temps, à se manifester à travers la prospérité des réseaux clientélistes et le refus de transparence encore opposé par les entreprises pétrolières –et l'Etat actionnaire- sur les flux de ressources et les engagements. Ceci étant, les dispositifs institutionnels qui ont contraint les acteurs à prendre en charge les coûts sociaux de l'activité pétrolière, ont donné quelques résultats : l'amélioration de la transparence sur les revenus pétroliers attestée par l'accession du Nigeria au statut de pays conforme de l'ITIE en 2011, la coordination et la pacification des relations entre les compagnies et les communautés locales par l'instauration des MoU et la mise en place de fondations communautaires témoignent d'un rapport de forces désormais moins déséquilibré. En accroissant leur pouvoir de négociation à travers des initiatives de plus en plus coordonnées au sein des organisations de la société civile, les non-élites ont pu s'imposer comme parties prenantes incontournables dans les dynamiques politico-économiques aux côtés de la coalition dominante, et ont pu contribuer à l'amélioration continue du fonctionnement des institutions.

Nous pouvons donc soutenir que, pour les non-élites, rechercher un équilibre des pouvoirs respectueux des droits et de la dignité de chaque partie prenante aux transactions politico-économiques est susceptible de favoriser la légitimité et l'efficacité des institutions en vue d'un développement durable. Dans la mesure où les élites ne cèderont pas volontairement leurs rentes et privilèges comme on l'a vu, ceci passe par l'appropriation par la partie dominée des moyens de lutte dont les effets sont tels que la partie dominante n'aura pas d'autre choix que d'entrer en négociation ou d'ouvrir les accès politico-économiques. Ceci étant, certaines activités économiques, lorsqu'elles dominent l'économie, se prêtent plus que d'autres à la fermerture des accès politico-économiques : la production de pétrole en est le prototype.

C. L'ACTIVITE PETROLIERE CONTRIBUE A FERMER LES ACCES AUX NON-ELITES AU NIGERIA

Dans le cas du Nigeria, l'entrée en production pétrolière semble avoir contribué à inhiber les ressorts de la transition institutionnelle vers l'ouverture des accès, en faisant subir aux non-élites une perte de pouvoir politique.

Passons en revue les sept facteurs énumérés par Acemoglu et Robinson (AR), pour repérer des indications sur l'incapacité des forces non-élitaires à entretenir la dynamique d'ouverture des accès politico-économiques après l'indépendance du Nigeria :

- La société civile demeurait dynamique mais elle est devenue régulièrement interdite sous différents régimes militaires, ce critère est donc devenu défavorable.
- Les chocs et crises internes ont été importants avec les coups d'Etat, la guerre du Biafra, les chocs pétroliers et les crises économiques : critère favorable.

- Les institutions politiques héritées de la colonisation et de la Constitution de 1954 garantissaient l'égalité, donc ce critère était plutôt favorable.
- Les inégalités intergroupes étaient importantes entre les nordistes et les sudistes et plus largement entre les différentes ethnies ; en plus, les inégalités entre les élites économiques Britanniques et les acteurs économiques Nigérians demeuraient fortes : ce critère des inégalités était théoriquement favorable mais globalement incertain face à la puissance coloniale et ensuite au regard de la jeunesse des institutions.
- La classe moyenne avait émergé à la faveur de l'ouverture des accès dans les deux décennies précédant l'indépendance donc ce critère était plutôt favorable.
- En ce qui concerne les sources de revenus et la composition du patrimoine des élites, le démarrage de la production de pétrole a fondamentalement modifié les sources de revenus. Comme nous l'avons vu, ceci est devenu défavorable.
- Pour ce qui est de la mondialisation, le Nigeria approvisionnait les marchés internationaux européens et américains en divers produits agricoles, et démarrait la production de pétrole. En soi, l'intensification de la mondialisation a pu améliorer l'ouverture internationale du Nigeria, donc ce facteur était plutôt favorable.

On voit bien que certains facteurs ont connu des modifications après l'indépendance du Nigeria de sorte que la capacité des non-élites à influer sur la transition institutionnelle a pu être négativement affectée. Mais avec le modèle d'AR, il est difficile de prédire l'intensité de la diminution du pouvoir politique des non-élites. On ne peut pas savoir si avec une telle évolution des facteurs, l'ouverture des accès aurait pu se poursuivre.

Nous poursuivrons cette analyse en empruntant la thèse de Timothy Mitchell sur les capacités non-démocratiques de l'activité pétrolière. Avec cette thèse, nous verrons que le musèlement de la société civile par les régimes militaires au Nigeria était inévitable, et que l'intensification de l'insertion du Nigeria dans la mondialisation avec le pétrole n'a pas en soi été un facteur favorable à l'ouverture des accès politico-économiques.

1. LE ROLE DU PETROLE DANS L'AFFAIBLISSEMENT DES NON-ELITES AU NIGERIA

Comme nous l'avons vu aux chapitres 2 et 3, c'est au cours de la période coloniale (1861-1958) que les infrastructures de l'économie nigériane moderne ont été construites, et que l'emploi salarié s'est développé avec l'édification d'un secteur privé et d'un secteur public. L'ouverture des rentes a ainsi connu une expansion notable au fur et à mesure que les Nigérians étaient intégrés dans le jeu politico-économique national et local. Quel rôle a donc joué l'activité minière, ferroviaire et industrielle dans cette ouverture ? En quoi le système intégré mines-rails-industries a-t-il pu jouer un rôle décisif dans l'ouverture des accès ? Nous montrons que le rôle des organisations d'employés dans l'ouverture des rentes fut largement comparable à ce que décrit Timothy Mitchell (2013)[177] au sujet de l'industrie minière en Grande Bretagne et en Europe. Elles ont su mobiliser les employés qui faisaient partie de la chaîne de valeur mines-rails-industries pour faire plier le gouvernement et leurs employeurs.

L'industrie du charbon émerge au Nigeria avec les mines d'Enugu découvertes à partir de 1903 et mises en exploitation à partir de 1916 pour approvisionner principalement l'industrie ferroviaire, et accessoirement les proto-industries naissantes. Ces mines furent d'ailleurs entièrement administrées par l'agence publique en charge du chemin de fer, le *Railway Department*, et même lorsqu'une agence spécifique fut créée pour les mines, le *Railway Department* demeura en charge du marketing jusqu'à la création en 1950 de la société minière en charge de l'exploitation du charbon, la *Nigerian Coal Corporation* (Smock, 1969 :19)[178].

C'est ainsi que le mouvement syndical va s'appuyer essentiellement sur le secteur ferroviaire et les mines de charbon pour engager des opérations de revendication qui vont catalyser des transformations politiques et institutionnelles majeures en faveur de l'ouverture des accès pour les masses (2.1), mais à la veille de l'indépendance, les revendications ethnico-régionales vont affaiblir le mouvement (2.2) avant que l'irruption du pétrole dans l'économie ne l'achève (2.3) après l'indépendance.

2. LA COALITION MINES-RAIL-INDUSTRIES CATALYSE L'OUVERTURE DES ACCES AUX RENTES

A partir de 1929, l'économie nigériane est dominée par une quinzaine d'entreprises, les trois principales étant UAC, John Holt, et Paterson & Zochonis, les autres étant G.B. Olivant, Compagnie Française d'Afrique Occidentale (CFAO), Société de l'Ouest Africain, *Union Trading Company* (UTC) ou encore Thomopoulus. UAC et John Holt contrôlent 80% de

---

177 Mitchell T., 2013, *Carbon Democracy. Le pouvoir politique à l'ère du pétrole.* (Traduit de l'Anglais par Christophe Jaquet. *Carbon Democracy. Political Power in the age of Oil.*Verso, Londres, New York, 2011). Ed. La Découverte.

178 Smock D. 1969. *Conflict and Control in an African Trade Union – A study of the Nigerian Coal Miners Union.* Hoover Institution Press. Stanford University. California.

l'économie (Otobo, 1995 :17[179] ; Coleman, 1958 :80[180]) avec les activités d'import-export (exportation de produits agricoles et importation de produits métalliques, machines à coudre, bicyclettes, ciments, liqueurs, tissus et autres produits manufacturés), de commerce de détail, d'assurance et de banque, très liées à l'administration coloniale qui en facilite le déploiement afin d'augmenter les rentes économiques. Le Colonel Lugard lui-même, Gouverneur Général du Nigeria après 1914, avait auparavant été employé de la *Royal Niger Company* (anciennement UAC) qui avait fait de l'exclusion des commerçants locaux rivaux un point d'honneur comme on a pu le voir dans le peuple Brass au chapitre 2.

Au départ donc, les entreprises coloniales et l'administration coloniale (un des principaux employeurs) perçoivent dans tout regroupement de travailleurs une menace à l'ordre politique et une tentative de sabotage de l'autorité coloniale. Au début du 19e siècle, la force de travail est essentiellement issue des rangs des prisonniers et des travailleurs forcés. Il existe quelques emplois salariés, mais c'est au début de la colonisation proprement dite que le travail salarié se développe en même temps que l'arrivée des missionnaires et l'installation de l'administration coloniale. La construction du chemin de fer à partir de 1898 intensifie la demande en main d'œuvre.

Les revendications des salariés concernent dans un premier temps la transformation du travail forcé en travail salarié, la transformation du travail salarié temporaire en travail permanent, puis l'augmentation des salaires. Ces revendications se font essentiellement sous forme de pétitions en raison des clauses alors courantes d'interdiction de grèves (Otobo, 1995 ; Falola, 2009[181]). La première organisation syndicale, la *Nigerian Civil Service Union*, créée en 1912 et qui regroupa les employés de l'administration coloniale bannit d'ailleurs la grève et toute forme de suspension du travail de ses modes d'action. Sept ans plus tard, les employés des chemins de fer formèrent la *Railway Native Staff Union* qui se réclama dédiée au travail. Un mouvement syndical concurrent, *The Nigerian Mechanic Union*, fut créé en 1920 pour promouvoir la grève comme mode de revendication mais à la suite de la première grève qu'elle lança à Lagos, le Roi de Lagos les convoqua à son palais et obtint non seulement la reprise du travail mais également leurs plates excuses pour avoir osé défier leurs employeurs (Falola, 2009). C'est après la Grande Dépression que de nouvelles organisations syndicales émergeront avec l'ambition d'user de tous les moyens pour obtenir de meilleures conditions de travail. En 1937, la *Motor Transport Union*, le syndicat du secteur des transports, et les employés de la mine de charbon *Iva Coal Mines* à Enugu lancèrent des mouvements de grève, qui furent suivis par d'autres organisations syndicales et associations d'employés. Ils commencèrent à

[179] Otobo D., 1995. *The Trade Union Movement in Nigeria*. Malthouse Press Ltd.
[180] Coleman J.S. 1958. *Nigeria : Background to Nationalism*. University of California Press.
[181] Falola T., 2009, *Op. cit.*

songer à la création d'un parti des travailleurs pour conférer une forme politique à leurs revendications. Dès le début des années 1940, des alliances se formèrent entre les syndicats et des associations politiques comme le *Nigerian Youth Movement* (NYM) ou le *National Congress for Nigeria and Cameroons* (NCNC) de Nnamdi Azikiwe.

En novembre 1942, le NYM et l'*African Civil Service Technical Workers Union* (ACSTWU) appelèrent à la formation d'une organisation fédérale syndicale, la *Federated Trade Unions of Nigeria* (FTUN) qui appela immédiatement le gouvernement à mettre en place un code du travail. La FTUN devint quelques mois plus tard la *Trade Union Congress* (TUC) avec 66 organisations syndicales membres. Le mouvement syndical prit de l'ampleur et organisa en juin 1945 la première grande grève générale, alors que le gouvernement peinait à trouver des emplois pour les 3 000 vétérans revenus de la guerre, pour exiger une augmentation substantielle des salaires des fonctionnaires face à l'inflation entre 1942 et 1945 que les syndicats estimaient à +200%.

L'opération qui fut méthodiquement réprimée par le gouvernement mobilisa de 32 000 à 100 000 grévistes, en majorité les employés du rail, dura de 37 à 44 jours, bloquant le transport par rails, les services postaux et télégraphiques, ainsi que les services techniques gouvernementaux. Il vit l'émergence de Michael Imoudou, ancien Président du syndicat du secteur ferroviaire, la *Railway Workers Union*, comme le héros de la lutte syndicale au Nigeria (Falola, 2009 :160), ainsi que Nnamdi Azikiwe comme figure politique montante car il avait dédié ses deux organes de presse, le *West African Pilot* et le *Daily Comet*, à la couverture de l'opération tout en recrutant au passage les syndicalistes les plus en vue dans son association politique, le NCNC. Le succès que cette première grande grève remporta, avec d'importantes concessions obtenues du gouvernement en 1946 (augmentation de l'indemnité pour inflation avec effet rétroactif sur 1945, augmentation des salaires les plus bas, mesures de contrôle des prix, etc.) fut un signal pour d'autres secteurs. En 1947, les organisations syndicales du secteur privé prirent le relais à Burutu, et obtinrent également de substantielles revalorisations de salaires et conditions de travail.

Les débats qui déchirèrent le mouvement syndical après 1945 opposèrent les partisans d'un mouvement non politiquement affilié, à ceux d'un mouvement engagé dans le champ politique par l'affiliation à un parti politique ou la création pure et simple d'un parti par le mouvement syndical lui-même (Cohen, 1974 :100)[182]. L'option d'un mouvement engagé politiquement fut principalement défendue par les employés du secteur ferroviaire. Le débat déboucha sur la scission de la TUC, et la naissance de la *Nigerian National Federation of Labor* (NNFL) qui s'affilia à NCNC et afficha clairement l'ambition radicale de réveiller la conscience des travailleurs et de

---

182 Cohen R., 1974, *Labour and Politics in Nigeria 1945-1971*. Heinemann.

parvenir à un gouvernement socialiste qui instaurerait l'égalité de traitement entre locaux et expatriés, ou encore verserait des indemnités aux chômeurs (Falola, 2009 :164).

Ce mouvement radical se montrera particulièrement actif dans le mouvement de grève le plus sanglant que connaîtront les employés des mines de charbon d'Enugu, et plus précisément ceux de la mine d'Iva Valley à l'est, en pays Igbo. Le ralentissement du travail décidé par les mineurs du charbon en novembre 1949 fit suite au refus du gouvernement d'améliorer leurs conditions de travail et de verser leurs arriérés de salaires de 1946 et 1947. Les négociations avec le gouvernement n'aboutirent pas et ce dernier décida de licencier 200 personnes mais les concernés décidèrent de rester dans la mine, incitant leurs épouses à manifester. Le gouvernement dispersa les manifestantes et plusieurs furent blessées, mais les mineurs ne cédèrent pas. 900 soldats dont 150 armés furent envoyés sur le site d'Iva Valley où la tension était la plus forte, avec pour mission de mettre en sécurité les explosifs (Smock, 1969 :33) car le gouvernement suspectait les mineurs et leurs associés nationalistes du NCNC et les communistes de vouloir s'en emparer pour commettre des attentats et arracher l'indépendance (Falola, 2009 :166). La confrontation se solda par une tragédie chez les mineurs (21 morts et 51 blessés), et les violences au cours des jours suivants dans d'autres communautés de la région firent d'autres victimes.

Ces ultimes exactions de l'administration coloniale provoquèrent l'indignation dans tout le pays et réveillèrent les consciences au sein de la société nigériane sur l'urgence de sortir de la colonisation. Le mouvement nationaliste *National Emergence Committee* émergea de ces troubles avec pour slogan '*Autodétermination pour le Nigeria maintenant !*' (Smock, 1969 :34). Plus largement, les événements de la mine de charbon d'Iva Valley entraînèrent une radicalisation du mouvement nationaliste qui prit de l'ampleur, abordant les années 50 avec des revendications plus explicites en faveur du transfert du pouvoir aux Nigérians.

3. MAIS LES REVENDICATIONS ETHNIQUES ET REGIONALES L'AFFAIBLISSENT

Ainsi, au Nigeria comme en Europe, les mouvements des travailleurs de la chaîne de valeur mines-rail-industrie ont largement joué le rôle de catalyseur politique de l'ouverture des accès aux rentes politico-économiques au Nigeria. Toutefois, ce qui aurait pu constituer un mouvement structurel de changement institutionnel au bénéfice de tous au sein de l'ensemble de la société nigériane s'est rapidement trouvé anéanti bien avant le lancement de l'activité pétrolière qui ne vint plus tard que conforter la limitation de l'accès aux rentes.

En effet, comme le soutient Falola (2009 :169-170) « En même temps qu'on observait la montée du radicalisme, on voyait de plus en plus sérieusement se manifester les forces de l'ethnicité et du régionalisme, ce qui déboucha sur l'adoption du fédéralisme dans les années 50. (...) Les rivalités entre partis prirent la forme de la compétition ethnique entre les Yoruba et les Igbo. Chaque camp forma des syndicats à base ethnique qui devinrent les principales arènes de batailles politiques. (...) La crise d'Iva Valley rassembla les syndicalistes, menant à la formation du Nigerian Labour Congress en 1950. Leur lutte fut sabotée non pas par les Britanniques mais par les Nigérians eux-mêmes qui optèrent pour une politique ancrée non pas dans la lutte de classes mais dans celle des ethnies. L'unité qui suivit les violences d'Iva Valley ne dura donc pas. Le Nigeria aborda les années 50, avec un affaiblissement des mouvements syndicaux et un assourdissement des voix des leaders socialistes, alors que les leaders politiques s'organisaient sur la base de partis politiques ethniques ou régionaux ».

En réalité, l'orientation ethnique de l'engagement politique avait démarré dès le début des années 1940 avec l'implosion de la *Nigerian Youth Movement* (NYM) en 1941 sur des suspicions de tribalisme (Falola, 2009 :169-170 ; Falola et Heaton, 2008 :150[183]). Créée en 1934 entre autres par Ernest Ikoli et Samuel Akinsanya, la *Lagos Youth Movement* devenue en 1936 la NYM avait gagné sa notoriété sur des revendications liées à l'amélioration de l'enseignement supérieur, et était rapidement devenu une force politique nationale majeure remportant les élections au conseil municipal et au conseil législatif de Lagos en 1938. En 1941, Kofo Abayomi, membre NYM du conseil législatif de Lagos, démissionna de son poste pour poursuivre ses études à l'étranger. Pour le remplacer, Ernest Ikoli et Samuel Akinsanya se portèrent candidats. Nnamdi Azikiwe soutenait Akinsania (un Yoruba d'Ijebu) qui perdit les élections au profit d'Ikoli, soutenu par Obafemi Awolowo (tous deux Yoruba). Azikiwe accusa les vainqueurs de tribalisme et quitta la NYM, qui au cours des années qui suivirent fut largement dominé par les Yoruba.

C'est en quittant la NYM qu'Azikiwe créa la NCNC, mouvement nationaliste radical avec des ambitions nationales, mais rassemblant majoritairement des Igbo comme Azikiwe et des Yoruba d'Ijebu comme Akinsania. NCNC deviendra le parti des Igbo à l'est. Awolowo créera plus tard en 1945 l'Egbe Omo Oduduwa, mouvement culturel et politique Yoruba dont il installera des branches en pays Yoruba à l'ouest en 1948 avant de le transformer en parti politique (l'*Action Group*). Le troisième parti, le *Northern People Congress* (NPC), émergera dans le nord dans les mêmes conditions. Aux élections de 1954 et aux suivantes, les assises ethnico-régionales des partis politiques seront consolidées.

C'est dans ce contexte que le leadership nationaliste engagé dans des batailles politiques ethniquement motivées commença à perdre de son aura et

---

[183] Falola T. & Heaton M., 2008, *Op. cit.* p.150.

de sa légitimité nationale (Coleman, 1958 :319)[184], fragilisant de fait les structures et l'élan du mouvement d'ouverture des accès aux rentes. Des travaux comme ceux de Lonsdale (1997)[185] ou d'Ikonta (2008)[186] ont pu suggérer, en s'appuyant sur les expériences des Kikuyu au Kenya et des Ogoni au Nigeria, que la structuration politique autour des revendications ethniques n'était pas contradictoire avec la démocratie. Il est à noter toutefois que les clivages ethniques présentent la particularité d'être essentialistes ou substantialistes, et donc par nature exclusifs : on est d'une ethnie, on ne le devient pas. Si on conçoit la démocratie comme dynamique d'ouverture des accès politiques à tous, force est de constater que les rentes politiques basées sur des clivages ethniques sont par nature exclusives et ne peuvent, si elles s'étendent à toutes les factions ethniques, favoriser l'unité et la stabilité sociales.

C'est ainsi que, comme dans d'autres pays africains qui ont été construits sur des bases politiques comparables, le fédéralisme ethnico-régional nigérian ne tardera pas à imploser, accentué par l'avènement du pétrole qui transformera profondément les sources de revenus de l'Etat et limitera de ce fait les modes de revendications sociales. Nous montrons comment l'avènement du pétrole achève d'affaiblir les forces non-élitaires déjà bien inhibées par les considérations ethnico-régionales.

4. LE PETROLE FERME DAVANTAGE LES ACCES POLITICO-ECONOMIQUES

Nous avons déjà montré comment l'économie nigériane est devenue mono-produit et le gouvernement devenu dépendant du secteur pétrolier, avec l'avènement de l'activité pétrolière. L'arrivée du pétrole n'a toutefois pas immédiatement limité l'ouverture des accès aux rentes mais sa forte teneur technologique et son caractère dominant dans l'économie nigériane ont rendu les institutions si vulnérables aux chocs externes que le second choc pétrolier de 1979 a facilement exclu durablement une partie de la population de l'accès aux rentes.

En effet, comme nous l'avons vu précédemment, entre 1958 et 1980, l'économie nigériane enregistra des performances plutôt inégalées en Afrique, avec un taux de croissance de l'ordre de 8% par an[187], ce qui permit de poursuivre la création d'emplois dans divers secteurs. Le secteur agricole qui représentait 63% du PIB en 1959 passa à 43% en 1971, tandis que le secteur

---

[184] Coleman J.S. 1958. *Nigeria: Background to Nationalism*. University of California Press. Chap 15 à 17.

[185] Lonsdale J., 1997, « The Moral Economy of Mau Mau » In *Unhappy Valley : Conflict in Kenya and Africa. Book Two: Violence and Ethnicity*. Bruce Berman and John Lonsdale. London: James Currey.

[186] Ikonta I., 2008, *When Citizen Revolt*. Africa World Press.

[187] Banque Mondiale, 1988, *World Development Report 1988*. Washington, DC. p. 224

manufacturier crut de 13,2% entre 1971 et 1980 (Fashoyin, 1990)[188]. Ces performances exceptionnelles autorisèrent même la mise en place de plans pluriannuels de développement pour ouvrir davantage les accès aux rentes. L'emploi salarié augmenta de 117% de 1,4 million en 1970 à 3 millions en 1980 : il augmenta de 74% dans le secteur manufacturé et de 91% dans le secteur de la construction. Au cours de la période, ni les syndicats, ni les employés n'avaient de raison majeure de défendre la sécurité de l'emploi car les personnes employables pouvaient aisément trouver du travail. Ceci étant, les syndicats demeurèrent relativement actifs, organisant par exemple jusqu'à 744 mouvements de grève entre 1966 et 1978 (Erapi, 2011)[189].

Toutefois, la dépendance de l'économie nigériane vis-à-vis du secteur pétrolier (plus de 80% des revenus de l'Etat depuis les années 1970) et la gabegie que l'afflux des revenus pétroliers avaient instaurée exposèrent le pays à la dureté du second choc pétrolier. En 1981, la production pétrolière chuta de 2,1 millions à 1,8 million de barils par jour. L'économie entra en récession avec un taux de croissance de -8%, et ne ré-émergea qu'en 1987 après une cure d'austérité qui exclut durablement les masses du marché du travail (Fashoyin, 1990). La production industrielle chuta de 23% au cours de la période, l'utilisation des capacités de production passa en-dessous de 40%, celle des industries fortement dépendantes des importations comme l'électronique, l'automobile, les plastiques et produits métalliques, en-dessous de 20%. Cela eut un impact dramatique sur l'emploi : entre 1982 et 1987, un million d'emplois furent perdus, la compagnie ferroviaire (publique) enregistrant par exemple jusqu'à 34% de licenciements sur ses 10 000 employés. La contraction de l'emploi entraina une chute des adhésions aux syndicats qui passèrent d'1,4 million de membres à 1,2 million en 1987 ; dans le seul secteur de la construction la chute fut de -78%. Les syndicats se concentrèrent sur la défense de la sécurité de l'emploi et perdirent nombre d'acquis sociaux, tout en concédant des baisses de salaires dans tous les secteurs.

La transformation des structures de l'économie, avant la crise avec l'émergence du secteur pétrolier, et après la crise avec la contraction du secteur manufacturier et de l'emploi ferroviaire, établit une hiérarchie entre les organisations syndicales. Les deux principaux syndicats du secteur pétrolier, le NUPENG (*Nigeria Union of Petroleum and Natural Gas Workers*) et le PENGASSAN (*Petroleum and Natural Gas Senior Staff Association*), créés en 1978, acquirent progressivement un pouvoir de négociation important du fait de leur capacité à contrôler la production de pétrole. La dépendance de l'Etat vis-à-vis des revenus pétroliers l'obligea à examiner avec la plus grande attention les conflits sociaux dans ce secteur, et c'est ainsi que les

---

[188] Fashoyin T., 1990, Economic Recession and Employment Security in Nigeria in the 1980s. *129 International Labour Review* 649-1990.

[189] Erapi G., 2011. Privatisation, Trade Union Strength and Bargaining Power in Nigeria's Fnance and Petroleum Sectors. *Industrial Relations Journal* 42:1, 51–68.

revendications portées par ces deux syndicats ont souvent été satisfaites (Erapi, 2011). Au regard des inégalités sectorielles dues à la prééminence du pétrole dans l'économie et à la supériorité absolue des salaires du secteur (Renouard et Lado, 2012)[190], il s'est progressivement établi une certaine ségrégation entre le secteur pétrolier (surtout amont) qui emploie peu, et les autres secteurs d'activités, de sorte que les revendications du secteur pétrolier, bien que souvent vigoureuses, ne permettent pas une ouverture des rentes à un grand nombre de Nigérians. Les revendications syndicales dans ce secteur prennent alors l'allure d'exigences élitistes dans lesquelles peu de Nigérians peuvent se reconnaître.

L'activité pétrolière au Nigeria présente trois caractéristiques qui limitent la capacité des employés à se concerter et à porter des revendications sociales plus larges :

- L'activité pétrolière génère peu d'emplois : comme ailleurs, la production pétrolière est à forte intensité technologique, et de fait des estimations font état d'à peine 70 000 emplois directs et indirects (Aborisade, 2010)[191] dans l'ensemble du secteur pétrolier, alors que celui-ci domine pourtant les dynamiques politico-économiques, et sachant que le groupe Shell, la première compagnie pétrolière au Nigeria, représente seulement 6 000 emplois directs[192].
- Les compagnies pétrolières et leurs employés sont isolés du reste de la société nigériane : L'activité pétrolière a été jusqu'au début des années 1990 essentiellement *onshore* avec des puits installés dans des communautés habitées et un impressionnant réseau d'oléoducs traversant les communautés qui a permis de relier les sites de production et les terminaux portuaires. Cette implantation et ce réseau de transport constituaient une fragilité pour l'activité pétrolière car le système de production pouvait aisément être pris en otage ou saboté par les employés alliés aux populations, ou par les populations en réaction aux coûts sociaux subis. C'est ce qui se passa à partir des années 1980 en réponse à la crise économique : les communautés locales organisèrent des manifestations hostiles aux compagnies pétrolières et au gouvernement, prenant pour cible les oléoducs, les sites de production, et plus tard les employés. Un climat de défiance et d'insécurité s'installa et provoqua le repli sur elles-mêmes des compagnies pétrolières pour des raisons de sécurité. La violence mobilisée par des groupes criminels, jadis exclusivement dirigée contre les employés expatriés des compagnies, affecte aussi depuis quelques années les employés locaux et leurs familles : entre

---

[190] Renouard C. et Lado H., 2012, CSR and Inequality in the Niger Delta (Nigeria), *Corporate Governance*, Vol. 12 Iss: 4.

[191] Aborisade F., 2010, Pétrocapitalisme, néolibéralisme, main d'œuvre et mobilisation communautaire au Nigeria. *Travail, Capital et Société* 43:1 (2010).

[192] Cf. Site Internet de Shell Nigeria au lien http://www.shell.com.ng/aboutshell/at-a-glance.html. Accès le 19 juillet 2016.

avril 2002 et avril 2003 par exemple, 66 employés expatriés et locaux de compagnies pétrolières furent enlevés en sept agressions par des groupes réclamant des rançons (Ikelegbe, 2005)[193]. Ce climat d'insécurité amène les compagnies à renforcer les mesures de sécurité, ce qui accentue l'isolement des compagnies pétrolières et de leurs employés vis-à-vis du reste de la société, et érode la légitimité des employés des compagnies pétrolières et de leurs organisations syndicales à mener des revendications en faveur de l'ensemble de la société nigériane.

- L'activité pétrolière s'isole davantage dans l'océan atlantique : l'activité pétrolière *offshore* a pris de l'ampleur à partir du début des années 90 avec la mise en exploitation des gisements offshore nouvellement découverts, et la plupart des compagnies pétrolières ont créé leur filiale *offshore* en 1993. Dès lors, une partie de la production s'est déplacée dans l'océan atlantique, où les employés sont devenus encore plus internationaux du fait de l'importation d'Asie (Indonésie, Philippines, etc.) d'une main d'œuvre moins chère et techniquement plus qualifiée. C'est ainsi qu'aujourd'hui, une compagnie comme Mobil a uniquement des puits en *offshore ou offshore profond* et bien qu'elle assure un quart de la production nationale, elle n'emploie directement que deux milliers de personnes, même si 80% sont Nigérians. Le développement de la production offshore et offshore profond a davantage réduit les possibilités d'ouverture des accès aux rentes vers les populations locales, et isolé le personnel de ces compagnies ainsi que les infrastructures de production de pétrole du reste de la société.

Au final, si l'irruption du pétrole dans les systèmes socio-économiques nigérians n'a pas immédiatement affaibli le mouvement d'ouverture des accès aux rentes économiques et politiques au Nigeria, elle a néanmoins, en devenant la principale source de revenus de l'Etat et en transformant les structures de l'économie et de la société, créé les conditions d'une limitation durable des accès aux rentes politico-économiques pour la population nigériane.

[193] Ikelegbe, A. 2005. "The Economy of Conflict in the Oil Rich Niger Delta of Nigeria"*Nordic Journal of African Studies*, 14 (2), pp. 208-234.

Conclusion générale

L'ambition de cet ouvrage était de démontrer que les élites ne sont pas toujours prépondérantes dans les transitions institutionnelles vers l'ouverture des accès politiques et économiques. A l'aide des cadres conceptuels de North, Wallis et Weingast (NWW) et d'Acemoglu et Robinson (AR), nous avons démontré que le processus de transition au sein de l'Etat naturel vers l'ouverture des accès politiques et économiques ne dépend pas du seul jeu des élites et organisations élitaires au sein de la coalition dominante, mais de la dynamique des rapports de forces qui s'établissent entre les élites et les non-élites. Contrairement à la thèse de NWW, les transitions contrôlées exclusivement par les élites tendent à protéger ou développer les rentes et non à les éliminer. Comment donc expliquer l'erreur d'analyse de NWW au regard du rôle des non-élites ?

L'absence des non-élites dans l'analyse de NWW vient vraisemblablement de l'approche qu'ils ont adoptée de ne pas considérer l'Etat comme acteur unique, et de souligner l'importance des jeux de pouvoirs entre organisations au sein de l'Etat qu'ils perçoivent comme « une organisation d'organisations » (p.391). L'Etat n'est certes pas un acteur unique, mais NWW donnent l'impression que les dynamiques d'un ordre social ne sont pas autre chose que celles des organisations élitaires. A ne traiter que de ce jeu élitaire au sein de l'Etat, ils font passer pour négligeables les dynamiques non élitaires qui pourtant contribuent aussi à modeler la trajectoire institutionnelle des Etats naturels.

Le cadre conceptuel de NWW tient ses promesses quant à la description des dynamiques élitaires internes aux Etats naturels. Le principe d'une coalition dominante manipulant rentes et privilèges pour obtenir la coopération des élites apparaît vérifié dans le cas du Nigeria, et par extension dans le cas des Etats naturels. Toutefois, en négligeant le rôle central de l'asymétrie de pouvoir dans la dynamique d'ouverture des accès politico-économiques, il échoue dans la répartition des rôles entre élites et non-élites dans cette dynamique du changement. Appliquée en toute circonstance, et notamment dans les conditions d'une forte asymétrie de pouvoir entre élites et non-élites, la thèse de NWW sur le rôle prépondérant des élites favorise l'entretien des rentes et la légitimation de la fermeture des accès économiques et politiques, car une transition qui serait maîtrisée de bout en bout par les élites qui prennent le temps de sécuriser leurs rentes et privilèges en les transformant en droits a toutes les chances de favoriser l'entretien des rentes et non de les éliminer.

L'idée de privilégier la dynamique des rapports de force entre élites et non-élites dans la transition institutionnelle n'est en fait pas nouvelle, et le cas du

Nigeria confirme en fait les résultats de nombreux travaux en science politique. C'est dans ce sens qu'en conclusion de l'étude comparative que Braton et Van de Walle (1997) ont menée sur la transition démocratique des années 1990 dans plusieurs pays africains, ils soutiennent que cette dernière dépend largement des forces internes. Ce qui s'est passé dans les transitions démocratiques en Afrique dépendait de la manière dont les individus et groupes ont fait usage de la structure des opportunités et contraintes encastrées dans les institutions politiques :

« Les anciens régimes ont-ils permis la compétition politique ? Y avait-il une tradition de participation de masse aux échéances électorales ? La société civile était-elle organisée en une pluralité d'associations ? Y avait-il des partis d'opposition latents ? Y avait-il une protestation politique ? Le mouvement d'opposition s'est-il organisé autour d'un seul leadership ? Le pouvoir a-t-il concédé une conférence nationale ? Les militaires sont-ils intervenus ? Le changement politique était le plus probable où une opposition a émergé en s'appuyant sur une tradition institutionnelle d'organisation politique non étatique. Le changement politique était le moins probable où le leader sortant a pu maintenir la mainmise sur les ressources matérielles d'un pays qui en était bien doté. [194] ». La question des processus et moyens qui permettent d'augmenter le pouvoir des non-élites reste ouverte, et n'était pas l'objet de cet ouvrage.

La thèse de Mitchell sur les propriétés non démocratiques du pétrole apporte, à l'aune de la lutte contre le réchauffement climatique, un argument supplémentaire en faveur de l'abandon du pétrole comme matrice énergétique du développement au Nigeria et à l'échelle planétaire. Si la place du pétrole dans les activités humaines est maintenue, elle annonce une évolution lente mais certaine des sociétés vers la consolidation du pouvoir des élites et la frustration croissante des non-élites. Une telle tendance est susceptible de nourrir les processus révolutionnaires qui allieront des forces non-élitaires de diverse natures -pacifiques ou violentes- à différentes échelles dans une grande hétérogénéité d'agendas et de temporalité sans que les tentatives élitaires d'ouverture des accès politico-économiques faites à la marge ne soient en mesure d'influer sur les déséquilibres socio-politiques structurels. Des analyses pour déterminer le mix énergétique adéquat qui sous-tend l'économie mondiale et les économies des différents pays sont nécessaires pour esquisser la nature des transformations à opérer qui seront sans doute d'une radicalité différente d'une région à l'autre, et d'un pays à l'autre.

---

[194] Bratton M. & Van de Walle N., 1997, *Op. cit.* P.272

Bibliographie

Aborisade F., 2010, Pétrocapitalisme, néolibéralisme, main d'œuvre et mobilisation communautaire au Nigeria. *Travail, Capital et Société* 43:1 (2010).

Acemoglu D., Johnson S. et Robinson J., 2001, The Colonial Origins of Comparative Development: An Empirical Investigation. *American Economic Review 2001,* vol.91 (5) 1369-1401.

Acemoglu D. & Robinson J., 2006, *Economic Origins of Dictatorship and Democracy*, Cambridge University Press.

Acemoglu D. & Robinson J., 2012, *Why Nations Fail: The Origins of Power, Prosperity and Poverty*. Ed. Clays Bungay Suffolk

Afigbo A.E., 2005, The indigenous political systems of the Igbo. in *Igbo History and Society: The Essays of Adiele Afigbo*, ed. Toyin Falola (Trenton, NJ: Africa World Press, 2005).

Alabi R., 2005, *Essays in Honor of Toyin Falola*, ed. Akinwumi Ogundiran, Trenton, NJ: Africa World Press.

Aremu D., 2005, Change and Continuity in metallurgical traditions: origins, technology and social implications. In Ogundiran A., *Precolonial Nigeria. Essays in honor of Toyin Falola.* p.136-7. Africa World Press.

Badie B., 2000, *The Imported State*. The Stanford University Press.

Banque Mondiale, 1988, *World Development Report 1988*. Washington, DC.

Bayart J.F., 2006, *L'Etat en Afrique. La Politique du Ventre.* Nouvelle Edition. Fayard. P. XL.

Bayart J.F., 2008, « Culture et Développement, les luttes sociales font-elles la différence ? » *Afrique contemporaine* 2008/2 (n° 226), p. 85-110. DOI 10.3917/afco.226.0085

Boehm C., 1999, *Hierarchy in the forest: the evolution of egalitarian behavior*, Harvard University Press.

Bratton M. & Van de Walle N., 1997, *Democratic Experiments in Africa. Regime transition in comparative perspective.* Cambridge University Press. UK.

Breunig P., Neumann K. et Neer W. V., 1996, 'New Research on the Holocene settlement and environment of the Chad Basin in Nigeria'. *African Archeological Review* 13, n°2(1996).

Buchanan J., 1980, "Rent Seeking and Profit Seeking" in Buchanan J., Tollison R. and Tullock G., *Toward a Theory of the Rent-Seeking Society*. Tewas A&M University Press.

Bueno de Mesquita B., Smith A., Siverson R. M. & Morrow J. D., 2003, *The Logic of Political Survival,* Cambridge (Mass.), MIT Press.

Chaudhry K., 1997, *The Price of Wealth*. Ithaca: Cornell University Press.

Chua A., 2007, *Le Monde en Feu. Violences Sociales et Mondialisation*, Seuil.

Elgabir N., 2012, '*Two Nigerian unions suspend strike after president cuts fuel prices'*, Accès en ligne sur le site Internet de CNN le 27 juillet 2016 : http://www.cnn.com/2012/01/16/world/africa/nigeria-strike.

Coase R., 1960, 'The Problem of Social Cost', *Journal of Law and Economics*, 3: 1-44.

Cohen R., 1974, *Labour and Politics in Nigeria 1945-1971*. Heinemann

Coleman J.S., 1958, *Nigeria: Background to Nationalism*. University of California Press.

Coleman J. S., 1974, *Power and the Structure of Society*, New York, Norton.

Collier P., 2009, *Wars, Guns, and Votes: Democracy in Dangerous Places*. In New York : HarperCollins.

Crowder M., 1962, *The Story of Nigeria*. Faber. London

Diamond J., 2000, *De l'inégalité parmi les sociétés. Essai sur l'homme et l'environnement dans l'histoire*. Traduit de l'anglais par P-E. Dauzat. Gallimard. Folio Essais. (Guns, Germs, and Steel. The Fate of Human Societies. 1997).

Diamond J., 2006, *Effondrement. Comment les sociétés décident de leur disparition ou de leur survie*. Gallimard. (Collapse: How Societies Choose to Fail or Succeed. 2005. Penguin Books).

Dike K. O., 1956, *Trade and Politics in the Niger Delta 1830-1885*.

Duverger M., 1976, *Les Partis Politiques*, Colin.

EITI, 2016, Nigeria : Cartographie d'un Labirynthe, en ligne au lien https://eiti.org/fr/node/7112. Accès le 08 octobre 2016.

Ekundare R. O., 1973, *An Economic History of Nigeria 1860-1960*, Methuen, London.

Elias T. O., 1967, *Nigeria: The development of its Laws and Constitution*. Steven and Sons, London.

Enemugwen, 2006, *Obolo and the Peopling of the Niger Delta*, Aboki Monographs.

Engerman S. E. & Sokoloff K. L., 2005, Debating the Role of Institutions in Political and Economic Development: Theory, History, and Findings. *Annual Review of Political Science*. Vol. 11: 119-135.

Englebert P., 2000, *State Legitimacy and Development in Africa*. Lynne Rienner Publishers. UK. (Jul., 1951).

ENI, 2002, "*Eni's Way*", Site internet du groupe ENI. http://www.eni.com/en_IT/attachments/publications/brochures-booklets/countries/NIGERIA_Brochure_UK_2002.pdf

Erapi G., 2011, Privatisation, Trade union strength and bargaining power in Nigeria's finance and petroleum sectors. *Industrial Relations Journal* 42:1.

ExxonMobil, 2016, Site Internet d'ExxonMobil au lien http://www.exxonmobil.com/Nigeria-English/HR/HR_Homepage.aspx, accès le 28 juillet 2016.

Falola T., 2009, *Colonialism and Violence in Nigeria*. Indiana University Press.

Falola T. & Heaton M., 2008, *A History of Nigeria*. Cambridge University Press

Fashoyin T., 1990, Economic Recession and Employment Security in Nigeria in the 1980s. *129 International Labour Review* 649 1990.

Flint J., 1960, *Sir George Goldie and the Making of Modern Nigeria*, Oxford University Press.

Forrest, 1995, *Politics and Economic Development*, Oxford Westview Press

Fukuyama F., 1995, *La confiance et la puissance. Vertus sociales et prospérité économique*, trad. P.E. Dauzat, Plon, coll. 'Feux croisés', 1997.

Giraud, G. & Renouard C., 2010, ''Mesurer la contribution des entreprises au développement local: le cas des pétroliers au Nigeria'', *Revue Francaise de Gestion,* Vol. 36 N°208/209.

Greif A., 2006, *Institutions and the Path to the Modern Economy*, Cambridge (Mass.), Cambridge University Press.

Harneit-Sievers A., 1998, "Igbo 'Traditional Rulers': Chieftaincy and the state in Southeastern Nigeria". *Afrika Spectrum*, 33 (1998).

Hayek F. A., 1952, *L'ordre sensoriel*, trad. Ph. R. Mach, CNRS Editions (2001).

Hayek F. A., 1960, *La constitution de la liberté*, trad. R. Audouin et J. Garello, Litec (1994).

Hibou B., 1997, « Le 'capital social' de l'Etat falsificateur, ou les ruses de l'intelligence économique ». In Bayart JF, Hellis S. et Hibou B. *La criminalisation de l'Etat en Afrique.,* Ed. Complexe. Bruxelles. P.130.

Hiskett M., 1984, *The Development of Islam in West Africa*, London and New York: Longman.

Hopkins G.A., 1973, *An Economic History of West Africa.* London. Longman.

Hunwick J.O., 1972, "Songhay, Bornu and Hausaland in the sixteenth century", in History of West Africa, vol.I, ed. J.F.A. Ajayi and Michael Crowder (New York: Columbia University Press).

Idemudia U., 2009, "Oil extraction and poverty reduction in the Niger Delta: a critical examination of partnership initiatives", *Journal of Business Ethics* (2009), 90:91-116.

Ihonybere J. O., 1997. Organized Labor and the Struggle for Democracy in Nigeria. *African Studies Review*, Vol. 40, No. 3 (Dec., 1997).

Ikelegbe A., 2005, "The Economy of Conflict in the Oil Rich Niger Delta of Nigeria". *Nordic Journal of African Studies*, 14 (2).

Ikime O., 1977, *The Fall of Nigeria: The British Conquest*, Heinemann.

Ikonta I., 2008, *When Citizen Revolt*. Africa World Press.

Iliffe J., 2011, *Obasanjo, Nigeria and the World.* James Currey. UK.

Iliyasu A., 2011, *Revenue allocation formula in Nigeria: issues and challenges.* Discours prononcé par ce membre de la Commission RMAFC (Revenue Mobilization Allocation and Fiscal Commission).

Joab-Peterside S., 2004, Green Governance: The case of Akassa Community Forests Management and Development Plan. *Working Paper n°19*. Institute of International Studies, University of California, Berkeley, USA.

Jones, B. & Olken B., 2004, Do Leaders Matter? National Leadership and Growth since World War II. *Working Paper*, Northwestern University.

Jones, G. I., 1957, *Report of the position, status, and influence of chiefs and natural rulers in the Eastern Region of Nigeria*, Enugu, Government Printer.

Jones G. I., 2001, *The Trading States of the Oil Rivers*. James Currey Publishers.

Johnson O. C. & Mba N. E., 1997, *For Women and the Nation: Funmilayo Ransome-Kuti of Nigeria*. University of Illinois Press.

Kantorovich E., 1957, *Les deux corps du roi. Essai sur la théologie politique au Moyen Age*. Trad. J.-Ph. Genet et N. Genet, Gallimard (1989).

Keen S., 2011, *Debunking Economics. The Naked Emperor Dethroned?* Revised and Expanded Version. Zed Book.

Khan S.A., 1994, *Nigeria - The Political Economy of Oil.* Oxford University Press. UK.

Koussoube E., Loada A., Nebie G. & Raffinot M., 2014, Political Economy of growth and poverty in Burkina Faso: Power, Institutions and Rents. *Document de Travail DT/2014-01 de l'UMR DIAL (Paris Dauphine)*.

La Porta R., Lopez-de-Silanes F., Sheiler A. & Vishny R., 1999, The Quality of Government. *Journal of Law, Economics and Organization.* Oxford University Press, vol.15(1) pp.222-279, April.

Lado H., 2014, *Le développement comme processus d'élimination des rentes et de la prédation. Le cadre conceptuel de Douglass North, John Wallis et Barry Weingast à l'épreuve du Nigéria*. Thèse de doctorat de sciences économiques, sous la direction de Gaël Giraud. Paris. Université Paris 1 Panthéon-Sorbonne. 524p.

Lado H., 2015, « L'histoire donnera-t-elle raison au Califat de Boko Haram ? » in *Le Monde*. Lien http://www.lemonde.fr/afrique/article/2015/07/16/l-histoire-donnera-t-elle-raison-au-califat-de-boko-haram_4685611_3212.html

Lado H. & Renouard C., 2012, RSE et Justice Sociale : le cas des multinationales pétrolières dans le Delta du Niger, *Afrique et Développement,* Vol. XXXVII, N°2, 2012. Codesria.

Lado H. & Renouard C., 2013, Y a-t-il une malédiction des matières premières ? in 'L'entreprise dans tous ses Etats', *Archives de Philosophie du Droit*, Tome 56. Dalloz.

Landes D., 2000, *Richesse et pauvreté des nations. Pourquoi des riches ? Pourquoi des pauvres ?* Paris, Albin Michel.

Latham A.J.H., 1973, *Old Calabar 1600-1891: The Impact of the International Economy upon a Traditional Society* (Oxford: Clarendon Press, 1973).

Lonsdale J., 1997, « The Moral Economy of Mau Mau » In *Unhappy Valley : Conflict in Kenya and Africa. Book Two: Violence and Ethnicity*. Bruce Berman and John Lonsdale. London: James Currey.

Lugard F., 1965, *The Dual Mandate in British Tropical Africa*, 5th Ed. Frank Cass & Co. Ltd.

Mba N. E., 1982, *Nigerian Women Mobilized : Women's Political Activity in Southern Nigeria*, 1900-1965, Berkeley

Milner M. Jr., 2015, *Elites, A General Model.* Polity Press. Cambridge, UK.

Mitchell, R. K., Agle, B. R. & Wood, D. J. 1997, Toward a theory of stakeholder identification and salience: defining the principle of who and what really counts. *Academy of Management Review* 22(4)

Mitchell T., 2013, *Carbon Democracy. Le pouvoir politique à l'ère du pétrole.* (Traduit de l'Anglais par Christophe Jaquet. *Carbon Democracy. Political Power in the age of Oil.* Verso, Londres, New York, 2011). Ed. La Découverte.

Morton-Williams P., 1964, The Oyo-Yoruba and the Atlantic Trade, 1670-1830, *Journal of the Historical Society of Nigeria* 3, n°1.

NEITI, 2016, *NEITI 2012 Oil and Gas Audit Report.* Lien http://www.neiti.org.ng/index.php?q=documents/audit-report-2012. Accès le 26 juillet 2016.

Nigerian Vanguard, 2013, *Local Content Policy Has Created 30 000 Jobs for Nigerians.* Site Internet de Nigerian Vanguard, au lien : http://www.vanguardngr.com/2013/01/local-content-policy-has-created-30000-jobs-for-nigerians-alison-madueke/, consulté le 28 juillet 2016.

NIPC, 2013, Site Internet de la Nigeria Investment Promotion Commission (NIPC) : aux liens http://www.nipc.gov.ng/venture.html et http://www.nipc.gov.ng/contract.html, accès le 11 février 2013.

Nkemdirim B., 1975, *Social Change and Political Violence in Colonial Nigeria.* Arthur H. Stockwell Ltd

North D., 1981, *Structure and Change in Economic History*, New York, Norton.

North D., 2005, *Le processus de développement économique*. Editions d'Organisation. Paris.

North D., Wallis J. et Weingast B., 2010, *Violences et Ordres Sociaux*, Gallimard (Traduction de Myriam Dennehy de *Violence and Social Orders. A conceptual framework for interpreting recorded human history*. Cambridge University Press, 2009).

North D., Wallis J., Webb S. et Weingast B., 2013, *In the Shadow of Violence: Politics, Economics and the Problem of Violence.* Cambridge University Press.

Nwajiaku-Dahou, K., 2010, *The Politics of Amnesty in the Niger Delta: Challenges Ahead*, Paris: Note de l'IFRI

Odumosu O. I., 1963, *The Nigerian Constitution: History and Development*, Sweet and Maxwell Ltd, London

Ohia, B. et Onyedibia, H. O., 2003, *The Ogba Nation 1460-2003, Vol 1,* CharleSWortH Nigeria.

Ojogo D., 2012, Revealed: Those behind illegal oil bunkering? *Saturday Tribune Newspaper.* Access online on 08th Feb 2013:

http://tribune.com.ng/sat/index.php/front-page-articles/8250-revealed-those-behind-illegal-oil-bunkering.html

Olson M., 1965, *The Logic of Collective Action. Public Goods and the Theory of Groups.* Cambridge, Massachusetts, Harvard University Press.

Olson M., 1993, Dictatorship, Democracy, and Development. *American Political Science Review* 87 (Sept): 567-576.

Oriji J., 1989, Sacred Authority in Igbo Society, in *Archives des sciences sociales des religions*. N.68/1, 1989.

Oyefusi A., 2009, ''Oil and the propensity to armed struggle in the Niger Delta region of Nigeria'', *Post-conflict Transitions Working Paper n°8*, World Bank, Washington, DC.

Perouse de Montclos M-A., 2007, « La face cachée des ONG ». *Politique Internationale* n°116 (Eté 2007).

Perouse de Montclos M-A. (ed.), 2015, *Boko Haram: Islamic, Politics, Security and the State in Africa*. African Academic Press. Los Angeles. US.

Pigou A. C., 1932, *The Economics of Welfare*. London: Macmillan and Co.

Przeworski A., Alvarez M. E., Cheibub F. et Limongi J. A., 2000, *Democracy and Development: Political Institutions and Material Well-Being in the World, 1950-1990*. Cambridge University Press.

Rangeon F., *Société Civile : Histoire d'un Mot*. CURAPP-ESS. L'article, non daté, est accessible sur le site du CURAPP-ESS (Université de Picardie) au lien https://www.u-picardie.fr/curapp-revues/root/19/rangeon.pdf

Reich R., 2011, *Le Jour d'Après, Sans réduction des inégalités, Pas de sortie de crise*. Vuibert.

Renouard C. et Lado H., 2012, CSR and Inequality in the Niger Delta (Nigeria), *Corporate Governance*, Vol. 12 Iss: 4.

Renouard C. et Lado H., 2013, Les multinationales et l'impasse du développement par la croissance. *Ethique Publique*. Vol.15, n°2, 2013.

Rodney W., 1973, *How Europe Underdeveloped Africa.* Bogle-L'Ouverture Publications, London and Tanzanian Publishing House, Dar-Es-Salaam 1973.

Rodrik D., 2007, *One Economics, Many Recipes: Globalization, Institutions, and Economic Growth.* Princeton (New Jersey). Princeton University Press.

Ryder A. F. C., 1969, *Benin and the Europeans 1485-1897*, London:Longman.

Schumpeter J. A., 1962, *Capitalisme, socialisme et démocratie.* Trad. G. Fain, Payot. (Capitalism, Socialism and Democracy, George Allen and Unwin Ltd, Londres, 1942).

Shell Nigeria, 2016, Présentation de Shell Nigeria sur le site Internet de Shell Nigeria au lien http://www.shell.com.ng/aboutshell/at-a-glance.html. Et au lien http://www.shell.com.ng/aboutshell/media-centre/annual-reports-and-publications/economic-contribution.html. Accès le 19 juillet 2016.

Shuaib Y., 2006, *Understanding the new revenue formula*, Blog http://yashuaib.com/2006/10/understanding-the-new-revenue-formula/. Accès le 08 février 2013.

Smock D., 1969, *Conflict and Control in an African Trade Union – A study of the Nigerian Coal Miners Union.* Hoover Institution Press. Stanford University. California.

Soares de Oliveira R., 2004, *Oil and Politics in the Gulf of Guinea.* Hurst and Company. London.

Soyinka W., 1993, The Shape of Things to Come. *Index on Censorship.* 22, 8 (1993), 33.

Spiller P. et Tommasi M., 2007, *The Institutional Foundations of Public Policy in Argentina.* Cambridge University Press.

Talbot P. A., 1926, *The People of Southern Nigeria*, Oxford University Press.

Tar U.A., 2009, *The Politics of Neoliberal Democracy in Africa. State and Civil Society in Nigeria.* Tauris Academic Studies. London.

Tilly C., 1990, *Coercion, Capital and European States*. A.D.990-1990. B.Blackwell

Udoma U., 1994, *History and the Law of the Constitution of Nigeria*. Malthouse Press Ltd.

Uzondu, J., 2012, Why Niger Delta militancy may not stop, *Nigeria Newsworld.* Accessed online on 8th Feb 2013: http://www.nigeriannewsworld.com/content/why-niger-delta-militancy-may-not-stop

Vahabi M., 2009, "A Critical Review of Strategic Conflict Theory and Socio-Political Instability Models", *Revue d'Economie Politique*, 2009/6 Vol. 119, p. 817-858.

Vahabi M., 2011, "Appropriation, Violent Enforcement, and Transaction Costs: a Critical Survey" *Public Choice* 147: 227–253.

Vahabi M., 2011, « Douglass C. North, John Joseph Wallis et Barry R. Weingast, *Violence et ordres sociaux*, Paris, éditions Gallimard, 2010, 459 pages. », *Revue de la régulation* [En ligne], 9 | 1er semestre / Spring 2011. URL : http://regulation.revues.org/9088.

Van de Valle N., 2001, *African Economies and the Politics of Permanent Crisis*, 1979-1999. Cambridge University Press. UK. P.118-129.

Veblen T., 1908, On the Nature of Capital. *Quarterly Journal of Economics*, vol.23, n°1, 1908.

Veblen T., 1970, *Théorie de la classe de loisir*. Trad. de Louis Evrard (édition originale en 1890). Gallimard

Vives, A., 2004, The Role of Multilateral Development Institutions in Fostering Corporate Social Responsibility, *Development,* vol. 47, n°3.

Volle M. (2007), *Prédation et Prédateurs*, www.volle.com p.24.

Watts, M., 2004, The Sinister Political Life of Community: Economies of Violence and Governable Spaces in the Niger Delta, Nigeria. *Working Paper n°3. Institute of International Studies, University of California, Berkeley, USA.*

Weber M., 1947, The *Theory of Social and Economic Organization*, London, The Free Press.

Wilson C., 1954, *The History of Unilever*, Cassell and Company.

Liste des Tableaux

Liste des Figures

Table des matières

Cartes du Nigeria

Le Nigeria en Afrique

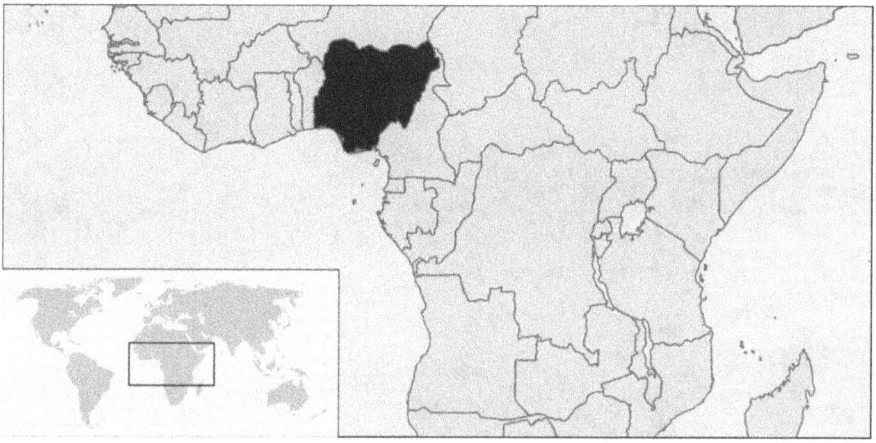

Les 36 Etats du Nigeria + la capitale ABUJA

Delta du Niger = *South South* = Neuf Etats = Abia, Akwa Ibom, Bayelsa, Cross River, Delta, Edo, Imo, Ondo et Rivers.

Les principaux fleuves : le Niger et la Bénoué

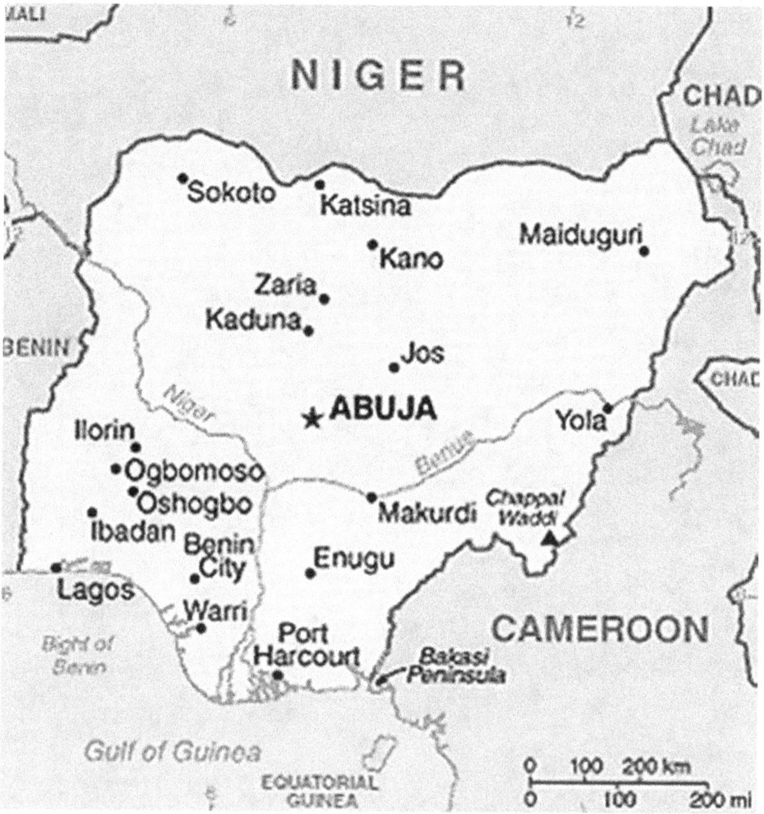

Le Nigéria aux éditions L'Harmattan

Dernières parutions

BRIBES D'UNE VIE NIGÉRIANE
Mémoires d'une transformation identitaire
Ugochukwu Françoise
Ce recueil de souvenirs, regroupant 156 entrées arrangées par mot-clé de A à Z, invite au partage des longues années passées par l'auteure au sud-est du Nigeria entre 1972 et 1996. Le lecteur découvre ici un univers à la fois rural et ouvert sur l'extérieur, profondément traditionnel et pourtant instable, au sein duquel une communauté multilingue venue d'horizons divers s'unit pour pallier manques et restrictions avec une inépuisable bonne humeur et une immense créativité.
(Coll. Écrire l'Afrique, 21.50 euros, 240 p.)
ISBN : 978-2-343-05624-1, ISBN EBOOK : 978-2-336-37272-3

ENJEUX (LES) DE LA CRISE DANS LE DELTA DU NIGER
Nigéria
Fouilloux Alexandra
Le delta du Niger, région du Nigéria où se concentre l'activité pétrolière du pays, a connu ces dernières années une multiplication du nombre de groupes armés, créant ainsi une véritable crise interne. Cette crise soulève la problématique de la gestion des ressources en Afrique, mais également celle des impacts sur la sécurité régionale.
(Coll. Points de vue, 18.00 euros, 176 p.)
ISBN : 978-2-343-00805-9, ISBN EBOOK : 978-2-296-53921-1

L'HARMATTAN ITALIA
Via Degli Artisti 15; 10124 Torino
harmattan.italia@gmail.com

L'HARMATTAN HONGRIE
Könyvesbolt ; Kossuth L. u. 14-16
1053 Budapest

L'HARMATTAN KINSHASA
185, avenue Nyangwe
Commune de Lingwala
Kinshasa, R.D. Congo
(00243) 998697603 ou (00243) 999229662

L'HARMATTAN CONGO
67, av. E. P. Lumumba
Bât. – Congo Pharmacie (Bib. Nat.)
BP2874 Brazzaville
harmattan.congo@yahoo.fr

L'HARMATTAN GUINÉE
Almamya Rue KA 028, en face
du restaurant Le Cèdre
OKB agency BP 3470 Conakry
(00224) 657 20 85 08 / 664 28 91 96
harmattanguinee@yahoo.fr

L'HARMATTAN MALI
Rue 73, Porte 536, Niamakoro,
Cité Unicef, Bamako
Tél. 00 (223) 20205724 / +(223) 76378082
poudiougopaul@yahoo.fr
pp.harmattan@gmail.com

L'HARMATTAN CAMEROUN
BP 11486
Face à la SNI, immeuble Don Bosco
Yaoundé
(00237) 99 76 61 66
harmattancam@yahoo.fr

L'HARMATTAN CÔTE D'IVOIRE
Résidence Karl / cité des arts
Abidjan-Cocody 03 BP 1588 Abidjan 03
(00225) 05 77 87 31
etien_nda@yahoo.fr

L'HARMATTAN BURKINA
Penou Achille Some
Ouagadougou
(+226) 70 26 88 27

L'HARMATTAN SÉNÉGAL
10 VDN en face Mermoz, après le pont de Fann
BP 45034 Dakar Fann
33 825 98 58 / 33 860 9858
senharmattan@gmail.com / senlibraire@gmail.com
www.harmattansenegal.com

L'HARMATTAN BÉNIN
ISOR-BENIN
01 BP 359 COTONOU-RP
Quartier Gbèdjromèdé,
Rue Agbélenco, Lot 1247 I
Tél : 00 229 21 32 53 79
christian_dablaka123@yahoo.fr

Achevé d'imprimer par Corlet Numérique - 14110 Condé-sur-Noireau
N° d'Imprimeur : 134275 - Dépôt légal : décembre 2016 - *Imprimé en France*

www.ingramcontent.com/pod-product-compliance
Lightning Source LLC
LaVergne TN
LVHW011014061026
849535LV00006B/1883
9782343105765